船舶智能化与绿色技术丛书

智能船舶导论

李文华　郑　凯　王　欣　王焕新　编著

科学出版社

北　京

内 容 简 介

随着智能技术的发展，智能船舶以其更安全、更高效、更经济的优势代表了船舶未来的发展趋势，并成为船舶研究领域的重要内容。本书以智能船舶系统工程为主线，主要内容包括智能船舶定义与分级、国内外智能船舶研究进展、智能船舶技术体系、智能船舶法律规制、智能船舶人才培养与监管。

本书可供轮机工程、航海技术、船舶电子电气工程、自动化、通信工程、智能科学与技术、人工智能等专业本科生和研究生，以及相关专业的工程技术人员和管理人员阅读参考。

图书在版编目（CIP）数据

智能船舶导论/李文华等编著. —北京：科学出版社，2023.11
（船舶智能化与绿色技术丛书）
ISBN 978-7-03-076217-7

Ⅰ.① 智… Ⅱ.① 李… Ⅲ.① 智能技术-应用-船舶工程 Ⅳ.① U66-39

中国国家版本馆 CIP 数据核字（2023）第 158282 号

责任编辑：杜　权/责任校对：高　嵘
责任印制：赵　博/封面设计：苏　波

科学出版社 出版
北京东黄城根北街 16 号
邮政编码：100717
http://www.sciencep.com

中煤（北京）印务有限公司印刷
科学出版社发行　各地新华书店经销
*

开本：787×1092　1/16
2023 年 11 月第 一 版　　印张：11 3/4
2024 年 9 月第二次印刷　　字数：280 000
定价：**98.00 元**
（如有印装质量问题，我社负责调换）

"船舶智能化与绿色技术丛书"
编委会

主编：吴卫国

编委（按姓氏汉语拼音排序）：

    陈　宁　　陈顺怀　　程远胜　　胡以怀

    李天匀　　李文华　　廖煜雷　　刘敬贤

    欧阳武　　裴志勇　　吴卫国　　余永华

    袁成清　　张勇明

"船舶智能化与绿色技术丛书"序

近年来,世界船舶产业发展聚焦"智能"和"绿色"两大热点。国际海事组织、国际标准化组织等国际组织将"绿色智能船舶"列为重要议题,国际主要船级社先后发布了相关的规范或指导性文件,世界主要造船国家大力推进绿色智能船舶的研制与应用,船舶绿色智能化也成为我国船舶制造业发展的新机遇和新挑战。

绿色智能船舶中的"绿色"是指船舶在制造、运营、拆解的全生命过程中,以"绿色"为设计理念,在确保船舶质量、满足船舶的使用功能基础上,最大限度地降低成本,减少污染,提高船舶的资源及能源的利用率,打造环境友好型和资源节约型船舶。造船与航运业正在广泛开展船体节能技术(包括水动力节能和创新节能技术),替代燃料及主、辅机节能技术,航态优化与能效管理等技术的研究与产品开发。

绿色智能船舶中的"智能"是指利用传感器、通信、物联网、互联网等技术手段,自动感知和获取船舶自身、海洋环境、物流、港口等方面的信息和数据,并基于计算机技术、自动控制技术和大数据处理分析技术,在船舶航行、管理、维护保养、货物运输等方面实现智能化,以使船舶更加安全、环保、经济和可靠。中国船级社发布了全球首部《智能船舶规范(2015)》,综合考虑了船舶安全、能效、环保、经济和可靠的需求,将(商用)智能船舶分解为智能航行、智能船体、智能机舱、智能能效管理、智能货物管理、智能集成平台等。经过划分后,各部分自成体系,而整体上又涵盖了船舶上的各类智能系统。

当前,我国正处于世界新一轮科技革命和产业变革同我国转变发展方式的历史交汇期,发展绿色智能船舶是实现船舶工业转型升级、由造船大国向造船强国迈进所面临的千载难逢的历史机遇。我国船舶工业和航运业在绿色智能船舶领域进行了有益探索,相关科研攻关取得积极进展,船舶智能化与绿色技术的工程应用初显成效,已形成一定的技术积累和产业基础,基本与国际先进水平保持同步。为了给广大船舶科技工作者系统介绍船舶智能化与绿色技术的研究成果,将国内与国际研究相结合,更好地为国家海洋强国战略服务,科学出版社组织国内多所高校的专家学者编著了"船舶智能化与绿色技术丛书"。

"船舶智能化与绿色技术丛书"重点介绍新技术与新产品,注重学科交叉,理论与应用相结合,系统性、专业性较强。本套丛书的推出将在引领我国船舶与海洋工程领域的基础研究、原始创新和规模化发展,加快船舶与海洋工程建设水平,促进船舶与海洋工程领域研究成果转化和相关先进设备的产业化进程,推进我国成为海洋强国等方面起到积极的作用。

随着新技术特别是人工智能技术的迅猛发展，丛书内容难免会有缺陷与不足，但希望在我国船舶领域的高等学校、科研院所、造船企业及相关科技界的关怀下，在参加编著的专家学者的共同努力下，丛书的出版能够为我国船舶与海洋工程的技术进步与创新、推动船舶产业的"绿色化发展、数字化转型、智能化升级"做出应有的贡献，并为船舶与海洋工程界的科研人员和高等学校师生提供参考和指导。

吴卫国

2022 年 2 月 18 日

前言

水路运输一直是世界贸易运输的主要途径。近年来，随着人工智能、自动化、物联网、新一代通信网络等影响水路运输产业链的关键技术快速发展，"工业 4.0"思想已在水路运输产业链众多环节中扎根。随着以智能制造为主导的第四次工业革命的到来，以数字化为基础、自主化为目标的渐进式船舶智能化已成为船舶工业发展的新趋势、新热点。智能船舶以其更安全、更高效、更经济等显著优点代表了世界船舶运输业技术的总体发展趋势，成为船舶技术领域的重要研究内容，自主航行船舶是在造船、海洋产业主导权竞争中具有巨大影响力的核心产业，世界各国均将智能船舶研究作为其战略发展方向。

船舶智能化是一项复杂的系统工程，涉及航运全链条的各个环节，相关理论和技术涵盖交通运输工程、船舶与海洋工程、控制科学与工程、信息与通信工程等多个学科。作为未来智慧航运的主要工具，智能船舶的推广应用将提高船舶运营安全、优化操作、降本增效、节能减排、降低船员工作强度、提高船舶运营的透明度，提升船舶安全性、经济性、环保性，助力航运业可持续发展。本书基于作者主持和参与的国家自然科学基金委员会、交通运输部、工信部等项目的最新研究成果，以智能船舶系统工程为主线，系统梳理智能船舶的研究现状及发展趋势，系统阐述智能船舶技术体系、法律规制、人才培养与监管等研究现状及发展趋势，以促进我国智能船舶及相关学科的快速发展，并为新型智能化航运人才培养提供参考。

本书由李文华、郑凯、王欣、王焕新编著，其中第 1 章、第 2 章由李文华、林珊颖、韩凤翚、周性坤、王月、张君彦、沈岩、张洪欣、葛杨元、李根、叶浩然、刘羽佳、李光钊编写，第 3 章由郑凯、张跃文、姜毅、姜兴家、公丕永编写，第 4 章由王欣编写，第 5 章由王焕新编写。

本书相关研究得到交通运输部"交通运输战略规划政策"项目"无人船技术发展路径及对策研究"（2019-9-6）、国家自然科学基金项目"基于新领域模型的船舶碰撞风险定量评估与控制研究"（52071047）、工信部高技术船舶科研计划项目"智能船舶国际海事公约规则适用性及标准需求分析研究"、辽宁海事局项目"MASS 操作人员适任与监管研究"、辽宁省"兴辽英才计划"项目（XLYC2007092）、辽宁省中央引导地方科技发展专项项目（2023JH6/100100049）和中央高校基本科研业务费专项（3132023510）资金资助，在此表示感谢。

智能船舶涉及的专业技术领域和范围很广，限于作者的理论水平和实践经验，书中难免有不足或疏漏之处，敬请读者不吝赐教。最后，向本书参阅、引用的有关资料的国内外作者致以谢忱。

作　者

2022 年 10 月

目 录
CONTENTS

第 1 章 智能船舶定义与分级 ··················1
  1.1 智能船舶概述 ··················3
    1.1.1 智能船舶的定义 ··················3
    1.1.2 智能船舶的分类 ··················4
    1.1.3 智能船舶的硬件组成 ··················9
    1.1.4 智能船舶的意义 ··················9
  1.2 智能船舶的分级 ··················10
    1.2.1 国际海事组织 ··················10
    1.2.2 劳氏船级社 ··················12
    1.2.3 挪威船级社 ··················13
    1.2.4 法国船级社 ··················13
    1.2.5 日本船级社 ··················14
    1.2.6 美国船级社 ··················16
    1.2.7 芬兰自主海洋生态联盟 ··················17

第 2 章 国内外智能船舶研究进展 ··················19
  2.1 国外智能船舶技术研究进展 ··················21
    2.1.1 日本 ··················21
    2.1.2 韩国 ··················29
    2.1.3 芬兰 ··················32
    2.1.4 英国 ··················32
    2.1.5 欧盟 ··················36
    2.1.6 挪威 ··················37
    2.1.7 美国 ··················39
  2.2 我国智能船舶技术发展进展 ··················39
    2.2.1 中国船级社 ··················40
    2.2.2 珠海云洲智能科技有限公司 ··················41
    2.2.3 智慧航海（青岛）科技有限公司 ··················42
    2.2.4 交通运输部水运科学研究院 ··················43
    2.2.5 武汉理工大学 ··················43
    2.2.6 大连海事大学 ··················44

2.3 国外智能船舶法规、规范、标准研究进展 ··· 45
2.3.1 国际海事组织 ··· 46
2.3.2 国际海事委员会 ··· 47
2.3.3 国际标准化组织 ··· 47
2.3.4 国际航标协会 ··· 49
2.3.5 波罗的海国际海事委员会 ··· 50
2.3.6 国际船级社协会 ··· 50
2.3.7 日本 ··· 50
2.3.8 英国 ··· 51
2.3.9 韩国 ··· 52
2.3.10 挪威 ··· 53
2.3.11 丹麦 ··· 53
2.3.12 美国 ··· 54
2.3.13 法国 ··· 54
2.4 我国智能船舶法规、规范、标准研究进展 ··· 54
2.4.1 《智能船舶规范》 ··· 54
2.4.2 《自主货物运输船舶指南》 ··· 55
2.4.3 《智能集成平台检验指南》 ··· 55
2.4.4 《船舶智能机舱检验指南》 ··· 56
2.4.5 《船舶（油船）智能货物管理检验指南》 ··· 56
2.4.6 《船舶智能能效管理检验指南》 ··· 57
2.4.7 《无人水面艇检验指南》 ··· 57
2.4.8 《船舶网络系统要求及安全评估指南》 ··· 58
2.4.9 中国海事局智能船舶技术法规 ··· 58
2.4.10 中国航海学会智能船舶团体标准 ··· 58

第3章 智能船舶技术体系 ··· 59
3.1 智能船舶通信技术及装备 ··· 61
3.1.1 船舶通信技术与系统沿革 ··· 61
3.1.2 船舶通信系统的组成 ··· 62
3.1.3 现代船舶通信技术及装备 ··· 65
3.1.4 智能船舶对通信的需求 ··· 71
3.1.5 船舶智能通信技术的未来发展 ··· 72
3.2 智能船舶导航技术及装备 ··· 75
3.2.1 船舶导航技术与系统沿革 ··· 75
3.2.2 船舶导航系统的组成 ··· 76
3.2.3 现代船舶导航技术及装备 ··· 77
3.2.4 智能船舶对导航系统的需求 ··· 81

3.3 智能船舶感知技术及装备 ·· 81
3.3.1 船舶场景感知技术 ·· 81
3.3.2 智能船舶对场景感知的需求 ·· 83
3.3.3 现代船舶感知技术及装备 ·· 88
3.3.4 智能船舶感知技术的未来发展 ······································ 94
3.4 智能船舶航行技术及装备 ·· 96
3.4.1 航行控制技术 ·· 96
3.4.2 航行避碰技术 ·· 99
3.5 智能船舶能效优化技术及航路设计 ····································· 102
3.6 智能船舶运维技术 ··· 104
3.6.1 船舶运维技术沿革 ··· 104
3.6.2 船舶运维技术发展现状 ··· 106
3.6.3 船舶运维技术发展趋势 ··· 109
3.7 智能船舶岸基中心 ··· 112
3.7.1 船岸协同与智能船舶岸基中心 ····································· 112
3.7.2 智能岸基中心的功能需求 ··· 113
3.7.3 智能岸基中心发展现状 ··· 114

第4章 智能船舶法律规制 ··· 117
4.1 智能船舶的法律地位 ··· 119
4.1.1 商用智能船舶 ··· 119
4.1.2 非商用智能船舶及其操作人员 ····································· 124
4.1.3 远程操作人员的法律地位 ··· 125
4.2 智能船舶航行安全的法律规制 ··· 128
4.2.1 智能船舶登记的法律条件 ··· 128
4.2.2 智能船舶安全配员的法律标准 ····································· 131
4.2.3 一般航行安全规则的适用及其障碍 ································· 132
4.2.4 《国际海上避碰规则公约》对智能船舶的适用 ······················· 134
4.2.5 人命救助义务对智能船舶的适用 ··································· 137
4.3 智能船舶新型民事责任与保险问题 ····································· 139
4.3.1 侵权责任主体 ··· 139
4.3.2 归责原则 ··· 141
4.3.3 智能船舶的保险 ··· 144

第5章 智能船舶人才培养与监管 ··· 149
5.1 智能船舶人才类别与职责 ··· 151
5.1.1 智能船舶背景下传统航海类人才的角色变化 ························· 151
5.1.2 智能船舶人才的类别和职责 ······································· 151

5.2 智能船舶人才的知识和能力要求 ·· 155
5.3 智能船舶人才的教育与培训 ··· 156
　　5.3.1 智能船舶岸基人员的来源 ·· 156
　　5.3.2 智能船舶人才的培养方案 ·· 157
5.4 智能船舶岸基人员的证书与签证 ·· 162
5.5 智能船舶的配员与监管 ··· 163
　　5.5.1 当前的船舶配员要求 ··· 163
　　5.5.2 智能船舶的配员标准 ··· 164
　　5.5.3 智能船舶操作人员的值班要求 ··· 166

参考文献 ·· 168

第 1 章

智能船舶定义与分级

1.1 智能船舶概述

1.1.1 智能船舶的定义

本小节首先对自动航行船舶（automated navigation ships）、自主航行船舶（autonomous navigation ships）、无人驾驶船舶（unmanned navigation ships）、自动化船（automatic ships）、自主船舶（autonomous ships）、无人船（unmanned ships）、海上自主水面船舶（maritime autonomous surface ships，MASS）和智能船舶（smart ships）等进行定义[1]。在国际海事组织（International Maritime Organization，IMO）海上安全委员会第99届会议上，IMO正式宣布将研究并制定相关公约，规范解决海上自主水面船舶。国际标准化组织（International Organization for Standardization，ISO）ISO/DTS 23860《船舶与海洋技术——自主船舶系统相关术语》（Ships and Marine Technology—Terminology Related to Autonomous Ship Systems）研究海上自主水面船舶的定义。

1. 自动航行船舶、自主航行船舶和无人驾驶船舶

自动航行船舶是指利用某种自动控制功能，无须人工直接操作舵、螺旋桨等与航行有关的装置即可航行的整艘船舶。许多现有船舶已经具备了航向自动控制和航迹跟踪功能，使用这些自动控制功能进行航行的船舶也可以被看作自动航行船舶。自主航行船舶和无人航行船舶也使用自动控制功能，因此属于自动航行船舶的类型。

自主航行船舶是指利用各种传感器识别船舶周围水域中的物体，判断这些物体是否有碰撞危险，如果有危险则采取行动避开物体，完成避让动作后自动返回到设定目的地的合适路线，而无须人工判断干预的自动航行船舶。尽管航向控制和航迹跟踪控制不具备识别和避开障碍物的认知判断功能，但包含这种认知判断功能的自动控制系统是自主航行船舶的重要组成，已成为技术发展的目标。但是，该定义仅指具有无须人工干预即可进行与操舵相关的判断和操作的功能的船舶，与能够进行操纵操作的海员是否实际上船无关。

无人驾驶船舶是指不搭载船员的船舶，是自动航行船舶的一种。这种类型的船舶要么具备上述自主航行船舶的功能，要么根据远程位置的人工控制，通过某种通信方式向船舶发送操纵命令进行航行。虽然无人驾驶船舶不能搭载海员，但可以搭载乘客。考虑与远程控制中心的通信可能会中断，该类船舶需要配置自主航行船舶的功能。但是，如果一艘船舶不具备自主航行功能，而是通过发送与舵、螺旋桨等操作相关的航行指令进行远程控制的船舶，只要不搭载进行机动操作的海员，也可以将其归类为无人驾驶船舶。

2. 自动化船、自主船舶和无人船

自动航行船舶、自主航行船舶和无人驾驶船舶三类船舶的共同特点是船舶航行功能的某种形式自动化（或遥控）。但是，船舶操作不限于定义为"在规定的航线上以一定的速度航行并避开障碍物"的航行功能。船舶操作还包括各种其他类型的工作，例如离泊

（离开码头）、加速/减速、通过抛锚从航行状态过渡到锚地抛锚状态、通过起锚从锚泊状态过渡到航行状态、靠泊（系泊在码头）并载客或货物，然后卸货。而且，船公司的工作并不止于船上的工作，还包括与岸基设备的合作，有时还需要与运营部门协调多艘其他船舶共同完成任务，而不仅仅是单船的操作。考虑船舶操作是所有这些任务的总和，如果自动航行船舶利用自动化技术进行此类船舶操作，被操作的船舶称为"自动化船"。同样，执行船舶操作自主航行的船舶称为"自主船舶"，无人驾驶船舶称为"无人船"。由于自主航行船舶和无人驾驶船舶属于自动航行船舶，自主船舶和无人船被归类为自动化船。

3. 海上自主水面船舶

海上自主水面船舶尚未明确定义。在海上自主水面船舶国际会议上，与会的船舶设备公司、通信技术公司和初创公司重点介绍各自开发的技术应用，但在任何情况下，都需要假设一艘配备有自主功能的船舶，而不是仅从"自主"字面上理解。因此自主船舶是最接近于海上自主水面船舶的。但目前自主功能尚在开发过程中，实验主要限于开发了一些自主功能的自动控制设备。因此，在目前的条件下，将海上自主水面船舶称为"自动化船"，会更合适。

4. 智能船舶

中国船级社《智能船舶规范（2015）》2016 年 3 月生效，2019 年中国船级社对《智能船舶规范（2015）》进行了升级换版，发布了《智能船舶规范（2020）》。《智能船舶规范（2020）》对智能船舶进行了明确的定义："智能船舶系指利用传感器、通信、物联网、互联网等技术手段，自动感知和获得船舶自身、海洋环境、物流、港口等方面的信息和数据，并基于计算机技术、自动控制技术和大数据处理和分析技术，在船舶航行、管理、维护保养、货物运输等方面实现智能化运行的船舶，以使船舶更加安全、更加环保、更加经济和更加高效。"

鉴于目前没有明确统一的定义，本书暂时采用"智能船舶"来统称各种定义形式的智能化船舶。

1.1.2 智能船舶的分类

随着船舶行业的发展及各种新技术的诞生，船舶的分类方法越来越丰富。目前国内传统船舶分类相关的标准有《船舶通用术语 第 1 部分：综合》（GB/T 7727.1—2008）、《内河船舶分类与代码》（GB/T 16158—1996）。参照这些标准中的分类方法，可将传统船舶分类的因素归纳为航区、任务类型、货物与装载特性、推进动力、航行状态、推进方式、主船体结构、船体材料等，如图 1.1 所示。图 1.1 仅根据单一维度对船舶进行了分类，实际上对某种特定船舶的分类，是多种因素、多个维度交叉在一起的，且不同因素之间又互相影响。

船舶的智能化程度可以作为一个新的维度，将智能船舶划分成不同的等级。智能化程度的划分主要依据智能船舶安全、经济、环保、高效的特点，衡量分类因素对这些特点的影响程度。目前智能船舶的主要研究对象为钢质排水型螺旋桨推进船舶，国际海事

图 1.1　传统船舶分类方法

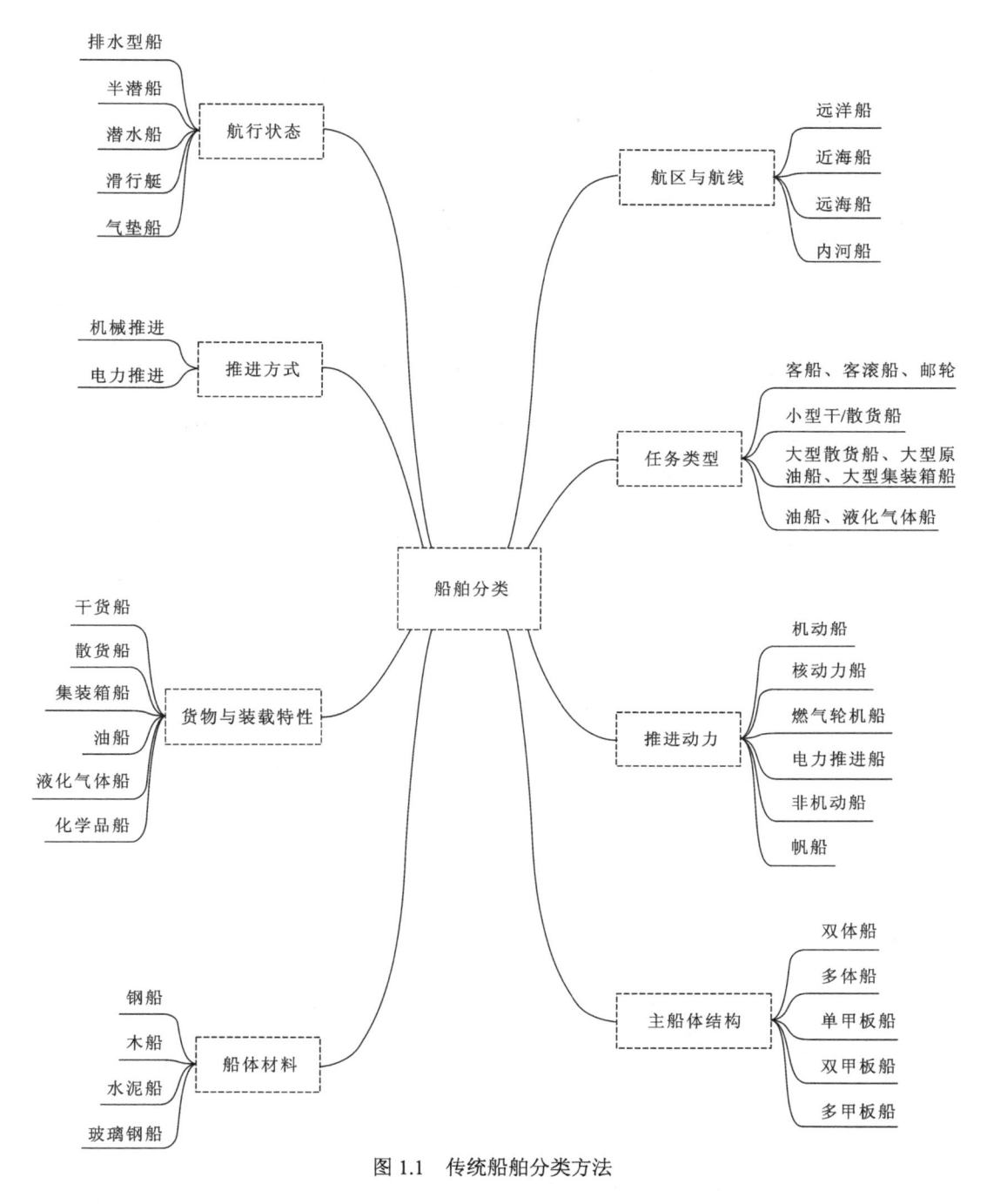

组织（IMO）、船级社等机构针对智能船舶的智能等级提出了多种分级方式。IMO 从是否配备船员的角度将智能船舶分为 4 级，即 L1（具有自动化处理和辅助决策能力的船舶）、L2（配备船员的遥控船舶）、L3（不配备船员的遥控船舶）和 L4（完全自主船舶）。

智能船舶的主要功能体现在航行、货物装载、能效管理、设备维护、船体结构等方面，其功能模块可分为智能航行、智能船体、智能机舱、智能能效管理、智能货物管理、智能集成平台和远程控制等。不同的分类因素对智能船舶的功能有着不同的要求，其智能化最终发展等级也不同。下面根据不同分类因素对主要智能船舶的分类是参照 IMO 智能船舶（L1、L2、L3、L4）的 4 个等级进行划分[2]。

1. 航区与航线

不同航区的主要智能船舶发展趋势如图 1.2 所示。从航区或航线限制的角度考虑，远洋船航行时间较长，油耗较大，在辅助决策阶段采用智能能效管理能够实现较好的经济效益，如中国船舶集团有限公司研发的 400 000 DWT①超大型智能矿砂船和 308 000 DWT 超大型智能油船，通过航速优化、纵倾优化，实现了 5%的营运节能目标。远洋船由于航行周期较长，受气象预报时效性和海上通信条件限制，只能给出一定时间段的决策建议，难以覆盖全航程，船上仍然需要配备船员以确保船舶安全稳定运行，所以其智能等级主要以 L2 级为主，难以实现 L3 级、L4 级。近海、远海船的航线、航行周期较短，可以实现全航程的航速航线优化，目前的研究方向主要为通过远程遥控方式实现船舶的无人化（L3、L4 级）。内河船主要受限于内河航路的复杂度，加强内河航道的管理是实现内河船智能化的关键。内河船机动性强、通信条件好，利于实现自主控制和无人化驾控，因此内河船未来的发展方向主要为 L4 级。

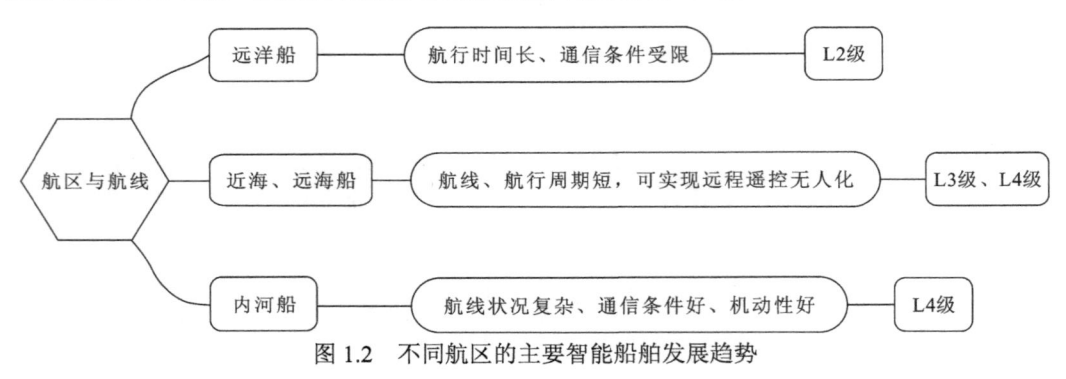

图 1.2 不同航区的主要智能船舶发展趋势

2. 货物与装载特性

不同货物与装载特性的智能船舶发展趋势如图 1.3 所示。货物与装载特性主要影响智能船舶的货物管理模块，对于干/散货船，航行中能够实时监测货物和货舱状态，遇到突发情况（如货舱进水、货物移动或散矿液化、绑扎松动等）及时反馈给控制系统，智能货物管理能够适应不同种类货物采用不同的智能货物管理策略和装卸策略。对于集装箱船，需要根据箱内货物的不同，进行集装箱监测（如冷藏箱需要监测集装箱温度，危险物品集装箱需要监测货舱通风、可燃气体、集装箱绑扎情况），能够自主完成集装箱快速装卸、配载优化等功能，以取得更好的经济效益。实现干/散货船、集装箱船的智能货物管理，能够有效提升货物的装卸效率，节约运输时间及成本，其未来智能化发展方向为 L3 或 L4 级。对于油船、化学品船、液化气体船等，需要从安全的角度出发，监控货舱内的货舱压力、液位高度、氧含量、液货泵运行状态、惰性气体系统运行状态、远程控制阀

---

① DWT（dead weight tonnage）为载重吨。

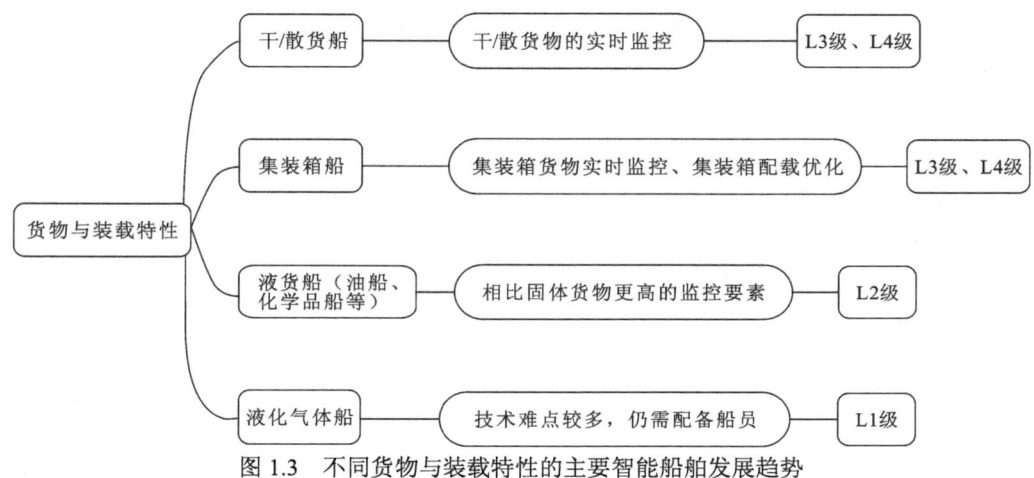

图 1.3　不同货物与装载特性的主要智能船舶发展趋势

位置/开度等。液化气体船还需要监测再液化装置的状态、蒸气压缩机状态等。该类船型技术难点较多，为确保航行安全，仍需配备船员，因此未来智能化发展方向为 L1 级。

3. 推进方式

不同推进方式的主要智能船舶发展趋势如图 1.4 所示，目前运输船舶主要推进方式为机械推进和电力推进。机械推进效率高、成本低，是大型船舶中最常见的推进方式，其缺点是冗余度较低，靠离码头时需拖船协助，这也是大型船舶难以实现完全自主的原因之一。电力推进效率相对较低，但具有灵活性好、应急能力强、冗余度高的特点，对于部分自主和完全自主阶段的智能船舶，在避碰、靠/离/泊时需要船舶有足够的灵活性，因而电力推进比机械推进更容易实现部分自主甚至完全自主的目标。例如由智慧航海（青岛）科技有限公司、中国船舶重工集团公司第七〇四研究所、交通运输部水运科学研究院、大连海事大学等单位共同研发的 300TEU[①]智能集装箱船"智飞"号，就采用了电力推进的方式。因此，电力推进是智能船舶实现自主化的一个重要方向，会更多用于 L4 级的智能船舶。

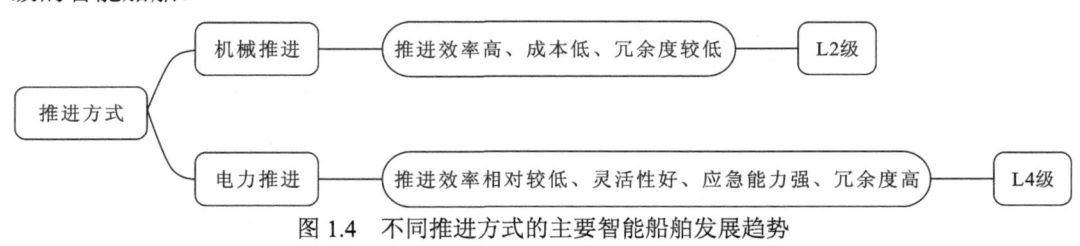

图 1.4　不同推进方式的主要智能船舶发展趋势

4. 任务类型

不同任务类型的主要智能船舶发展趋势如图 1.5 所示，其智能化应用方向和作用不同。对于客船、客滚船、邮轮等，它们的智能化方向应该更多地从舒适性和安全性考虑；

---

① TEU（twenty feet equivalent unit）为 20 ft（6.096 m）标准集装箱，内容积为 5.69 m×2.13 m×2.18 m，配货毛重一般为 17.5 t，体积为 24～26 m^3。

对于散货船、集装箱船、液货船等运输船舶，其智能化方向应该更多地从经济性的角度出发；对于海工船、拖船等特定功能船舶，其智能化方向则更多地侧重于完善自主作业功能和人员操作安全性。小型干/散货船、支线集装箱船、海工船、拖船、渡船等受港口及航道限制少，操作灵活，航程短，无人化能够带来较好的经济效益，因此有望发展至L4级；大型集装箱船、大型原油船、大型散货船由于船型较大、灵活性差、航线长、受能耗限制，需要配备船员长期维护船上设备，未来发展方向以 L2 级为主；油船、液化气体船等智能化的重点在于保障货物安全，船上运营短期内无法脱离人员的操作，未来发展方向会以 L1 级为主。

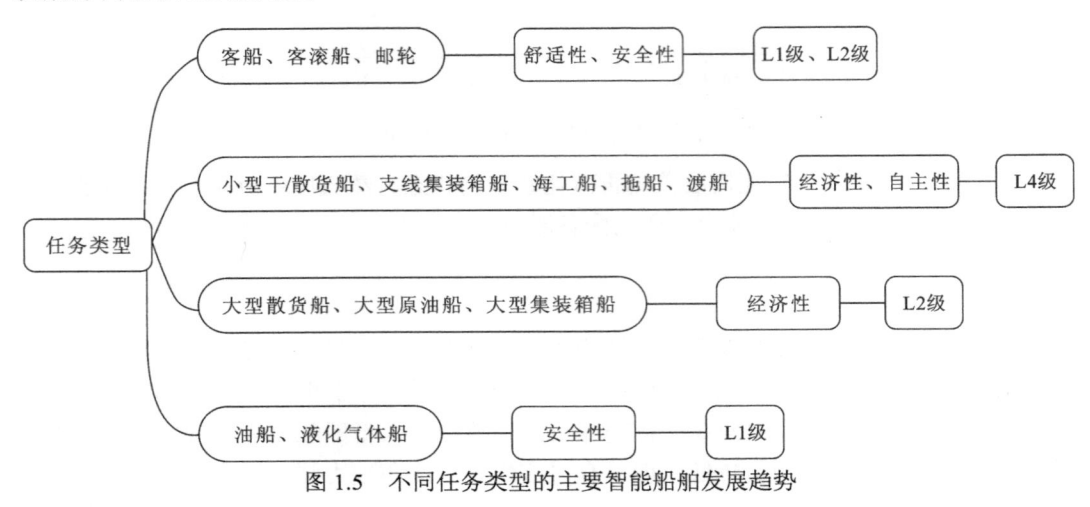

图 1.5　不同任务类型的主要智能船舶发展趋势

5. 船舶尺度

不同船舶尺度的智能船舶发展趋势如图 1.6 所示，不同尺度船舶的智能化优势完全不同。由于大型、超大型船舶单船价值大，船员成本占船舶总成本比例较小，受能耗限制，该类船舶在未来较长时间内会采用机械推进方式，灵活性较差。此外，大型、超大型船舶往往结构更复杂，其运行维护需要有船员操作，因此该类船舶偏向于运用智能技术来提高工作效率和航行安全。对于小型船舶，实现无人化驾驶操作可节省人力成本，经济效益显著，同时能够避免因人员误操作引发的事故。小型船舶可以使用更灵活的推进方式，智能化的驱动因素较大，已经走在智能化发展的前列。中、小型船舶目前已有 L1 级、L2 级投入使用，未来也将进一步朝无人化方向发展，最终达到 L4 级。大型、超大型船舶目前的应用集中在 L1 级，以提升营运效率和安全为主，今后的发展方向主要为 L2 级。

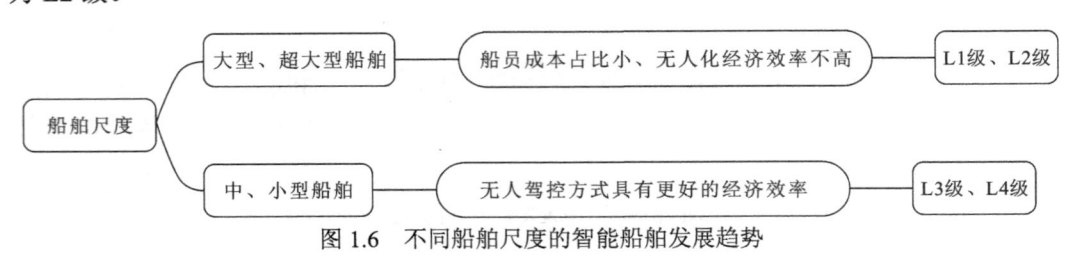

图 1.6　不同船舶尺度的智能船舶发展趋势

1.1.3 智能船舶的硬件组成

作为研发目标的智能船舶的硬件组成如图 1.7 所示，主要包括自主船舶、远程控制中心（从远程位置监控自主船舶，并根据它们所处的环境发出相应的指令）、远程控制系统、通信系统（用于自主船舶和远程控制中心之间交换信息）、态势感知系统（用于监控自主船舶航行情况）、网络安全系统、操作优化系统、健康与安全管理系统（用于监控周围环境）。

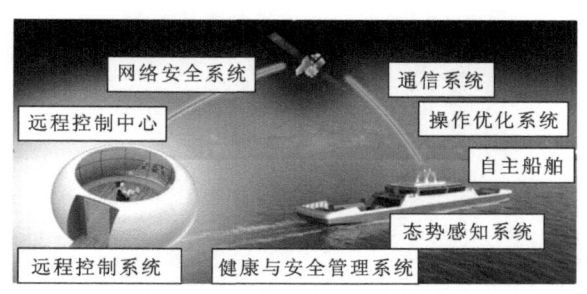

图 1.7 智能船舶的硬件组成

1.1.4 智能船舶的意义

1. 提高船舶操作安全

目前的海事系统是一个以人为本的系统。大量的海上事故是人为直接或者部分人为造成的。位于德国慕尼黑的安联保险 2012 年发布报告称，75%～96%的海上事故是由人为错误（往往是疲劳驾驶）导致的。如图 1.8 所示，船舶操作安全主要受人为错误的影响，100 起船舶故障中有 75 起是人为错误导致的[3]。开发自主船舶有望减少人为操作错误，并降低与事故相关的成本。此外，采用自主船舶运输可以改善运营和优化流程。

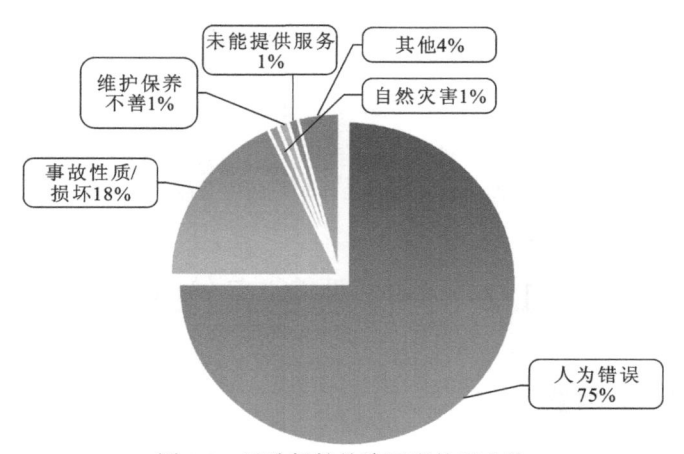

图 1.8 导致船舶故障因素的百分比

2. 降低运营成本

采用无人船将会降低雇佣海员的成本和航行期间的杂费。无人船无须为船员配置起居室、驾驶室和救生、消防、防污染系统，可降低水、电、油等消耗，增加货物的体积，提高载货能力，这将会减少6%的油耗和5%的建设成本，从而提高船舶运营的经济性。图1.9和图1.10分别为散货船和无人驾驶散货船的模型图。

图1.9　散货船模型图

图1.10　无人驾驶散货船模型图

智能船舶将操控工作转移到了陆地远程控制中心，能够破解海上专业人才短缺的困局，并大幅降低人员成本开支。货物年费成本的百分比如图1.11所示[3]。

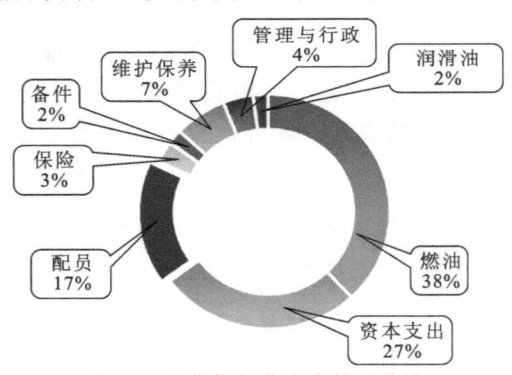

图1.11　货物年费成本的百分比

1.2　智能船舶的分级

1.2.1　国际海事组织

考虑最近海上自主水面船舶（MASS）研发项目的增加，这些项目有望提高安全性和经济性，国际海事组织（IMO）于 2018 年启动了"海上自主水面船舶使用的监管范围界定（regulatory scoping exercise，RSE）"项目，为海上自主水面船舶的设计者和所有者，以及其他相关方提供了一个清晰和一致的监管框架做准备。RSE 的结果在 2021 年举行的 IMO 海上安全委员会第 103 届会议（Maritime Safety Committee，MSC 103）上得到了报告和批准。该会议中提出了 4 个自动化等级。

在海上自主水面船舶监管范围界定之前，"海上自主水面船舶"和自动化等级的临时定义已经建立，以便在参与的各种组织之间能够进行监管范围界定。海上自主水面船舶被定义为在不同程度上可以独立于人的交互操作的船舶。

自动化等级的临时定义如下。

一级：具有自动化流程处理功能和决策支持功能的船舶，由船员在船上对船舶系统和功能进行操作和控制。

二级：船上有船员的遥控船舶，从另一个地点控制和操控该船，船员可在船上操作船舶系统和功能。

三级：没有船员在船上的遥控船舶，从另一个地点控制和操控该船，船上没有船员。

四级：完全自主船舶，船舶的操作系统能够自己做决定和决定行动。

可以决定自动化等级的因素有两项：①操作方式；②船上是否有船员。

还有一种观点认为，应通过开发更详细的自动化等级系统来提高上述自动化程度，以便在进行监管范围界定时研究安全操作和规章制度。然而，这些自动化等级在监管范围界定中以其现有的形式使用，需要时间来得到界定的结论，并在监管范围界定完成后再进行研究。

除上面所述的自动化等级外，国际海事组织进行的监管范围界定中还提出了其他几个自动化等级。

其中之一是澳大利亚和其他 4 个国家提出的一项旨在加强监管范围界定自动化等级的提案。该提案理念是：即使在自动化船舶上，自动化操作应能在社会和道德层面上被接受，最终由人类来承担控制和责任，并且主张监督控制自主系统，限于在合适人员的监督和责任下操作。该提案将决定自动化等级的因素定义为自主技术等级（4 个级别）和操作控制等级（2 个级别）。

自主技术等级如下。

A0（手动）：船舶系统和功能的手动操作和控制，包括简单任务和功能在单个系统级别的自动化。

A1（授权）：操作员在执行操作、决策和行动时需要获得授权，并且可以在任何阶段对系统进行超越（干预）。

A2（监督）：在执行操作、决策和行动时不需要获得操作员授权。系统的所有决策都会通知操作员，并且操作员可以在任何阶段对系统进行超越（干预）。

A3（自主）：系统在紧急情况下或当船舶系统超出定义参数时通知操作员。在执行操作、决策和行动时不需要获得操作员授权。操作员可以在任何阶段对系统进行超越（干预）。

操作控制等级如下。

B0（船上无适任操作员）：有意义的人工控制和监督可以远程进行。

B1（船上有适任操作员）：有资格的操作员在船上进行有意义的人工控制/监督。

将自主技术等级和操作控制等级排列为矩阵，见表1.1。

表1.1 自主技术等级和操作控制等级矩阵

自主技术等级	操作控制等级	
	B0（船上无适任操作人员）	B1（船上有适任操作人员）
A0（手动）	—	A0-B1
A1（授权）	A1-B0	A1-B1
A2（监督）	A2-B0	A2-B1
A3（自主）	A3-B0	A3-B1

例如，在表1.1中，A2-B0表示在B0条件下，船舶处于A2监督级别，由适任的操作人员遥控船舶。

国际海事组织海上安全委员会第100届会议提出了一个可以用来比较"自主技术等级"各种定义的一般框架，并提到船舶自主的三大要素是操作复杂性（operational complexity）、自动化等级（automation level）和人的存在（human presence），附加因素（additional factors）是人的责任（human responsible）（人的责任原则）和延迟（latency）。

1.2.2 劳氏船级社

在其他船级社之前，劳氏船级社（Lloyd's Register of Shipping，LRS）于2016年发布了《基于网络的自主船舶权利规范1.0版》（Cyber-Enabled Ships ShipRight Procedure—Autonomous Ships Version 1.0），该规范包括了自动化等级的定义。在这一自动化船舶指南发布之前，劳氏船级社发布了一份关于配备信息与通信技术（information and communications technology，ICT）和网络系统的网络船舶的指南——《在船舶上部署信息和通信技术-劳氏船级社的保证方法》（Deploying Information and Communications Technology in Shipping-Lloyd's Approach to Assurance）[4]。该指南提出了一个全面的认证程序，以确保安全、质量和可靠性，并将自主船舶定位为一种网络船舶。此外，该指南为自主船舶创建了自动化等级，不仅限于船舶操作，还可以应用于发动机操作和各种类型的信息服务。

7个自动化等级（autonomy levels，AL）如下所示。

（1）AL0 手动（没有自主功能）：所有的操作和决策都是由操作员手动执行的（系统可以有自主等级，人为控制在回路里）。

（2）AL1 船上决策支持：船舶层面的所有行动都由船上的操作员手动执行；决策支持工具可以向操作员提供选项，并影响所选择的操作；数据由船上系统提供。

（3）AL2 船上和船下决策支持：船舶层面的所有行动都由船上的操作员手动执行；决策支持工具可以向操作员提供选项，并影响所选择的操作；数据由船上系统或船下提供。

（4）AL3 回路里的"活跃的"人：在人的监督下执行决策和行动；数据由船上系统或船下提供。

（5）AL4 人在回路，操作/监督：在人的监督下自主执行决策和行动；高影响决策的实施方式让人工操作员有机会进行调解和超越。

（6）AL5 完全自主：很少有监督操作，其中决策完全由系统制定和执行。

（7）AL6 完全自主：无人监督的操作，决策完全由系统在任务期间做出和执行。

区分这些自动化等级的因素如下。

（1）是否提供决策支持系统（AL0 与 AL1 的区分因素）。

（2）是否从船下获得资料（AL1 与 AL2 的区分因素）。

（3）是否从执行操作的操作员过渡到执行操作的系统（AL2 与 AL3 的区分因素）。

（4）人为干预是否可能（AL4 与 AL5 的区分因素）。

（5）是否可能有人访问系统（AL5 与 AL6 的区分因素）。

从控制模式来看，AL0～AL2 为"手动控制"模式，AL3、AL4 为"监督控制"模式，AL5、AL6 为"全自动控制"模式。

1.2.3　挪威船级社

挪威船级社（Det Norske Veritas，DNV）于 2018 年发布了其等级指南《自主和遥控船舶》（Autonomous and Remotely Operated Ships）[5]。该指南定义了自动化等级。DNV 认为，自动化等级取决于使用自动化的环境，因此提出了船舶操纵工作"驾驶功能（navigation functions）"自动化等级的指导方针，这需要高度的观察、分析和判断。发动机运行工作的自动化等级度"轮机功能（engineering functions）"，可分为自动支持和自动操作。

根据《作业概念/危害识别研究》（Concept of Operations/Hazard Identification Study）的作业要求，DNV 发布的指南规定了操作员应执行的任务和任务的位置等，并将"驾驶功能的自动化等级"定义如下。

M 级：手动功能。

DS 级：系统决策支持功能。

DSE 级：系统决策支持功能，具有条件系统执行能力（人在循环中，在执行前需要人工确认）。

SC 级：自控功能（系统会执行操作，但人可以越权，有时被称为"人在循环中"）。

A 级：自主功能（系统将执行该功能，通常不可能人在功能层面进行干预）。

以下因素可以作为区分这些自主等级的因素：是否提供决策支持系统（M 级和 DS 级）的区分因素：①从主要由人工执行的操作到由系统执行的转换，以及执行是否需要人工批准（DS 级和 DSE 级）；②从系统执行操作前的人工批准过渡到人工覆盖功能（DSE 级和 SC 级）；③人为干预是否可能（SC 级和 A 级）。

1.2.4　法国船级社

2019 年，法国船级社（Bureau Veritas，BV）发布了《自主航运指南》（Guidelines for Autonomous Shipping）[6]。该指南包括用于提高船舶自动化的系统、配备了在不同程度上能够做出决策和执行行动的自动化系统的船舶、与其相关的遥控中心和水面推进系统。

由于这些系统和设备运行的环境被表示为包括人机交互，指南定义了三个项目"自动化等级"、自动化系统的"直接控制等级"和"遥控等级"，而自动化系统的状态特征是这三种等级的结合。

自动化等级如下。

（1）A0 人工操作：人做出所有的决定，控制所有的功能；人位于船上；系统或船舶可以进行信息采集，但不能代替人进行信息分析、决策或执行行动。

（2）A1 人工直接：人做出决定并执行行动；系统或船舶可以进行信息采集、信息分析和行动建议，但不能代表人做出决策或执行行动；人员可以在船上或在船外的遥控中心。

（3）A2 人工授权：人可以拒绝系统做出的决定；系统或船舶可以进行信息采集和信息分析，激发动作，但需要人的确认；人员可以在船上或在船外的遥控中心。

（4）A3 人工监督：人总是被告知决策和行动，并且可以在任何时候进行控制；系统或船舶可以执行信息采集和信息分析，并在人的监督下激发动作，不需要人的确认；人员可以在船上或在船外的遥控中心。

（5）A4 完全自动化：人可以在任何时候控制一切；系统或船舶可以在没有人为干预和监督的情况下进行信息采集和分析、决策和执行操作。除紧急情况外，系统在不通知人的情况下执行功能；监督可以在船上或在船外的遥控中心。

直接控制等级如下。

（1）DC0 没有直接控制：没有船员监视和控制系统，或船舶、响应系统错误。

（2）DC1 可以直接控制：船员在船上，可以响应系统警报，但可能不在控制站。

（3）DC2 不连续的直接控制：该系统或船舶由船上控制站的船员监控和控制。然而，监测和控制可能在短时间内中断。船员总是在船上的控制站待命，随时准备在系统发出警告或警报时进行控制。

（4）DC3 完整的直接控制：该系统或船舶在任何时候都由船上控制站的船员监控和控制。

遥控等级如下。

（1）RC0 没有遥控：在船外的遥控中心没有操作员。

（2）RC1 可以遥控：遥控中心设有操作员，可以对系统发出的警告做出响应等；操作员可能不在控制站。

（3）RC2 不连续的遥控：该系统或船舶由操作员从遥控中心监控和控制。然而，监测和控制可能在短时间内中断；遥控站的操作员随时待命，准备在系统发出警告时进行控制。

（4）RC 完整的远程控制：该系统或船舶在任何时候都由操作员从船舶外的遥控中心监控和控制。

1.2.5　日本船级社

日本船级社（Nippon Kaiji Kyokai，ClassNK）于 2020 年发布了《船舶自动化和自主操作指南版本 1.0》（Guidelines for Automated and Autonomous Operation on Ships Ver 1.0）[7]。该指南适用于自动操作系统（automated operation system，AOS）和遥控系

统（remote operation system，ROS），它们可以自动操作部分或全部的船舶工作中的态势感知、决策和行动的人为决策过程，以及配备此类系统的船舶。

为了对 AOS 和 ROS 进行分类，该指南使用了 4 个索引：自动化的范围（scope of automation）；遥控范围（scope of remote operation）；备份执行器（fallback executor）；操作设计领域的内容（contents of operation design domain，contents of ODD）。

自动化范围等级、遥控范围等级和备份执行器等级见表 1.2～表 1.4。

表 1.2 自动化范围等级

等级	系统特征	自动化范围（决策执行者子任务）
0	人工执行所有子任务	人工
I	计算机系统执行一些决策子任务	计算机系统和人工
II	计算机系统执行所有子任务	计算机系统

表 1.3 遥控范围等级

等级	系统特征	遥控范围（执行地点决策子任务）
0	船员在船上执行所有子任务	船上船员
I	远程执行一些决策子任务	部分在遥控中心执行
II	远程执行所有决策子任务	全部在遥控中心执行

表 1.4 备份执行器等级

等级	系统特征	自动化范围（决策执行者子任务）
0	人工执行备份	人工
I	在人工与计算机系统之间共享执行备份	计算机系统和人工
II	计算机系统执行备份	计算机系统

这些等级是单独设置的，以便以易于理解的方式解释索引。实际的系统可以通过这三个索引的指标的组合进行分类，如表 1.5 所示。

表 1.5 自动化操作系统、遥控操作系统和备份结合分类

系统特征	等级 自动化	等级 遥控位置	等级 备份	自动化范围/遥控操作范围 船上 人工	自动化范围/遥控操作范围 船上 计算机系统	自动化范围/遥控操作范围 遥控中心 人工	自动化范围/遥控操作范围 遥控中心 计算机系统	备份执行器 人工	备份执行器 计算机系统
人工执行所有子任务和备份	0	0	0	执行所有	—	—	—	执行所有	—
人工执行所有子任务和备份	0	I	0	共同执行	—	共同执行	—	执行所有	—
人工执行所有子任务和备份	0	II	0	—	—	执行所有	—	执行所有	—
计算机系统执行一些决策子任务，人工执行备份	I	0	0	共同执行	共同执行	—	—	执行所有	—
计算机系统执行一些决策子任务，人工执行备份	I	I	0	共同执行	—	—	共同执行	执行所有	—
计算机系统执行一些决策子任务，人工执行备份	I	II	0	—	共同执行	共同执行	—	执行所有	—

续表

系统特征	等级			自动化范围/遥控操作范围				备份执行器	
	自动化	遥控位置	备份	船上		遥控中心			
				人工	计算机系统	人工	计算机系统	人工	计算机系统
计算机系统执行所有子任务，人工执行备份	II	0	0	—	执行所有	—	—	执行所有	—
	II	I	0	—	共同执行	—	共同执行	执行所有	—
	II	II	0	—	—	—	执行所有	执行所有	—
计算机系统执行所有子任务和备份	II	0	II	—	执行所有	—	—	—	执行所有
	II	I	II	—	共同执行	—	共同执行	—	执行所有
	II	II	II	—	—	—	执行所有	—	执行所有

1.2.6 美国船级社

美国船级社（American Bureau of Shipping，ABS）于 2021 年发布了《自主和遥控功能指南》（Requirement for Autonomous and Remote Control Functions）[8]，并于 2022 年 8 月更新版本[9]。该指南适用于所有海上船舶和海上设施（统称为"船舶"），所涵盖的自动化功能侧重于使海上船舶和海上设施能够操作的功能，并不意味着无人操作。

应用对象的"功能类别"包括：航行（navigation，NAV）、操纵（maneuvering，MNV）、系泊/离泊（mooring/unmooring，MOR）、进坞/出坞（docking/undocking，DOC）、推进（propulsion，PRP）、辅助（auxiliary，AUX）、环境保护（environmental protection，ENV）、货物装卸（cargo handling，CGH）、压载和吃水（ballast and trim，BAL）及工业流程（industrial processes，IND）。自动化等级应用于所有这些功能。

该指南将"智能到自动化"级别定义为智能、半自动化和全自动化三个等级，符号也是在此基础上设置的。

智能到自动化等级如下。

（1）自动化等级 1，智能，人工功能的系统增强：该系统提供被动决策支持，如系统异常检测、诊断、预测、决策/行动替代方案等；符号为 SMART。

（2）自动化等级 2，半自动化，系统功能的人工增强：该系统建立在一个智能的基础上，并由系统和人工决策和行动的组合来管理；符号为 AUTONOMOUS。

（3）自动化等级 3，完全自动化，没有人参与系统功能：系统自主地做出决策和采取行动；人工只执行监督职能。越控功能可以干预系统；符号为 AUTONOMOUS。

为了明确人员的角色，指南还定义了"操作监督等级"（operations supervisions levels）。对于操作监督等级，定义了 2 个"操作人员位置"（船上或遥控位置）和 3 个"需要注意的等级"（required attention levels），然后结合这两个等级定义操作监督等级。

下列是需要注意的等级，其次是操作监督等级，如表 1.6 所示。

表 1.6　操作监督等级

操作监督等级和代码	需要注意的等级	操作员位置
OP1	需要注意的等级 1：持续监督	在船上
OP2	需要注意的等级 2：定期监督	在船上
OP3	需要注意的等级 3：根据需要	在船上
RO1	需要注意的等级 1：持续监督	遥控位置
RO2	需要注意的等级 2：定期监督	遥控位置
RO3	需要注意的等级 3：根据需要	遥控位置

（1）需要注意的等级 1，持续监督：在整个操作过程中，需要操作员的连续（不间断）监督。

（2）需要注意的等级 2，定期监督：在整个功能的操作过程中，需要在设定的时间间隔内由操作员进行监督。间隔的长度和确保操作员监督的方法由船舶操作员确定，并记录在操作概念（concept of operations，ConOps）文件中。

（3）需要注意的等级 3，根据需要（系统通知或运行模式的需要）：在整个功能的操作过程中，只有在需要时才由操作员进行监督。细节由船舶操作员决定，并记录在操作概念文件（ConOps）中。

需要注意的等级和对象功能都是船级社符合 AUTONOMOUS 的属性值。例如，符号 AUTONOMOUS（NAV、OP1、RO1）表示与船舶航行相关的自主功能是在船舶上和遥控位置的操作员的持续监督下运行的。

除了自动化等级，该指南还通过需要注意的等级和操作员的工作位置（船上或遥控位置）来描述人和系统的角色。

1.2.7　芬兰自主海洋生态联盟

2022 年 3 月 31 日，芬兰自主海洋生态系统联盟（Autonomous Maritime Ecosystem，One Sea）发布了一份新的白皮书《自主船舶：规则制定参考术语》（Autonomous Ships：Terms of Reference for Rule Development）[10]，为制定和实施海上自主水面船舶的国际立法框架提供了一条前进路线。该白皮书呼吁尽快制订统一的参考术语，涵盖可在整个航运业使用的自主和高度自动化的船舶操作。该白皮书研究了船舶自主性和自动化级别的定义，并探讨了如何将它们逐步应用于船舶营运。该白皮书通过阐述可应用于各种船舶操作或整艘船舶的 6 个等级，提出了确定航运自动化程度的行业建议。该白皮书还建议自动化等级应根据人类关注度/参与度（human attention/attendance）的需求来定义，而不是将这一定义与船上配员水平混为一谈。

（1）0 级：基本操作/人类控制船舶（Level 0：basic operation/human controls the vessel）。在最简单的形式中，自动化用于根据设定点控制过程，进而控制变量。人工控制船舶或建立所需的"设定点"，以便自动化可以达到预期的结果。功能的自动化部分仅限于内部监控和抵消所需设定点和接收到的信息之间的偏差。这是一个闭环系统。

（2）1 级：辅助操作/手动操作、视觉观察、心智思考（Level 1：assisted operations/

hands-on，eyes-on，mind-on）。操作船舶功能的人员根据接收到的信息、输入或依据响应调整设定值进行评估并做出决策。自动化系统通过提供观察/更新信息和/或完成自动化基本与简单的任务来协助操作员，这些任务是所做决策的逻辑扩展。

（3）2级：部分自动化/无手动操作（有时）、视觉观察、心智思考（Level 2：partial automation/hands-off（sometimes），eyes-on，mind-on）。至少一种完整功能/操作模式的操作是自动化的。系统监控实际情况，并能执行行动以达到所需的设定值或结果。系统通知操作员相关的观察和确定需要执行的行动。然而，行动可能需要操作员事先确认。

（4）3级：有条件的自动化/无手动操作、无视觉观察（有时）、心智思考（Level 3：conditional automation/hands-off，eyes-off（sometimes），mind-on）。至少有一个完整的功能/操作模式的操作也是自动化的。当某些操作条件得到满足时，系统根据设定值监控过程，并自动采取行动以保持该设定值。该任务可以在有限的时间内不受操作员控制，由操作条件/位置决定。

（5）4级：高度自动化/无手动操作、无视觉观察、无心智思考（有时）（Level 4：high automation/hands-off，eyes-off，mind-off（sometimes））。这是"有人值守"自动化的最高等级。功能/操作任务在很大程度上是自动执行的，无须操作员参与。如果出现无法在其参数范围内执行操作以达到设定值的情况，系统会在需要干预时提醒操作员。

（6）5级：自主/无手动操作、无视觉观察、无心智思考＝无人（Level 5：autonomous/hands-off，eyes-off，mind-off＝human-off）。自主操作取代所有人工监督；不需要人工值守或干预。为操作设定的目标是预先确定的，但需要自主解决处理遇到的情况。这些解决方案将基于收集的信息和理解明显情况的能力。技术性观察、识别、解读和应对各种情况，使船舶及其设备以符合要求和安全的方式运行。

第 2 章

国内外智能船舶研究进展

2.1 国外智能船舶技术研究进展

鉴于无人驾驶船舶的市场需求，国外机构已陆续着手研究无人驾驶船舶的相关技术及标准。日本早在 20 世纪 80 年代就已经着手研究带有"智能导航"功能的"人工智能船舶"；韩国于 2009 年启动了智能船舶 1.0 计划，并于 2011 年推出世界首艘智能船舶，目前其智能船舶 2.0 计划正在推进中；自 2012 年以来，欧盟等陆续开展了无人商船应用开发计划，如欧盟的"MUNIN"、英国罗尔斯·罗伊斯（Rolls-Royce）公司牵头领导的"高级无人驾驶船舶应用（the advanced autonomous waterborne applications，AAWA）开发计划"、英国的"Hrönn"工程项目、芬兰的"one sea"工程项目及日本的智能船舶应用平台（smart ship application platform，SSAP）等，其中"AAWA 开发计划"在 2020 年实现利用远程支持和特定功能操作逐渐减少船员，到 2025 年、2030 年、2035 年逐步实现近海、远海无人船舶的远程控制和远洋无人船舶自主航行。

日本对无人船智能系统和智能相关标准进行了研究，开展了智能船舶应用平台（SSAP）的研究工作，完成了《船舶海上技术——船载海上共享数据服务器》（BS ISO 19847：2018）和《船舶海上技术——船载机械和设备标准数据》（BS ISO 19848：2018）两项国际标准的制定工作。韩国对无人船的研究重点在于利用岸基资源对船上的数据进行采集、分析和评估，韩国政府计划投资 5 848 亿韩元用于打造智能船舶及航运港口应用服务，该项目于 2019 年正式启动，持续 6 年。芬兰发起智能船舶研发计划，旨在创造一个"智能船舶运输生态环境"，并在 2025 年之前在波罗的海创造一个完全智能的航运系统；2018 年 6 月 15 日，芬兰 Aker Arctic 公司在赫尔辛基的冰区船模实验室成功测试自主驾驶船舶模型。挪威 Yara 公司与康士伯（Kongsberg）海事宣布将共同打造全球首艘纯电动自动驾驶集装箱船"Yara Birkeland"号，现已建造完成，在 2022 年实现全自主航行；2018 年 4 月 3 日，全球首家无人船航运公司诞生，挪威航运巨头威尔森集团（Wilhelmsen）和康士伯联手建立全球首家无人船航运公司"Massterly"，将接收和运营包括"Yara Birkeland"号在内的多艘无人船。

本节分析各国无人船技术的研究进展和未来技术发展路径，并总结国外无人船技术发展路径的特点和趋势，分别从测试场地、标准制定、船岸数据通信、船模试验、关键技术、实际开发无人船项目等方面进行分类，为我国无人船的相关技术发展路径的制定提供参考和依据。

2.1.1 日本

日本开展智能船舶研究工作最早，早在 20 世纪 80 年代就开始了船舶无人航行的研究，但受限于当时的网络和信息技术，没有真正实现船舶智能化，也没有开展类似的针对智能船舶整体解决方案的研究，而是对一些智能系统和智能相关标准进行了研究。

1. 智能船舶应用平台项目

2012年日本启动"智能船舶应用平台项目1、2（Smart Ship Application Platform 1、2 Project，SSAP1、2）"，旨在建立船舶及岸上获取船舶设备数据的标准化方法，并推动智能船舶标准的国际化。智能船舶应用平台项目1（SSAP1）相关研究工作由日本船舶机械与设备协会（Japan Ship Machinery and Equipment Association，JSMEA）和日本船级社等在内的29家企业和单位联合组织开展，项目研究周期为2012年12月～2015年3月，研究经费为120万美元。该项目旨在开发船舶智能信息与控制系统，结合常见的船载监控系统，如主机遥控、压载水管理、船载电力管理、电子海图等，利用远程数据传输技术，研制出可以存储船舶监控系统运行数据并向智能船舶各种应用系统提供接口的统一数据交互平台，实现气象导航、纵倾优化、主机监测、状态监测、能效管理、远程维护等功能。2014年该平台已经在日本的一艘渡船和一艘原油运输船上安装应用，如图2.1所示。同时，项目团队也在推动智能船舶应用平台成为国际海事组织E-航海战略的一个测试版，并在国际海事组织、国际标准化组织、国际电工委员会等层面积极推动关于系统模型、系统安全、数据结构等内容的标准化工作。

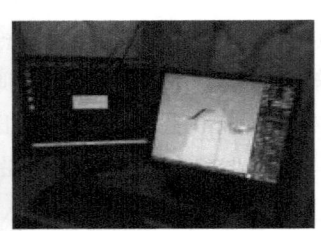

（a）渡船

（b）原油运输船

图2.1 SSAP1于2014年在船上安装应用

日本船舶机械与设备协会（JSMEA）联合50家成员单位共同开展"智能船舶应用平台项目2（SSAP2）"研究，主导完成《船舶与海上技术 船载设备与系统通信网络布设指南》（ISO/AWI 16425）、《船舶与海上技术——船载海上共享数据服务器》（BS ISO 19847：2018）和《船舶与海上技术——船载机械设备的标准数据》（BS ISO 19848：2018）3项国际标准的制定工作。

《船舶与海上技术——船载海上共享数据服务器》（BS ISO 19847：2018）于2018年10月出版发行[11]，该标准规定了船载数据服务器的要求，该服务器用于从其他船载机械和系统收集数据，并以安全有效的方式进一步共享收集的数据，并参考船载数据服务器或边界设备（ISO 19848）的数据结构制定了通信协议。该标准包含对输入和输出接口、功能、接口和性能的最低要求，还包含针对海事量身定做的系统配置、测试要求和环境要求。

《船舶与海上技术——船载机械设备的标准数据》(BS ISO 19848：2018)于2018年10月出版发行[12],该标准适用于船舶的结构及船上的机械和设备,并且适用于捕获和处理来自上述对象的传感器数据的软件的实现者。为此,该标准介绍了命名传感器的方法,所需的数据项及描述上述数据的方法。该标准是一个数据标准,定义了《船舶与海上技术——船载海上共享数据服务器》(BS ISO 19847：2018)中数据服务器需要使用的数据结构和概念,但也与其他将导入和分析此类数据的系统和基于岸上的平台有关,该标准定义了适用于物理物联网类型的测量(physical IOT-type measurements)(例如压力和温度)的"表格数据"(tabular data)的数据结构,以及适用于异步数据(例如警报日志)的"事件数据"(event data)的数据结构。该标准还定义了传感器命名和元数据的标准系统。物联网数据(传感器数据)对将数据用于AI和大数据而言是非常重要且必不可少的。但是,定义命名方案、字典和标准名称需要大量的工作。该标准附录B和附录C提供了标准密码本和标准ID的方案,可以根据服务类别定义由标准ID组成的标准数据目录。

两个标准的命名方案之一是基于船舶信息系统中的术语和代码,挪威船级社提倡使用《船舶与海上技术——船载海上共享数据服务器》(BS ISO 19847：2018)和《船舶与海上技术——船载机械设备的标准数据》(BS ISO 19848：2018),并在相关的入级规则和准则中引用它们,挪威船级社为数据服务器及根据这些标准实施的基础架构网络元素提供认证服务,从2020年5月底开始,Veracity行业数据平台支持直接从船舶和岸上平台提取《船舶与海上技术——船载机械设备的标准数据》(BS ISO 19848：2018)数据文件。

2. 商船三井航运公司

商船三井航运公司于2017年开展了"自主远洋运输系统技术概念项目"研究。该项目利用各参与公司的优势,发展自主海运的技术理念,为实现可靠、安全、高效的海运自主船舶提供所需的技术基础。其中:商船三井航运公司从船舶运营的角度进行分析,以便在船舶操作中提高船舶性能;三井造船株式会社从造船的角度对船舶进行系统集成;日本船舶技术研究协会负责对该合作研究项目进行协调;东京海洋大学负责开展船舶导航研究;日本船级社则从船舶分类法规的角度定义自主船舶的入级规则和有关产业化实施不可或缺的规定;日本国家海事研究所从评估的角度开展自主船舶的安全技术评估等。研究联合会通过各公司的优势发展自主船舶技术概念,并力争明确自主船舶技术的发展路径,促进自主远洋运输系统技术的发展。

2017年6月,商船三井航运公司还和三井造船株式会社就共同开发基于实时数据的下一代船舶监测和支持系统达成合作。该系统基于实时数据构建,数据来源包括导航信息数据和设备机械信息数据等。双方还将对短周期数据和采集的大数据分析方法进行研究。

商船三井航运公司还与罗尔斯·罗伊斯公司达成协议,进行智能感知系统开发合作。据罗尔斯·罗伊斯公司表示,智能感知系统通过为船员提供对船舶周围环境的感知信息,从而使船舶能够更安全、轻松、高效地运行。该系统将一系列传感器的数据与现有船舶系统信息融合以实现其主要功能。

商船三井航运公司还与旭化成株式会社达成合作,联合进行振动传感器预测船用设备异常情况的验证研究。该研究将利用分析软件和振动传感器,对正在建造的汽车运输船和VLCC上的关键辅助机械,如泵和净化器状况进行监测。作为船舶物联网系统的一部分，项目参与者预计该项目将不仅创造一个独立的船载监控系统，而且有助于将数据与船岸之间的实时通信监控平台合并，以便一旦发生异常就进行分析。

此外，包括商船三井航运公司和日本邮船株式会社在内的日本公司计划组建一支无人驾驶商用船队，船队包括 250 艘货运船只。这些船只将利用人工智能技术，在海洋中寻求最安全、最经济的路线航行。按照计划，这支船队将在 2025 年投入使用，船队将装备物联网收集数据，并将使用人工智能软件来分析天气及其他信息来调整船只的航线。此外，通过监控船只的运行情况，可以在问题发生之前预测故障，避免发生海上事故。

3. 日本邮船株式会社

2016 年 7 月，日本国土交通部（The Ministry of Land, Infrastructure, Transport and Tourism, MLIT）选定日本邮船株式会社（Nippon Yusen Kabushiki Kaisha，NYK）及其旗下的货物运输技术研究所（Monohakobi Technology Institute，MTI）联合参与 4 个"2016 年船舶先进安全技术研发的支持项目"（2016 Support Projects for R&D in Advanced Safety Technology of Vessels）。航运业高度期望通过利用物联网和大数据来实现更安全、更经济的船舶运营。在这样的背景下，这些研发支持项目旨在通过鼓励有益于海上运输并增强海上运输安全性的研发活动来振兴和提高日本海上工业的全球竞争力。这 4 个项目名称分别是：①大型集装箱船船体结构健康监测研究；②利用大数据预防船舶机械设备故障以提高安全、经济运营的研究；③利用船岸通信技术支持液化天然气安全运输的技术研究；④船舶碰撞风险判断与自主操作研究。

2017 年 12 月，NYK 及其旗下的货物运输技术研究所联合发布避免碰撞研究的部分成果。这项研究的内容包括：①促进与避免与其他船舶相撞的风险有关的判断的功能；②陆上操作者的远程操作；③与航海仪器信息的增强现实（augmented reality，AR）有关的设备。整个研究的目的是追求安全操作并减少船员工作量。这项研究被 MLIT 选为"2016 年船舶先进安全技术研发的支持项目"。

2018 年 2 月初，MTI、日本电报电话公司（Nippon Telegraph & Telephone，NTT）和 NTT 数据公司在沿海船舶上进行了下一代船载物联网平台的概念证明试验。该试验是在日本邮船子公司 Kinkai Yusen Kaisha 经营的沿海船舶"Hidaka"号上进行的。日本邮船株式会社和 MTI 公司之前开发过一种船舶信息管理系统，可以收集、监测和共享船岸之间的详细数据，这些数据包括远洋船舶运行状况和性能信息。2017 年 9 月，日本邮船株式会社、MTI、日本电报电话公司和 NTT 数据公司 4 家公司开始合作，利用日本电报电话公司的边缘计算技术，通过融合船舶信息管理系统（ship information management system，SIMS），开发了新一代船载物联网平台，从而实现在岸上对船上应用程序的远程分发和管理。该平台符合由日本船舶机械和设备协会制定的船载物联网国际标准。

2019 年 9 月 14~17 日，NYK 根据 IMO 的《MASS 试验临时准则》进行了世界上第一次 MASS 试验。"Iris Leader"是一艘由 NYK 经营的大型汽车运输船，总吨位为 70 826 t，并使用 Sherpa 实船系统（sherpa system for real ship，SSR）从中国到日本名古屋港进行了昼夜航行，然后于 9 月 19~20 日从名古屋港到横滨港，航行期间有船员在船测试。

在试验过程中，对 Sherpa 实船系统在实际海况下的性能进行了监控，从现有的导航设备收集了有关船舶周围环境状况的信息，计算了碰撞风险，自动确定了安全经济的最佳航线和速度，然后自动对船舶进行了导航。利用通过该试验获得的数据和经验，NYK 能够确保 SSR 的可行性及其对安全和最佳操作的好处。这次测试朝着实现 NYK 的有人驾驶自动驾驶船目标迈出了一大步。

2020 年 5 月，NYK 旗下的新日船公司（Shin-Nippon Kaiyosha Corporation）对所运营的一艘"吉野丸"（Yoshino Maru）号拖轮（图 2.2）进行了试验。这艘拖轮配备了一套远程操纵系统，该拖轮受一个距离兵库县西宫市约 400 km 的操作中心远程控制。在试验期间，该拖轮完成了在东京湾大约 12 km 处的本牧（Honmoku）海域和横须贺（Yokosuka）港口附近海域之间的航行。

图 2.2 试验的"吉野丸"（Yoshino Maru）号拖轮

4. 日本船级社

日本船级社已将研发智能船舶作为未来 5 年的重点工作，并成立了海事大数据中心。日本船级社与 IBM 公司共同开发了相关软件，能收集机舱发动机、泵及温度传感器的实时数据并进行分析，从而提供设备优化和维修等建议。日本船级社还与 NAPA 公司合作研发了航线优化支持系统，以帮助船舶运营商优化航线及航行计划，该系统也已在实船上得到应用。

2020 年 5 月，日本船级社宣布，日本邮船株式会社及其集团子公司 MTI 共同开发的自主航行船舶架构概念设计已经获得原则性认可，开发代码"APExS"。

5. 日本 JRCS 株式会社

日本 JRCS 株式会社研究用混合现实（mixed reality，MR）头显 HoloLens 远程驾驶无人船，如图 2.3 所示。日本 JRCS 株式会社是一家专注于海运物流和为航运业生产和销售电子设备的企业，它与微软日本分公司合作推出了 JRCS 数字创新实验室。该实验室的目标是探索如何利用增强现实和人工智能来提高全球航运业务的效率，通过引入陆上虚拟指挥中心来帮助解决预期的海员短缺问题，并提高交通运输质量。通过虚拟指挥中心，数字船长可以在三维地图上与多艘无人船通信，并且利用 HoloLens 化身为数字角色，远程浏览船只状况。通过先进的 MR 技术和头显，驾驶船只将变得更加智能。

图 2.3 日本 JRCS 株式会社研究用 MR 头显 HoloLens 远程驾驶无人船

6. 日本财团

非营利性私人机构日本财团（Nippon Foundation）支持的无人船项目"MEGURI2040"从 2020 年 2 月启动，包含了"智能渡船开发""横须贺与猿岛之间的自主航行""无人驾驶船的未来创造""以沿海集装箱船和汽车渡船为基础的无人技术验证测试""无人水陆两栖驾驶技术开发" 5 个合作联盟[13]，汇集航运、造船、船舶设备制造商等 40 余家日本企业，涵盖了大型渡船、集装箱船、客船等不同船型主题，目标是到 2025 年实现无人船实用化，到 2040 年有 50%的内航船能够实现无人驾驶。

1）智能渡船开发

"智能渡船开发"联盟合作伙伴包括三菱重工子公司三菱造船及新日本海渡船（Shin Nihonkai Ferry），双方利用三菱造船在长崎造船所立神本工厂为新日本海渡船建造了一艘大型高速渡船"SOLEIL"号（图 2.4），并在未来开展发动机故障检测。"SOLEIL"号由三菱造船建造，于 2021 年 7 月交付给新日本海渡船，"SOLEIL"号客滚船全长 222.50 m、宽 25 m，吃水 7.40 m，总吨位为 15 515 t，最大航速 28.3 kn（1 kn=0.514 m/s），可容纳 268 名乘客，装载 154 辆卡车/30 辆轿车。三菱造船和新日本海渡船为这艘船开发了从离岸到航行、目标检测、避航、到岸的船舶操作自动化、机舱监视强化、采用高度安全技术的陆上监视系统，在确保足够安全性的同时进行无人驾驶操作。自 2021 年 7 月交付运营以来，"SOLEIL"号一直在积累自主航行试验的数据。在开发实现船舶自动化、省力化的航海辅助系统方面有着丰富经验的三菱造船负责整个自主航行系统的研发，而新日本海渡船负责设定实船的系统要求和实证试验的航行。这些新技术的研发有助于提高航行安全性、减少船员负荷、降低运营成本。

图 2.4　大型高速渡船"SOLEIL"号

2022 年 1 月 17 日，"SOLEIL"号从新门司出发，以 26 kn（约 48 km/h）的速度航行约 240 km 抵达伊予滩海域，全程约 7 h 高速自主航行，完成了世界首次大型渡船自主航行试验，这是世界范围内第一次在一艘全长 222 m 的大型客船上展示先进的自动进出港和高速航行的无人驾驶船舶技术。"SOLEIL"号搭载了可以通过红外线摄像头在夜间检测到其他船舶的物标图像分析系统，包含能够实现船舶操纵状态监视的自动驾驶系统"SUPER BRIDGE-X"，以及船舶自动离靠岸操控系统，如图 2.5 所示。针对无人驾驶中主要难题的故障预测，开发了电动机状态监控等设备监控强化技术，以及各种无人驾驶船舶普及所必需的技术。

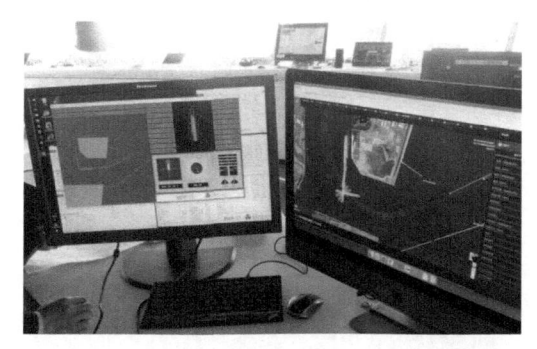

图 2.5 "SOLEIL"号自动离靠岸操控系统与船舶操纵状态监控

2）横须贺与猿岛之间的自主航行

2022 年 1 月 11 日在横须贺与猿岛之间成功进行了世界上第一次小型客船自主航行演示，这是日本财团支持的无人船项目"MEGURI2040"完成的首个示范试验，将三井 E&S 造船开发的自主船舶操纵技术应用于 Try Angle 公司运营的小型客船"Sea Friend Zero"号，如图 2.6 所示。这艘船在横须贺市新三笠栈桥至猿岛之间约 1.7 km 的航线（10 min 航程）无人驾驶航行，包括离岸和靠泊。

图 2.6 小型客船"Sea Friend Zero"号

"Sea Friend Zero"号全长约 14 m，船上安装了三个摄像头、全球导航卫星系统（global navigation satellite system，GNSS）、船舶自动识别系统（automatic identification system，AIS）等各种传感器设备，如图 2.7 所示，目的是通过图像分析检测小型船舶。障碍物探测系统通过传感器信息来探测其他船舶和障碍物，并将其他船舶的信息发送给自主船舶操纵系统，使该船能够自动避开其他船舶航行。此外，当该船离开或到达码头时，自主船舶操纵系统可以自动小幅度地移动驾驶室的油门操纵杆（throttle lever，图 2.8）

图 2.7 "Sea Friend Zero"号船上安装的摄像头

图 2.8 "Sea Friend Zero"号驾驶室的油门操纵杆

来实现无人航行,而这种操作即使是在有人运营的情况下也相当困难。该试验也确认了通过设置在船上的数个传感器可感知前方船只,并运行自动变更路线回避的程序。

3) 无人驾驶船的未来创造

"无人驾驶船的未来创造"项目旨在通过开放合作,使用东京湾和苫小牧之间的集装箱船进行验证测试,该项目目标是实现无人船实用化所必需的自动航行、陆上支援、远程操纵、通信线路等系统的开发应用,开启无人船支持的日本物流社会新时代。

该项目还将开发和应用其核心技术,例如软件/算法、AI 和云计算,并将对这些技术进行集成和系统化以实现无人驾驶。这些技术将解决海事事故和船员短缺等问题,并为客户提供更多服务。

除基于舰船的设施外,项目还致力于开发与港口和港口连接的陆上设施,并通过云建立与船舶的连接。当前正在开发的物联网和本地 5G 的使用将不仅使船舶上的连接成为可能,还将使陆地和海洋之间的所有人和物实现连接,从而提高效率、减少人力、降低自动化程度,并扩大客户业务。

4) 以沿海集装箱船和汽车渡船为基础的无人技术验证测试

"以沿海集装箱船和汽车渡船为基础的无人技术验证测试"项目使用三井 E&S 造船开发的自动化技术和古野电气开发的周围认知技术,使用商船三井渡船(MOL Ferry)运营的一艘超过 1 万 t 的大型内航渡船"Sunflower Shiretoko"号(图 2.9),以及井本船舶拥有并由井本商运运营的 749 t 型内航集装箱船"Mikage"号(图 2.10)进行试验。

图 2.9 "Sunflower Shiretoko"号渡船

· 28 ·

图 2.10 "Mikage"号集装箱船

2022 年 1 月 24~25 日,该项目顺利完成了内航集装箱船"Mikage"号的自主航行,这不仅是世界上第一次利用实际运行的集装箱船进行的自主航行试验,也是第一次使用无人机来协助船舶系泊。"Mikage"号在敦贺港与境港之间约 270 km 的航线上进行自主航行。除船舶自动识别系统和雷达之外,"Mikage"号还配备了可视光摄像机和用于夜间的红外线摄像机,并开发了能够探测其他船舶的人工智能学习系统。另外,该项目开发并成功测试了自主船舶操纵系统,该系统可通过检测其他船舶的动作来避免碰撞。为了减轻船员负担,该项目还开发了一个无人机系统,用以将系泊所用的撇缆绳(heaving line)运送到码头,这有望成为未来系泊作业的新方式。

5)无人水陆两栖驾驶技术开发

"无人水陆两栖驾驶技术开发"项目使用水陆两栖船"Yambanyagatengo"号(图 2.11),在群马县八场水库人工湖进行了全长约 2 km、耗时约 30 min 的无人驾驶示范试验,这是世界上首次通过水陆两栖船进行的自主航行试验。该项目中开发的路线追踪和避航系统等,有望为船舶安全航行做出贡献。

图 2.11 "Yambanyagatengo"号水陆两用船

2.1.2 韩国

韩国造船业正在瞄准无人船市场,希望通过整合韩国在传统造船领域的强大优势,赶上欧洲等竞争对手,目标是到 2030 年占有全球自主船舶市场的 50%,再度成为未来无人船建造市场的领导者。

2016 年 7 月,现代重工集团宣布与微软、英特尔、SK 航运等企业建立合作,致力于打造智能船舶生态系统,并在 2019 年将船舶服务软件在智能船上进行部署,这标志着传统造船厂开始了智能化和智能船的转型升级。2017年7月，现代重工集团的智能船舶集成解决方案已经在一艘汽车运输船和一艘超大型矿砂船上完成了现场测试，预计将削减高达6%的年度运营成本，并预计将在700艘船上安装。

韩国无人船舶研发项目由韩国电子通信研究院主导，采用产学研合作的方式，韩国科学技术院、韩国造船海洋设备研究院、三星工程建设公司、挪威海洋技术研究所等机构已加入该项目。韩国无人船舶的研发将按照有人操作、自动控制、自主控制三个阶段发展，将对自主操作方案、测试评估技术、仿真技术、交互测试技术等无人驾驶船舶关键技术开展研究。

韩国政府计划投资共计5 848亿韩元（约合34.4亿元人民币）用于打造智能自航船舶及航运港口应用服务。该项目于2019年正式启动，持续6年，前4年专注于技术开发，后2年将进行实证、运营。该项目共包含6个核心技术专项（73个课题），分别为智能自航船舶开发、智能自航船舶试航中心开发、智能自航船舶-试航连接系统开发、自航船舶-港口连接系统开发、港界内自航船舶远程航行控制中心开发、自航船舶应用服务及制度开发。该项目的主要目标包括：将韩国造船产业推向全球第一；使航运产业跻身全球前十；将海上物流费用减少10%~20%。

2019年1月，韩国海洋渔业部披露了"智能船舶物流系统"计划，其中包括到2025年开发自动航行船舶、智能港口和船舶通信系统。

2019年6月，时任韩国总统文在寅访问挪威期间，韩国与挪威达成协议，同意加强在无人船领域的合作。随后，三星重工与挪威船级社、康士伯海事签署自动航行船舶合作备忘录，同意建立基于物联网的网络安全平台和研发远端援救技术，并进行自动航行船的设计开发。

2019年8月，韩国信息和通信技术促进局还与挪威康士伯数字公司签署合同，康士伯将为韩国蔚山的一个新的自动航行船舶研究设施提供功能齐全的驾驶台模拟器。

2019年底，韩国产业通商资源部和海洋水产部联合发布公告，正式启动自动航行船舶开发项目，目标是促进韩国国内环保智能航运业的发展，在2030年之前实现50%的全球市场份额。该项目包括4大领域共计13个课题，这4大领域分别为自动导航系统、自动发动机系统、自动航行船舶性能示范中心和示范技术、自动航行技术的发展和标准化。旨在开发一种智能系统，能够自主导航、集成平台控制发动机舱、预防碰撞和事故、态势感知和决策。

2020年4月9日，现代重工集团宣布与韩国科学技术院共同开发的现代智能导航辅助系统成功安装在韩国航运公司SK Shipping的一艘25万t载重散货船上。现代重工集团还宣布，已经完成了现代智能靠泊辅助系统的开发，该系统可以在船舶停泊时提供全景图。

2020年6月，一艘安装有由三星重工开发的智能船舶系统SVESSEL的穿梭油轮已经交付给新加坡AET Tankers公司。它是世界上第一艘由挪威国际认可的注册商和挪威船级社认证为穿梭油轮的智能船。这艘152 000 DWT的智能穿梭油轮可以通过SVESSEL接收航行路线、发动机功率和船舶倾角等信息，并实时查看燃油消耗量和二氧化碳排放量等信息。岸基控制室可以随时检查船舶运营信息，从而更轻松地支持和管理运营。

2020 年 6 月 17 日，韩国产业通商资源部和海洋水产部联合发布公告，将成立"无人驾驶船舶技术研发项目综合事业团"，正式着手无人驾驶船舶的研发工作。该项目旨在实现引领未来造船、航运业的无人驾驶船舶的商用化，将在 6 年间投入 1 603.2 亿韩元（约合 9.4 亿元人民币），共同推进项目开展[14]，如表 2.1 所示。

表 2.1 韩国无人驾驶船舶技术研发项目信息

项目	描述
项目时间	2020～2025 年
项目规模	总项目经费 1 603.2 亿韩元（约合 9.4 亿元人民币）
项目内容	研发无人驾驶船舶核心技术（自主巡航+智能船舶系统），通过系统性的性能验证，为无人驾驶船舶的商用化提前奠定基础
主要领域	智能型巡航系统；轮机自动化系统；构建无人驾驶船舶性能验证中心；应用技术和标准化技术的研发

2020 年 10 月，韩国三星重工在其巨济造船厂附近海域对一艘长 38 m 的 300 t 级"Samsung T-8"号拖轮（图 2.12）成功进行了远程自主航行测试，并从 241 km 外的岸基中心远程监控（图 2.13），"Samsung T-8"号拖轮在航行了 9 km 后安全返回目的地。这也是韩国造船业界首次进行远程自主航行实船海上测试。三星重工将自主研发的远程自主航行系统搭载在实际运行的"Samsung T-8"号拖轮上，并成功进行了实证。该系统可以实时分析安装在船舶上的雷达、全球定位系统、船舶自动识别系统等航海通信设备的信号，并识别周边船舶及障碍物。该系统可根据船舶航行特点，对船舶碰撞危险度（collision risk index，CRI）进行评估，找出最佳避碰路径，并通过推进及转向装置自动控制，使船舶可以独自安全航行至目的地。

图 2.12 "Samsung T-8"号拖轮

图 2.13 操作者监控自主"Samsung T-8"号拖轮航行

2.1.3 芬兰

芬兰发起的智能船舶研发计划,旨在创造"ONE SEA"智能船舶运输生态系统(one sea-autonomous maritime ecosystem),并在 2025 年之前在波罗的海创造一个完全智能的航运系统。芬兰的"one sea"智能船舶运输生态系统研发项目的目标是实现波罗的海的远程船舶控制,并计划在 2025 年实现商船无人驾驶。该项目已经开始引入自动化海上未来的路线图,主要围绕技术(technical)、安全(security)、规则(regulatory)、交通控制(traffic control)、伦理(ethical)和操作(operational)6 个方面开展研究,路线图包括 2025 年的时间表和需要开展 6 个方面的研究主题及海事自主水平,所有这些都将减少事故、减少海上交通的环境足迹,并提高改进效率和新商业投资的可能性。

2018 年 6 月 15 日,芬兰 Aker Arctic 公司在赫尔辛基的冰区船模实验室成功测试自主驾驶船舶模型,如图 2.14 所示。船舶模型能够利用船载传感器检测水池中的障碍物,在没有操作者输入的情况下操纵船舶模型,并且自动地将船舶模型停泊到目标码头。该试验是在无冰水中进行的。在测试中使用的无线船舶模型配备有电池供电的推进单元、连接岸上设施的数据传输装置和一个自主导航系统,这个自主导航系统使船绕着由船载传感器检测到的障碍物路线航行。各种组件采用分布式智能船舶组件(distributed intelligent vessel components,DIVEC)来连接,这是一种专门开发的网络框架,它提供了一种用于连接设备和在它们之间传递必要数据的现代协议。DIVEC 提供了一个可扩展和可适应的测试设施,允许与第三方系统和组件接口连接。在实验室的自主船模试验中使用的技术也适用于半尺寸和全尺寸原型。利用这项技术,Aker Arctic 公司为下一步研发自主航行船舶做好了准备。

图 2.14 自主驾驶船舶模型在冰区船模实验室成功通过测试

2.1.4 英国

1. 罗尔斯·罗伊斯公司先进智能船舶应用项目

2016 年,英国罗尔斯·罗伊斯(Rolls Royce)公司发起了先进智能船舶应用项目,该项目以实现无人驾驶为目标,实现船舶远程支持和操作以减少船员,并计划于 2025 年实现近海航区船舶的远程控制,然后将在某一规则下实现远洋航区船舶的远程控制和自主航行。

2. 全球首艘遥控拖船"Svitzer Hermod"号

2017年6月20日，罗尔斯·罗伊斯与全球拖船运营商Svitzer合作，在丹麦哥本哈根港成功展示了全球首艘遥控商船"Svitzer Hermod"号拖船（图2.15）。拖船配备的动力定位系统是整个遥控系统的关键环节。该拖船还配备了一对MTU 16 V4000 M63柴油发动机，每台发动机额定功率高达2 000 kW，转速达1 800 rad/min。此外，该拖船还配备了一套传感器，可利用高级软件综合多方数据，便于船长清晰了解船舶及其周围环境。这些数据会准确安全地传输给遥控操作中心。展示时长28 min，"Svitzer Hermod"号拖船安全地执行了多项遥控操作。船长从Svitzer总部基地进行遥控（图2.16），在哥本哈根港码头区执行了停靠、解锁、360°旋转等操控，随后驶向Svitzer总部并再次停靠。遥控操作中心重新定义了船舶的控制方式。它没有复制现有的驾驶舱设计，而是根据经验丰富的船长的建议，将各系统组件放在最佳位置，便于操作。该设计为未来的船舶遥控设立了标准。双方将继续合作测试船舶遥控和无人驾驶等操作，主要涉及自主导航、态势感知、遥控中心和通信系统。

图2.15 遥控的"Svitzer Hermod"号拖船

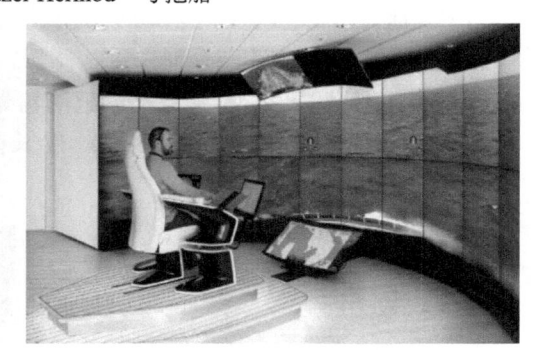

图2.16 Svitzer总部基地遥控中心

3. 罗尔斯·罗伊斯公司先进态势感知系统

2018年3月6日，罗尔斯·罗伊斯公司在全球邮轮大会（Seatrade Cruise Global）期间推出一款用智能软件融合多个传感器的先进态势感知系统,可以减轻引航员在夜间、恶劣天气条件下或在拥挤水道驾驶船舶面临的安全风险。罗尔斯·罗伊斯公司正式推出的罗罗智能感知系统(Rolls-Royce intelligent awareness system)为该类型的第一款可以利用数据收集增强航行安全和运营效率的商用智能感知系统。该智能感知系统将安装在商船三井在日本神户(Kobe)和大分(Oita)之间运营的 165 m 长客渡船"Sunflower"号上。同时,罗尔斯·罗伊斯公司于 2018 年 1 月 25 日在芬兰图尔库开设了一个新的研发机构,使其在自主和遥控船成为现实方面又迈出了一步。

4. 东英吉利大学研发的南极无人驾驶船

2018 年 10 月,英国东英吉利大学团队研发了一种能在南极海域严酷环境下使用的无人驾驶船,有助于为科学家分析海平面上升原因,获取更多重要数据。极地海域长期航行的一个挑战就是船体如何承受严寒环境考验,尤其是要避免船只被冰雪完全覆盖。在气温低于-10 ℃的环境中,飞溅的海水有可能在船体表面立即结冰。大量的结冰会让船上传感器无法运作,并导致船体上部重量增加,严重时可致翻船。为解决这些问题,研究团队筛选了一系列涂层材料,以便让船体表面"不粘",飞溅的海水或雪花会从船体表面直接滑落而不对船体造成影响。研究团队已在一个大型仓库中模拟南极环境测试了这些材料。此外,这艘无人船将依靠海浪来推动它前进,船上装备了太阳能面板给电子系统供电,卫星通信设备则确保所采集数据能及时传输到岸上的遥控中心。

5. 全球首艘无人驾驶渡轮"Falco"号

2018 年 12 月 5 日,罗尔斯·罗伊斯公司与芬兰 Finferries 公司在芬兰图尔库市以南群岛成功展示全球首艘无人驾驶渡轮"Falco"号(图 2.17)。"Falco"号汽车渡轮采用罗罗智能船舶技术,在芬兰帕尔加斯与瑙沃之间完成了无人驾驶航行,并在遥控操作下顺利返航。"Falco"号长 53.8 m,是一艘首尾同型的汽车渡轮,于 1993 年投入 Finferries 公司的商业运营。该渡轮配备两台罗罗全回转推进器,采用传感器融合和人工智能技术来探测物体和避免碰撞。利用开发的自动导航系统,该艘船还展示了自动靠泊功能。该系统可让船舶在靠近码头时自动更改航线和航速,无须人工干预即可完成自动靠泊。"Falco"号渡轮配备了一系列先进传感器,能够实时绘制周围环境的详细图像,准确度超越人眼。通过融合传感器数据创建的情景感知图像会被传送到距图尔库市中心 50 km 的 Finferries 公司岸上遥控操作中心。船长在那里监控船舶的无人驾驶航行,并在必要时进行人工控制。

图 2.17 "Falco"号汽车渡轮

6. 无人船 "Mayflower Autonomous Ship" 号

2022 年横跨大西洋的无人船 "Mayflower Autonomous Ship" 号（简称 "MAS" 号，图 2.18）迎来了"人工智能船长"。"MAS" 号由 IBM 公司联手海洋研究组织 ProMare 牵头的全球合作联盟合作打造。该船携带 3 个装有传感器和科学仪器的研究舱，科学家将使用这些传感器和科学仪器来推进对许多重要领域的理解，如海上网络安全、海洋哺乳动物监测、海平面测绘和海洋微塑料监测。"MAS" 号的航行结束后，船舶性能的每一个可能的数据点都将被 IBM 公司的 Watson 人工智能分析，以便更好地分析自主船舶如何处理障碍物规避、海况变化和传感器闭塞等问题。

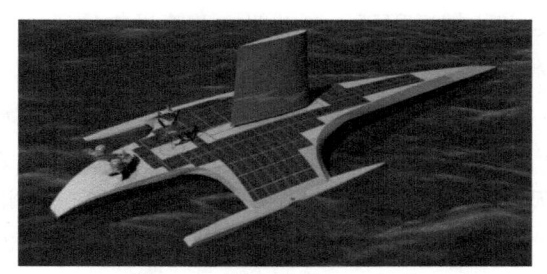

图 2.18 无人船 "MAS" 号

7. SEA-KIT 公司无人水面船

英国 SEA-KIT 公司建造的无人水面船（uncrewed surface vessel, USV）"Maxlimer" 号完成了为期 22 天的勘测任务，成功绘制大西洋逾 1 000 km² 大陆架的海底地图。12 m 长的 "Maxlimer" 号（图 2.19）由 SEA-KIT 公司开发建造，并获得了欧洲航天局资助。"Maxlimer" 号最高航速仅为 4 kn，但其柴电混合动力推进系统效率很高。在结束航行返回普利茅斯之后，该船燃料舱中还剩 1/3 的燃油，约 1 300 L，远超过 SEA-KIT 公司原本预计的 300～400 L。

图 2.19 "Maxlimer" 号无人水面船

在 "Maxlimer" 号的整个航行过程中，SEA-KIT 公司在英格兰东部托勒斯伯里的基地内通过三个卫星全程遥控指挥了整个航程。通过互联网通信和控制系统，操作人员能够远程获取船舶的闭路电视录像、热成像和雷达，同时监听该船周围的实况，甚至与附近其他船舶进行通信。

2.1.5 欧盟

1. 欧盟海上智能化网络支持的海上无人导航项目

欧盟实施的智能化网络支持的海上无人导航（maritime unmanned navigation through intelligence networks，MUNIN）项目[15]，目的是验证自动航行和无人船的可行性，并研究与之相关的前沿技术和标准，为法规的修订提供支持，该项目将在2034年之前完成无人船的研制和自主航行的可能性研究。

2019年6月，欧盟委员会公布了"Autoship"项目，倡导欧洲水域无人自动自主航行。该项目将建造和运营两艘远程无人自动船，并建设它们所需的岸基控制和操作基础设施，达到并完成技术准备水平——运营环境中的系统原型展示。

欧盟委员会宣称，这一项目有望通过在现实环境中展示短途海运和内河水道无人自动航行船，来加快下一代无人自动航行船的发展。该项目将包括全自动导航、自诊断、预测和运行调度，以及通信技术，使网络安全水平显著提高，并将船只集成到升级的电子基础设施中。同时，该项目将为整个无人自动航行船舶领域的设计、仿真和成本分析研发数字化工具和方法。

2. 先进、高效和绿色多式联运系统项目

先进、高效和绿色多式联运系统（the advanced, efficient and green intermodal systems，AEGIS）项目是一项为期三年的项目[16]，由欧盟的"地平线2020研究与创新计划"（European Union's Horizon 2020 Research and Innovation Programme）资助，旨在通过将自动驾驶船与自动化港口服务相连接来创建先进的贸易通道，于2020年6月1日正式启动。AEGIS项目的重点是将较小的船舶、内陆运输和短途海运船舶与较大的码头整合在一起，以创建全新的欧洲运输系统。

该项目计划使用小型船舶和内河驳船来疏通道路，减少噪声和粉尘污染，同时使用电池或其他非碳燃料。AEGIS项目用例位于北欧，代表典型的短途海上运输，需要与当地的配送系统联系起来。

3. "Autoship"项目

"Autoship"项目的目的是测试和进一步开发与全自动导航系统、智能机械系统、自我诊断系统、预测和操作调度系统相关的关键技术，以及能够显著提高网络安全性并将船舶整合到其中的通信技术和升级的电子基础设施。

该项目将展示两艘自动船在短途沿海运输和欧洲内陆水道中的使用。参加该项目的船只是挪威的养鱼场支援船"Eidsvaag Pioneer"号（图2.20）和比利时Blue Line Logistics公司拥有的托盘穿梭驳船（pallet shuttle barge）（图2.21）。

图 2.20　养鱼场支援船"Eidsvaag Pioneer"号 　　　　图 2.21　托盘穿梭驳船

2.1.6　挪威

1. 全球首艘纯电动自动驾驶集装箱船"Yara Birkeland"号

全球第一艘零碳排放无人驾驶船舶"Yara Birkeland"号（图 2.22）由 Marin Teknikk 公司设计，该船是一艘 120 TEU 的集装箱船，采用零碳排放的全电力动力系统，船长 79.5 m，经济航速 6 kn，最大航速 10 kn，在挪威南部三个港口之间 12 n mile（1 n mile≈ 1 852 m）以内近海岸航行[17]。为确保安全，计划设立三个不同操作界面的操作/控制中心，负责处理操作的各个方面（图 2.23），这三个中心将处理紧急和异常情况、状态检测、操作检测、决策支持、自主船舶及周围环境的监督及其他方面的安全。图 2.24 所示为 2017 年 9 月 28 日在挪威特隆赫姆 SINTEF Ocean 进行的船模水池试验。

图 2.22　第一艘零碳排放无人驾驶船舶"Yara Birkeland"号 　　　　图 2.23　"Yara Birkeland"号操作/控制中心

图 2.24　"Yara Birkeland"号船模水池试验

2020 年 2 月，"Yara Birkeland"号（图 2.25）已在罗马尼亚下水，于 2020 年 5 月抵达挪威造船厂，在那里安装各种控制和导航系统，并在交付给 Yara 公司前进行各种测试。

图 2.25 "Yara Birkeland" 号实船

"Yara Birkeland" 号采用的锂离子电池动力系统由 20 个电池组（strings）组成，每个电池组包括 51 个模块，每个模块有 32 块电池，共 32 640 块电池。每个电池组都包含气体和烟雾探测器、冗余热监控和冷却系统，以防止过热事故发生。尽管如此，如果发生过热事故，基于环保泡沫的船舶灭火系统就会启动，它可以快速有效地冷却和灭火[18]。

2. 自主船舶试验区

自 2017 年以来，挪威作为自主技术的先驱，已为自主船舶开放了 4 个试验区域。第一个自主船舶试验区为特隆赫姆峡湾（Trondheimsfjorden）。特隆赫姆峡湾全长 130 km，于 2017 年 6 月开放，为全球首个自主船舶试验区，并证实了挪威在船舶自动驾驶的领先地位。KONGSBERG 公司在特隆赫姆峡湾自主船舶试验区的基础设施如图 2.26 所示。第二个自主船舶试验区为斯图尔峡湾（Storfjord），如图 2.27 所示。该区域有数个渡口，适合测试和开发传感器技术和管理系统，这对提高船舶的自主性是必不可少的。第三个自主船舶试验区为霍滕镇（Horten），它是挪威海事管理局和挪威沿海管理局专门指定进行自主船舶试验的试验区。第四个自主船舶试验区为格伦兰德（Grenland），如图 2.28 所示。该区域的交通发达，这对自主船舶在交通拥挤的环境中测试非常有用，而且该区域具有船舶交通服务（vessel traffic service，VTS）覆盖范围，这将进一步增加测试区域的实用性。

图 2.26 KONGSBERG 公司在特隆赫姆峡湾自主船舶试验区的基础设施

图 2.27 斯图尔峡湾

图 2.28 格伦兰德

3. 全球首家无人船航运公司 Massterly

2018年4月3日挪威航运巨头威尔森集团和康士伯公司联手建立了全球首家无人船航运公司 Massterly。该公司为无人船提供完整的价值链服务，涵盖设计、开发、控制系统、物流服务和船舶运营，并将建立陆基控制中心，以监测和运营挪威和其他国家的无人船。Massterly 并非传统意义上的公司，既不是船舶设备公司，也不是航运公司，而是一家具有全新业务模式的"创新"企业，其未来的目标是为所有的船舶提供服务。Massterly 公司的诞生，意味着无人船开始从概念正式进入商业时代。

2.1.7 美国

在开发海军自主舰艇及其军事应用支持技术方面，美国处于世界领先地位。美国国防高级研究计划局（Defense Advanced Research Projects Agency，DARPA）开发和成功展示了高度自主的无人舰艇"Sea Hunter"。这艘舰艇已经移交至海军研究办公室进行进一步的开发和测试，并且有望最终成为一类全新的远洋船，该舰艇能够一次在海上航行数千公里，而且不需要船员。美国还宣布了其中型和大型无人水面舰艇概念的开发，并正在这些领域积极开展多个项目。

2.2 我国智能船舶技术发展现状

智能船舶融合了现代信息技术和人工智能等高新技术，是未来船舶发展的重点方向。

为深入贯彻落实党中央、国务院关于建设制造强国、海洋强国、交通强国的决策部署，2017年7月，国务院印发了《新一代人工智能发展规划》，提出研究船舶自动驾驶等智能技术，建立船舶自动驾驶支撑平台。2017年11月，科技部印发了《新一代人工智能重大科技项目实施方案》，提出开展无人船核心技术攻关和相关技术装备研发，为人工智能与船舶制造业、船舶航运业的融合创新指出了方向。2018年12月，工业和信息化部、交通运输部、国家国防科技工业局联合印发《智能船舶发展行动计划（2019~2021年）》。2019年5月，交通运输部、中共中央网络安全和信息化委员会办公室、国家发展和改革委员会、教育部、科技部、工业和信息化部、财政部联合发布《智能航运发展指导意见》，旨在加快现代信息、人工智能等高新技术与航运要素的深度融合，培育和发展智能航运新业态。该意见明确了4个阶段发展目标：①到2020年底，基本完成我国智能航运发展顶层设计，理清发展思路与模式，组织开展基础共性技术攻关和公益性保障工程建设，建立智能船舶、智能航保、智能监管等智能航运试验、试点和示范环境条件；②到2025年，突破一批制约智能航运发展的关键技术，成为全球智能航运发展创新中心，具备国际领先的成套技术集成能力，智能航运法规框架与技术标准体系初步构建，智能航运发展的基础环境基本形成，构建以高度自动化和部分智能化为特征的航运新业态，航运服务、安全、环保水平与经济性明显提升；③到2035年，较为全面地掌握智能航运核心技术，智能航运技术标准体系比较完善，形成以充分智能化为特征的航运新业态，航运服务、安全、环保水平与经济性进一步提升；④到2050年，形成高质量智能航运体系，为建设交通强国发挥关键作用。2020年，工业和信息化部联合国家标准化委员会、交通运输部及相关单位、院校、科研机构研究编制出了《智能船舶标准体系建设指南》，在经过一轮意见公开征集之后，2021年2月该指南开始第二轮意见征集。

2.2.1 中国船级社

2015年，中国船级社（China Classification Society，CCS）发布了《智能船舶规范（2015）》，明确了智能船舶在智能航行、智能船体、智能机舱、智能能效管理、智能货物管理、智能集成平台等方面的具体要求。2017年，中国船级社、珠海市人民政府和武汉理工大学、珠海云洲智能科技有限公司四方共同启动了国内首个小型无人智能货船项目。2017年6月，美国船级社、中国船级社、中国舰船研究设计中心、沪东中华造船（集团）有限公司等多家全球船舶行业顶级企业和机构齐聚上海，共同成立无人货物运输船开发联盟。中国船级社开展了智能化船舶相关设计指标、规范标准、验证模式及相关数据库与应用平台的研究开发工作；同时，还开展了以三维船体维护保养体系和机械设备维护保养体系为基础的船舶全生命周期在线监控及船岸一体化研究工作；完成了与智能船舶相关的智能航行、智能船体、智能机舱、智能能效管理、智能货物控制、智能船舶信息管理等方面的规范研究等一系列工作，先后发布了《智能船舶规范（2020）》《自主货物运输船舶指南（2018）》《智能集成平台检验指南（2018）》《船舶智能机舱检验指南（2017）》《船舶（油船）智能货物管理检验指南（2018）》《船舶智能能效管理检验指南（2022）》《无人水面艇检验指南（2018）》《船舶网络系统要求及安全评估指南（2019）》等一系列规范与指南，为智能船舶的发展做好技术储备。

2.2.2 珠海云洲智能科技有限公司

珠海云洲智能科技有限公司是我国无人船艇研发领域的高新科技企业，2017年，珠海云洲智能科技有限公司与珠海市人民政府、中国船级社和武汉理工大学共同启动全球首艘投入商业运营的小型无人货船"筋斗云"号项目。2017年12月，珠海市人民政府、中国船级社、武汉理工大学和珠海云洲智能科技有限公司共同签署了《合作备忘录》，将共同合作在珠海万山打造无人船海上测试场（图2.29）。万山无人船海上测试场一期调试测试场占海面21.6 km^2，二期性能测试场占海面750 km^2，总面积将达到771.6 km^2。

图2.29 珠海万山无人船海上测试场

2018年11月30日，由珠海市人民政府、中国船级社、武汉理工大学、珠海云洲智能科技有限公司4家单位联合指导，珠海万山湾区无人船测试场有限公司主办，珠海市万山海洋开发试验区、珠海市科学技术协会协办的首届自主船舶发展（万山）论坛暨珠海万山无人船海上测试场启用仪式在珠海成功举行。作为全球最大、亚洲首个无人船海上测试场，珠海万山无人船海上测试场在论坛上正式启用（图2.30），并获得了中国船级社授予的测试场服务供应方认可证书，这标志着无人船艇测试认证进入标准化规范化时代。珠海万山无人船海上测试场将就自主感知、避障、远程控制、协同控制等自主船舶相关项目，为国内外的科研机构、企事业单位开展第三方测试服务。

图2.30 珠海万山无人船海上测试场

2019年12月，我国自主研发的首艘具备自主航行功能的"筋斗云0号"货船（图2.31）在珠海完成货物运载首航。装载着珠海东澳岛特产的"筋斗云0号"驶向港珠澳大桥1号码头，成功完成首次自主航行货船货物运载。此次首航是我国首次自主航行货船货物运载试验。"筋斗云0号"船长13.2 m，采用电力推进系统及数字化控制，全船为自主航行铺设的线缆超过1 000 m，质量超过250 kg，整船具备远程监控和报警功能，是典型的数字化船舶。由于其在船舶体系架构、水动力特性等方面与常规货船接近，自主航行系统可以快速推广应用于货运船舶，具有极高的研究开发价值。

图 2.31 "筋斗云 0 号"货船

2.2.3　智慧航海（青岛）科技有限公司

2019 年 5 月 16 日，国内首艘无人驾驶自主航行系统实验船——"智腾"号在位于青岛蓝谷的智能航运技术创新与综合实验基地下水航行，现场演示了该船具备的驾驶功能：人工驾驶、远程遥控及自主航行，以及水下避碰和自动靠离泊等功能。"智腾"号船长 21.08 m、宽 5.40 m，型深 2.20 m，吃水 0.7 m，排水量约为 25 t，设计航速 14 kn，由智慧航海（青岛）科技有限公司投资研发，给 300 TEU 自主航行集装箱实验船"智飞"号的建造提供了依据和支撑。"智腾"号是一艘智能化船舶，包含自主驾驶系统、态势感知系统、通导系统、动力控制系统、全船数据平台和船岸通信系统，具备自动避碰、自主航行水下避碰、自主靠离泊、自主循迹和自主航行控制功能。"智腾"号自主驾驶系统核心在于融合水动力特性和控制技术，建立"无人船"的三自由度操纵模型和控制方法，在螺旋桨、舵和其他推进器之间完成最佳推力分配，在符合推进器硬件约束的条件下，具有位置、艏向的保持和调整能力，可实现高速状态下沿指定航线航行和自主离靠泊。"智腾"号为自主航行系统的研发提供测试平台，加快研发成果转化。

2020 年 5 月 26 日，我国首艘具有智能航行能力的集装箱运输商船"智飞"号（图 2.32）在青岛开工建造。"智飞"号是由智慧航海（青岛）科技有限公司投资、青岛造船厂承建，

图 2.32　我国首艘自主航行的 300 TEU 集装箱商船"智飞"号

是我国首艘具有智能航行能力的集装箱运输商船。2021年9月14日,"智飞"号在女岛海区顺利开展海上测试。"智飞"号总长约110 m、型宽约15 m、型深10 m,设计航速为12 kn,具备无人驾驶、远程操控及自主航行3个功能。2022年4月22日,"智飞"号在青岛港正式交付运营。该船由山东港口集团投入青岛港至董家口航线营运,将有望实现智能船舶与青岛港无人化码头的船岸协同作业。"智飞"号的运营标志着我国在船舶智能航行研发与应用领域处于全球前列,对推动我国智能船舶技术发展具有重要战略意义。

2.2.4 交通运输部水运科学研究院

2018年,由交通运输部水运科学研究院牵头申报的国家重点研发计划"综合交通运输与智能交通"重点专项"基于船岸协同的船舶智能航行与控制关键技术"(重大共性关键技术类)获科技部批复立项,其主要研究内容包括:面向船岸协同技术前沿,研究内河和沿海条件下船岸协同技术测试体系;研究支撑船舶智能航行的智能化电子海图、智能感知和认知、岸基信息支持、通信及网络安全、远程驾驶技术;研发船舶智能航行信息集成与自主驾驶技术;开发内河船舶重点航段的智能航行系统,沿海船舶航线智能优化及自主航行系统。2018年5月交通运输部水运科学研究院与智慧航海(青岛)科技有限公司在青岛建立智能航运测试区,面积为240 km^2。"智飞"号由交通运输部水运科学研究院作为技术牵头单位,智慧航海(青岛)科技有限公司负责投资建设,该船实现了"基于船岸协同的船舶智能航行与控制关键技术"项目研发成果的示范应用。

2.2.5 武汉理工大学

2017年6月,武汉理工大学智能交通系统研究中心启动了船舶安全辅助驾驶系统项目。该项目针对汽渡船舶穿越航道、在不良天气下运行等航行特点,以及汽渡船舶对自身状态感知、周围航行环境感知、碰撞风险预警等需求,研制了一套汽渡安全辅助驾驶系统,并于2018年7月在南京板桥汽渡船上安装运行。

2018年4月,武汉理工大学联合船舶设计与制造、航运、新能源等研究机构和企事业单位,成立了"智能新能源船舶技术创新产业联盟"。该联盟旨在推进我国智能新能源船舶的技术创新和产业化,实现联盟成员的技术合作、项目合作和信息共享,建设成为智能新能源船舶技术的"产、学、研、用"合作平台和军民融合创新群体。

2019年5月11日,由武汉理工大学国家水运安全工程技术研究中心主任严新平院士团队研发的船舶智能航行测试实验平台开始下水试验,如图2.33所示。该实验平台按照世界拖曳船池协会(International Towing Tank Conference, ITTC)推荐的标准船型(30万吨级、320 m长超级油轮KVLCC2船型)缩比打造,总长7 m,单桨单舵配备艏艉侧推,以蓄电池为储能单元,电机驱动,配备有关传感器采集各设备工作状态,同时布设闭路电视(closed circuit television, CCTV)摄像头、激光雷达、LoRa电台、差分GPS、北斗卫星导航系统等感知、定位设备,具备开展各种智能航行功能需求的算法开发、测试验证的能力,如图2.34所示。

图 2.33　船舶智能航行测试实验平台下水试验

图 2.34　基于虚实融合测试验证技术对船舶智能航行测试实验平台进行遥控

2019 年 10 月 10 日，武汉理工大学严新平院士团队成功地在荷兰瓦赫宁根远程驾控了 8 500 km 之外位于中国湖北省武汉市汤逊湖的 7 m 自航模型船。

2.2.6　大连海事大学

2017 年 7 月 6 日，大连海事大学牵头，联合中国船舶工业集团公司、中国船级社、交通运输部水运科学研究院成立"无人船技术与系统联合重点实验室"，开展无人船舶技术研究和无人船舶应用研究。大连海事大学于 2018 年建立大连市"智能船舶技术与系统"工程中心，2019 年获批的"无人船舶系统及设备关键技术交通行业重点实验室"，是国内唯一的无人船舶领域的行业重点实验室，2019 年获批辽宁省"智能船舶技术与系统"重点实验室。2019 年 7 月，大连海事大学"智能研究与实训两用船"建造项目建议书获国家发展和改革委员会批复。2021 年 11 月，交通运输部正式批复了大连海事大学"智能研究与实训两用船"建造项目初步设计。大连海事大学研制的智能研究与实训两用船设计排水量为 1 420 t，采用吊舱全电力推进方式，设计航区为无限航区。该船配置先进的船舶智能系统和智能实训系统，满足智能船舶研究与教学实训需求。

大连海事大学研制的智能研究与实训两用船一方面将用于培养智能航运人才，服务于学生的认知学习、实操训练和智能实训。该船采用先进的智能船舶技术，使学生能够接触到最先进的智能船舶设备和系统，有利于航海类专业及相关涉海专业人才的培养。另一方面，该船也是船舶智能化研究与试验平台，服务于智能船舶领域的科学研究，依托该船可进行智能航行技术与系统、船舶远程监控与岸基支持、船舶智能通信技术、船舶智能运维技术等方面的研究。该船作为一个开放性的智能船舶研究平台，将为国内外相关科研机构开展智能船舶技术研究工作提供服务，推进我国智能船舶技术的发展。该船针对智能船舶研究与海上实训的需求，综合考虑了耐波性、稳性、总纵强度和经济性方面的因素，设计总长 69.83 m，型宽 10.9 m，型深 5.0 m，吃水 3.5 m，设计航速 18.0 kn，服务航速 17.5 kn，续航力 2 500 n mile，自持力 6 天，如图 2.35 所示。该船通过配置 IT-OT 超融合柔性集成平台架构，融合智能航行、智能运维、智能能效管理、智能船体等船舶智能属性，形成具备信息一体化、场景一体化、操控一体化能力的跨时空人机共融操控模式，使海上虚实结合沉浸式智能教学实训得以实施，并可以在海上真实场景进行综合测试及标准研究。

图 2.35　大连海事大学研制的智能研究与实训两用船

智能研究与实训两用船不仅仅是具有智能功能的先进船舶，同时，还是一个无人驾驶船舶设备开发与技术验证的试验平台，主要开展航行态势感知与无人驾驶、智能船舶操纵与推进、舵机联合控制仿真验证、岸船混合现实（MR）呈现、可视化实时交互与遥控、远程智能辅助决策智能船舶配载优化及货物管理、智能船舶宽带数据通信、多源 PNT（positioning，navigation and time，定位、导航与授时）智能融合、海上异构网络与安全测试、无人船舶系统设备的运行状态智能检测、全生命周期的健康评估和视情维修、船舶智能能效、智能船舶综合电力系统技术等方面研究和试验验证。作为无人船舶的试验平台可以承担无人船舶智能设备和系统的试验验证任务和智能船舶运用技术研究验证工作，为我国无人船舶开发与运用技术的研究提供服务，为开展智能航运应用示范提供先进的试验载体。建造完成后，科研与实训两用智能船的技术水平达到国内领先、国际先进，是国际一流的智能船舶运用技术的研究的试验验证平台。

2.3　国外智能船舶法规、规范、标准研究进展

无人船涉及广泛、多层次和庞大的海事法律法规体系，国际国内都在积极应对相关的国际法、国内法和地方条例的修正与完善。

美国、英国、比利时和韩国等国已启动无人驾驶船舶的国内立法程序。第 2 届无人船规则国际会议上，英国海事和海岸警卫局（Maritime and Coastguard Agency，MCA）

局长 Alan Massey 声明，MCA 为促进无人船发展将竭力协助消除法律和政策上的障碍；比利时已完成在航运法中包括无人船的草案；美国自 2008 年开始在国家层面开展无人船规则制定等工作；韩国正起草无人船立法草案。

无人驾驶船舶的法规梳理及适用性研究非常复杂。在分析与跟踪国外机构、部门开展无人驾驶船舶技术方面的研究工作的同时，本节关注相关的法律、法规、规范、标准体系及政策的制定进展情况，重点关注 IMO 的有关进展，分析国外根据无人船关键技术的发展而制定相应的法律、法规、规范和标准体系及政策，以保障无人船技术的发展和无人船的实际应用。

目前，智能船舶相关国际标准主要集中在国际标准化组织船舶与海洋技术委员会、国际航标协会和国际电工委员会海上导航和无线电通信设备及系统技术委员会等组织，相关标准主要覆盖船载网络与数据、船岸通信，以及单体电子通导设备的性能表现的技术领域。

2.3.1 国际海事组织

2017 年 6 月，国际海事组织海上安全委员会第 98 届会议将海上自主船舶纳入 2018～2019 年议程和第 99 届会议议程，并在 2020 年完成了海上自主船舶的法规范围梳理工作。

在 2018 年 5 月 16～25 日召开的国际海事组织海上安全委员会第 99 届会议（以下简称 MSC 99）上，IMO 正式宣布将研究并制定相关公约规范解决 MASS 安全、安保、环保等一系列问题。

目前国际海事组织海上安全委员会已经签署了一个监管范围界定的框架性文件，包括对 MASS 和自动化程度的初步定义。MASS 被定义为能在不同程度上可以独立于与人类交互作用运行的船舶。

IMO 表示：第一步，将对目前 IMO 法律法规体系中的相关条款进行评估以便确认这些条款是否适用于具有不同自动化/自主化程度船舶；第二步，考虑人为、技术和操作等各方面因素。对确定如何开展 MASS 船舶操作的最适当方法进行相关分析。

国际海事组织海上安全委员会第 100 届会议于 2018 年 12 月 3～7 日在英国伦敦 IMO 总部召开。会议成立了基于目标的船舶建造标准、非 SOLAS 船舶极地航行安全措施、MASS 应用的法规梳理、海上保安工作组 4 个工作组，以及强制性文件修正案起草组。

会议审议了 MSC 99 建立的会间通信工作组对法规试验性梳理结果，确定了梳理工作框架，包括梳理方法、模板的修订及后续工作计划和程序的制定；明确了法规梳理工作的任务分配；讨论了 MASS 试航导则的制定原则，决定会后 MASS 法规梳理工作将正式启动。

会议认同 MSC 99 确定的 4 个船舶自主化等级定义。对于工作开展方法，明确了应先对强制性 IMO 文件开展梳理，并且优先对自主化等级 2 和等级 3 开展梳理工作。明确了梳理工作应在条款层面开展。同时，确定建立基于全球综合航运信息系统（global integrated shipping information system，GISIS）的网络平台来开展梳理工作。会议确定编制 MASS 试航指南，指南应对 MASS 的试航提出通用性要求，而非规定性或技术要求；应形成 MASS 试航的报告机制，保证相关测试区域试航信息的传达；明确每次 MASS

的测试确定试航的范围。

国际海事组织海上安全委员会第 105 届会议于 2022 年 4 月 20～29 日召开,会议同意制定非强制性的基于目标的海上自主船舶法规,该法规在 2024 年下半年通过。该法规是通过强制性法规规范之前的临时措施。IMO 将再制定强制性的 MASS 法规,预计将于 2028 年 1 月 1 日生效。

2.3.2 国际海事委员会

国际海事委员会(Comite Maritime International,CMI)是一个非政府、非营利性国际组织,成立于 1897 年,旨在通过一切适当的手段和活动为统一海商法做出贡献。它还促进建立各国海商法协会,并与其他国际组织合作。2015 年,CMI 成立了一个有关 MASS 的国际工作组,以识别与无人运输有关的法律问题,并就这些问题提供国际法律观点。它总结了海商法协会对 CMI 国际无人船工作组调查问卷,以及《国际海上人命安全公约》(International Convention for Safety of Life at Sea,简称 SOLAS 公约)、《国际防止船舶造成污染公约》(International Convention for the Prevention of Pollution from Ships,简称 MARPOL 公约)、《国际海上避碰规则公约》(Convention on the International Regulations for Preventing Collisions at Sea,COLREGS)、《1978 年海员培训、发证和值班标准国际公约》(International Convention on Standards of Training, Certification, and Watchkeeping for Seafarers,1978,简称 STCW 公约)、《制止危及海上航行安全的非法行为公约》(Convention for the Suppression of Unlawful Acts Against the Safety of Marit,简称 SUA 公约)。

2.3.3 国际标准化组织

国际标准化组织(ISO)是一个独立的国际组织,由 165 个国家标准机构组成,制定自愿的、基于共识的、与市场有关的国际标准,以支持创新并提供应对全球挑战的解决方案。ISO 船舶与海洋技术委员会成立了智能航运工作组和 MASS 任务组。它们的重点工作是确定如何分享行业经验,以开发支持智能技术和造船、航运、港口和物流的物联网的标准。

1. ISO/TC8

国际标准化组织船舶与海洋技术委员会(ISO/TC8)于 2016 年 9 月成立的智能航运工作组(ISO/TC8/WG10),是当前在智能船舶领域较为活跃的国际组织,目前已发布和在研的标准可大致分为一般性指南和功能要求类标准、技术方案类标准及设备与应用类标准。如表 2.2 所示。下一步,工作组将进一步针对信息基础设施数据与服务器要求、网络安全风险评估、船岸通信等重点领域制定标准。

2. ISO/TC80

国际电工委员会海上导航和无线电通信设备及系统技术委员会(IEC/TC80)在智能船舶领域的标准化工作主要聚焦海上导航与无线电通信设备和系统的性能要求,覆盖全

表 2.2 ISO/TC8 智能船舶相关标准情况

类别	标准			
一般性指南和功能要求类标准	ISO/TS 23860 船舶与海上技术—自主船舶系统术语（Ships and Marine Technology—Vocabulary Related to Autonomous Ship Systems）	ISO/AWI 16425 船舶与海上技术—船载设备和系统通信网络布设指南（Ships and Marine Technology—Specification for the Installation of Ship Communication Networks for Shipboard Equipment and Systems）		ISO/DIS 23806 船舶与海上技术—网络安全（Ships and Marine Technology—Cyber Safety）
技术方案类标准	ISO/DIS 23807 异步时间不敏感船岸数据通信通用要求（Ships and Marine Technology—General Requirements for the Asynchronous Time-Insensitive Ship-Shore Data Transmission）	ISO 19847: 2018、ISO/AWI 19847 船舶与海上技术—船载海上共享数据服务器（Ships and Marine Technology—Shipboard Data Servers to Share Field Data at Sea） ISO 19848: 2018、ISO/AWI 19848 船舶与海上技术—船载机械设备的标准数据（Ships and Marine Technology—Standard Data for Shipboard Machinery and Equipment）	ISO/PWI 3479 船舶与海上技术—船载网络数据通信协议（DSCP）（Ships and Marine Technology—Protocol for On-Board Network） ISO/PWI 23816 船舶与海上技术—基于IPv6的船舶网络技术规范（Ships and Marine Technology—Technical Specifications of IPv6 Based Ship-Network）	ISO/AWI 23799 船舶与海上技术—网络安全风险评估（Ships and Marine Technology—Assessment of Onboard Cyber Safety）
设备与应用类标准	ISO/CD 4891 船舶与海上技术—导航与船舶操作—航运智能日志（Ships and Marine Technology-Navigation and Ship Operations—Smart Logbooks for Shipping）	ISO 21745: 2019 船舶电子日志—技术规范与操作要求（Electronic Record Books for Ships—Technical Specifications and Operational Requirements） ISO 23323: 2021 船舶与海上技术—基于软件的计划维护系统指南（Ships and Marine Technology — Specification for Software-based Planned Maintenance Systems）	ISO 24060: 2011 船舶与海上技术—用于操作技术的船舶软件日志系统（Ships and Marine Technology—Ship Software Logging System for Operational Technology） ISO/AWI 24060-2 船舶软件日志—用于操作技术的电子服务报告—第2部分：电子服务报告（Ships and Marine Technology—Ship Software Logging System for Operational Technology—Part 2: Electronic Service Reports）	ISO 28005-1: 2013 港口电子清关（EPC）—第1部分：信息结构（Security Management Systems for the Supply Chain—Electronic Port Clearance (EPC) — Part 1: Message Structures） ISO 28005-2: 2021 船舶与海上技术—港口电子清关（EPC）—第2部分：核心数据要素（Ships and Marine Technology—Electronic Port Clearance (EPC) — Part 2: Core Data Elements）

球海上遇险与安全系统（global maritime distress and safety system，GMDSS）、导航系统、数字接口、船舶自动识别系统（AIS）、电子海图显示与信息系统（electronic chart display information system，ECDIS）等，相关标准情况如表 2.3 所示。

表 2.3 IEC/TC80 智能船舶相关标准情况

序号	标准号	名称
1	IEC 60945	海上导航和无线电通信设备及系统：一般要求、测试方法、要求的测试结果
2	IEC 61023	航海速度和距离的测量设备：性能要求、测试方法、要求的测试结果
3	IEC 61907 系列	全球海上遇险与安全系统相关标准
4	IEC 61108 系列	全球导航卫星系统相关标准，包括 GPS、全球卫星导航系统（GLONASS）、伽利略卫星导航系统、北斗卫星导航系统等
5	IEC 61162 系列	海上导航和无线电通信设备及系统和数字接口
6	IEC 61174	电子海图显示与信息系统
7	IEC 61924	海上导航和无线电通信设备及系统：综合导航系统、操作和性能要求、测试方法、要求的测试结果
8	IEC 61993 系列 IEC 62320 系列与 63135	自动识别系统
9	IEC 61996 系列	船舶航行数据记录仪
10	IEC 62065	航线控制系统
11	IEC 62238	甚高频无线电话设备
12	IEC 62287	自动识别系统的 B 级船载设备
13	IEC 62288	船用导航显示器的关于导航信息的显示
14	IEC 62388 系列	船用雷达
15	IEC 62616	船桥航行值班警报系统
16	IEC 62729	远程识别与跟踪船载设备
17	IEC 62923 系列	船桥警报管理
18	IEC 62940	集成通信系统
19	IEC PAS 63062	可拆卸外部数据源
20	IEC 63154	网络安全
21	IEC 63173	数据接口
22	IEC PAS 63343	甚高频数据交换系统

2.3.4 国际航标协会

国际航标协会（The International Association of Marine Aids to Navigation and Lighthouse Authorities，IALA）在智能船舶方面的标准化工作主要体现在电子航海（e-navigation）和相关数据信息系统方面，具体情况如表 2.4 所示。

表 2.4 IALA 智能船舶相关标准情况

序号	标准编号及名称	内容简介
1	S1010 海上助航设备的导航规划和服务要求	规定的"海上助航"一词应理解为船舶外部的装置、系统或服务,其设计和操作旨在提高单个船舶和/或船舶交通的安全和效率。该项标准规定了导航规划辅助、服务分级、风险管理和质量管理等方面的内容
2	S1020 航海辅助设备的设计和交付	规定了船舶导航视觉辅助、性能表现范围等方面的要求,如灯光颜色、浮标系统等
3	S1030 无线电导航服务	规定了针对雷达识别航标与雷达定位,以及海事无线电系统和差分全球卫星导航系统服务的性能与监测等增强服务方面的要求
4	S1040 船舶交通服务	规定了船舶交通服务涉及的实施、操作、数据与信息管理、通信、船舶交通技术,以及审计和评估方面的要求
5	S1050 培训和发证	规定了海事辅助导航中涉及的培训、评估、检验发证等要求
6	S1060 电子通信技术	规定了岸基甚高频数据交互系统、岸基自动识别系统,以及电子航海下岸基基础设施的架构
7	S1070 信息服务	规定了船舶和船岸通信中涉及的数据模型和数据编码相关的要求

2.3.5 波罗的海国际海事委员会

波罗的海国际海事委员会(Baltic and International Maritime Council,BIMCO)是世界上最大的航运协会,该协会在促进自主船舶贸易方面处于领导地位。该协会支持一套涵盖不同水平的自动化和控制方法的标准定义,致力于创建一个更清晰的框架进行相应的监管,并对自动驾驶船的风险和机遇形成共识。它支持 IMO 和 CMI 的倡议,以评估对国际公约和国家法律进行修改的必要性,使自动驾驶船能够在世界范围内运作。最后,该协会考虑人为因素的重要性,将重点放在海员新的胜任能力,以及需要人际关系举措以克服诸如减少船上人员之后的潜在孤独感之类的问题上。

2.3.6 国际船级社协会

国际船级社协会(International Association of Classification Societies,IACS)是船级社的非营利会员制组织,它制定了有关海上安全和环境保护的最低技术标准和要求,并确保其一致应用。该协会宣布了一系列旨在促进现代化并为自主航运铺平道路的举措,其中包括对 IACS 决议的审查,以识别和消除阻碍包括自主船舶在内的新技术发展的要素。这些举措还包括制定与电子证书部署有关的程序,同时继续支持 IMO 在整个行业中推广使用它们的工作,以及调查方法的现代化和新技术的使用。

2.3.7 日本

日本船级社于 2018 年 5 月发布了《船舶自动操作/自主操作概念设计指南》(Guidelines for Concept Design of Automated Operation/Autonomous Operation of Ships),制定船舶设

计开发到实际操作各个阶段的具体指导方针，其中包括智能船舶操作系统的概念设计安全基本要素[19]。该指南明确船舶智能化和无人化的操作和职责，划分船员操作与智能操作的区别，旨在改善航行安全、船上工作条件及船舶操作体验等。

由于船员在船上操作和职责差别很大，预计自主驾驶船舶的设计开发将在各种条件和概念下有序进行。日本船级社表示，实现自动化操作非常关键，同时区分船员（人员）和自主操作系统（机器）之间的角色分工，并在参与操作的每个人之间达成共识。

由于船舶自主驾驶方面未来会有不同的设计和改进，这些指导方针目前为临时版本，将随着时间的推移进行审查和修订而最终确定。由于船舶自动驾驶系统包含多个阶段，从设计开发到实际操作，该设计指南仍需进一步完善。

2020年2月，日本船级社积极参与各项示范项目，并持续制定必要的安全标准，以便从安全角度支持自动化/自主航行技术的开发与应用。2020年1月，日本船级社发布了《船舶自动化/自主航行指导方针》（Guidelines for Automated/ Autonomous Operation of Ships）[7]，对自动化/自主航行技术各阶段要求提供了全面概述，包括概念设计、设计开发、安装和航行时的维护等。

2.3.8 英国

1. 劳氏船级社

劳氏船级社作为世界领先的船级社之一，为支持网络的船舶（cyber-enabled ships）开发了第一份权威性技术指导说明，并为自主船舶开发 ShipRight 程序。

劳氏船级社 2016 年 7 月发布了《自主船舶设计评估指南》，对船舶的"自主"水平进行了分级，规定了从 AL0 的手动模式到 AL6 的全自主模式 7 个层次。

劳氏船级社于 2016 年发布《支持网络的船舶：在航运中部署信息和通信技术——劳氏船级社的保障方法》（Cyber-Enabled Ships：Deploying Information and Communications Technology in Shipping- Lloyd'S Register's Approach To Assurance）[20]，于 2017 年发布了《支持网络的船舶：自主和远程访问船舶的网络描叙性注释的程序分配》性文件（Cyber-Enabled Ships：Shipright Procedure Assignment for Cyber Descriptive Notes for Autonomous & Remote Access Ships）[21]。

2. 英国海事工业协会

英国海事工业协会（UK Marine Industries Alliance，MIA）推出了有关水面海事自主系统的行业行为准则"海事自主系统行业行为准则"（Industry Code of Conduct for Maritime Autonomous Systems）。该准则的目的是在制定管理法规之前和之后，就 MASS 的开发、设计、生产和运营方面建立泛行业协议。MIA 的英国海事自主系统监管工作小组（MASRWG）的研究结果概述了支持行业内安全和专业化的做法，在官方指导之前推进自我监管，并支持改善公司、监管机构和更广泛的海事界之间的沟通。

3. 英国海事无人驾驶系统监管工作组

英国工业行为准则由英国海事无人驾驶系统监管工作组编写，并由英国海事通过海事工业协会出版，已经过英国海事海岸局（MCA）的审查。该行业行为准则旨在为24 m以下的自主和半自主船舶的设计、建造和安全运行提供实用指导，同时制定更详细的MASS监管框架。当IMO监管操作范围的指导发布时，以及MCA制定政策以满足即将到来的技术、商业和监管发展的需求时，本规范将根据需要进行更新。

海上自主化快速变化的步伐要求拥有和运营海上自主水面船舶（MASS）的人员获得更新的相关指导。英国海事自主系统监管工作组（MASRWG）于2017年11月发布了全球范围内备受赞誉的第一版行为准则（An Industry Code of Practice）[22]，并于2018年11月发布了第二版行为准则（Maritime Autonomous Surface Ships UK Code of Practice）[23]，作为服务提供商及其他人日常工作的一部分。许多制造商报告说，客户需要遵守该准则，以此作为合同谈判的基础。2019年11月，《英国行业实务守则》（Maritime Autonomous Surface Ships（MASS）UK Industry Conduct Principles and Code of Practice）的第3版展示了英国在内河航道中继续在自主方面的领导地位，还将对应自主船舶的设计、制造和操作基础的原则进行加强[24]。该版本取代了行为准则（2017年）和行为准则第2版（2018年）。2020年该守则出版了第4版，2021年11月出版了第5版。

《英国行业实务守则》以前的版本侧重于船舶的设计、制造和操作，重点关注技能、培训、网络安全、引航、动力定位和船舶数据记录，而《英国行业实务守则》第5版增加了7个方面的指导：①认证和注册；②用于遥控操作的动力定位（dynamic positioning，DP）位置保持系统（遥控DP操作员证书）的培训和认证计划；③船舶数据记录；④安全文化；⑤导航产品和数据；⑥海上伤亡、事故和未遂事故的报告；⑦遥控管理中心（remote control centre，RCC）劳动力福利。

2.3.9 韩国

1. 韩国船级社

韩国船级社（KR）致力于通过技术发展和追求卓越的运输、造船和工业服务规则和标准来促进安全的船舶运营和清洁海洋。2022年发布了《自主船舶指南》（Guidance for Autonomous Ships）[25]，并于2022年7月1日生效，以通过风险评估确保自主船舶或自主运行所必需的系统和功能的安全性和可靠性。

2. 韩国自主和无人船论坛

韩国自主和无人船论坛是个人或组织的利益集团，为韩国的自主和无人船提供开放的生态环境。韩国自主和无人船论坛是韩国国际自主船舶网络的成员。韩国自主和无人船论坛的会员资格对在韩国的个人和成立的组织开放。该组织的目标如下。

（1）加强对自主/无人驾驶船舶及其使用感兴趣的用户、研究人员、当局和其他人员之间的合作。这包括安排会议，制作新闻通讯和课程。韩国自主和无人船论坛还将这些网页作为传播策略的一部分，并作为其用户的信息档案。

（2）加强韩国利益集团在自主船舶领域的国际联系和影响力。此外，支持与韩国自主和无人船论坛具有相似兴趣的国际网络的参与和合作，还包括举办和参加国际会议、研讨会。

（3）为自主/无人船舶建立国际试验台做出贡献。这包括对国际试验台的建立和运行的支持，特别是对亚太地区。

（4）参与并分享自主/无人船舶（包括 IMO、IEC、ISO 和 ITU）的国内和国际法规/标准的活动。

2.3.10 挪威

1. 挪威自主船舶论坛

挪威自主船舶论坛（Norwegian Forum for Autonomous Ships，NFAS）成立于2016年10月4日，该论坛的成立标志着挪威将智能船舶研究提升到国家层面上。NFAS 的目标包括促进用户、研究人员、主管部门和其他对自主船舶及其使用感兴趣的人之间的合作；为制定挪威共同的发展和使用自主船舶战略做出贡献；加强挪威在自主船舶领域的国际联系和影响力。

2. 挪威船级社

为帮助创建自动化船舶新技术的安全文化，挪威船级社（DNV）公布了涵盖自动化和遥控船舶的新船级导则（DNV·GL-CG-0264）[5]。该导则涵盖了现有规则不适用的新营运概念，以及通常由人工完成的控制功能新技术。在新营运概念方面，该导则为那些有望实施新概念的方面提供了在船旗国的替代设计要求下获得审批的流程。对于控制功能新技术，供应商可以运用导则获得原则性认可。导则涵盖了导航、船舶工程、遥控中心和通信。出于对软件和通信的自动化和遥控概念的依赖，导则特别强调了两大关键领域：网络安全和软件测试。概念资质流程和技术资质流程都在风险分析中包含了网络安全因素。不仅是系统本身，相关的基础设施和网络组件、服务器、操作站及其他终端都必须考虑网络安全，并尽可能开展多层防护。该导则认为，软件方面的关键在于软件系统的质量保障，并应该采用完善的开发流程和多角度的终端产品测试策略，以确保安全营运。

自动化程度的提升，无论采用决策支持、远程操控还是自动化的形式，都具备改善航运安全、效率和环境绩效的潜力。为了实现这种潜力，行业需要一整套完善的标准，帮助新系统问世并确保这些技术得以安全实施。

2.3.11 丹麦

丹麦海事局（Danish Maritime Authority，DMA）在技术开发和自主海事解决方案方面一直非常积极，以定义克服技术和监管障碍的框架。2017年3月DMA发布了一个初始版本研究报告，关注可能性和可能的技术挑战。此外，2017年2月DMA与其他国家人员一起发起了 IMO 关于自动船内部的范围界定活动。DMA 资助了由丹麦技术大学主持的一项调查，该调查报告描述自动驾驶船的潜力，以及如何定义各种级别的自主等级。

该报告将最低的自主等级描述为具有完全手动操作，其中导航员从电子图表中获取有关位置、航向和速度的信息，并从雷达获得相关信息的概览，还可以显示其他船舶的航向和速度。自主等级跨越了决策支持的各个级别，在这些级别上执行更多任务，从而实现不需要任何人参与的完全自主。

DMA 还对民用商业运输中的自主船舶的监管壁垒进行了分析，该分析探讨了丹麦法律、欧盟法规和 IMO 公约，得出结论是应谨慎考虑自主运输的监管方法，以防止监管成为技术发展和商业发展的障碍。DMA 进一步得出结论，认为应公布自主航运项目的测试结果，以实现监管的可信基础，确保社会支持，即应将自动驾驶船纳入现有规则框架，并且新规则应涵盖现有规则未考虑的自动驾驶船特有的区域。DMA 还重新审查了"船长"一词的定义，并探讨了授予定期无人驾驶台和电子瞭望的许可。

2.3.12 美国

美国船级社（ABS）是一家领先的国际船级社，成立于 1862 年，致力于通过制定和验证船舶设计、建造和运营维护的标准来促进生命和财产安全及自然环境的保护。美国船级社于 2018 年发布了《智能功能实施指导说明》（Guidance Notes on Smart Function Implementation）[26]，于 2020 年发布了《自主功能咨询》（Advisory on Autonomous Functionality），于 2021 年、2022 年先后发布了《自主与遥控功能指南》（Guide for Autonomous and Remote Control Functions）[8, 9]和《船舶与海上设施智能功能指南》（Guide for Smart Functions for Marine Vessels and Offshore Units）[27]。

2.3.13 法国

网络安全是实现网络化的基础。在网络安全方面，法国船级社（BV）开发了新的入级符号 SW-Registry、HWIL 及 SYS-COM 等，同时发布了自主船舶指南、供应链安全规范、软件安全指南等规范或指南。

2.4 我国智能船舶法规、规范、标准研究进展

中国船级社（CCS）通过提供先进的规则和标准，为船舶、海工装置和相关工业产品提供船级社服务。

2.4.1 《智能船舶规范》

中国船级社发布的《智能船舶规范（2015）》，具体规定了智能船舶技术的 6 大功能模块，于 2016 年 3 月生效[28]。CCS 智能船舶规范体系由智能航行、智能船体、智能机舱、智能能效管理、智能货物管理和智能集成平台 6 大功能组成。在智能化程度上，该规范分别从船舶数据感知、分析、评估、诊断、预测、决策支持、自主响应实施等方面，对不同的智能功能提出了相应要求。

《智能船舶规范（2015）》主要内容包括：①智能船舶的目的、应用范围；②智能船舶的定义、目标和功能要求；③新技术的应用原则；④计算机系统和软件开发要求；⑤智能船舶附加标志及功能标志：i-Ship（Nx、Hx、Mx、Ex、Cx、Ix）；⑥智能船舶各智能功能的一般要求、功能要求、技术要求、检验要求及人员要求。

考虑智能船舶技术在不断发展变化，《智能船舶规范（2015）》作为一种开放式规范，将与国际上智能船舶技术的发展和应用同步，不断纳入新的应用成果，完善和细化已有的技术要求。该规范是全球首个智能船舶规范，发布后在中国乃至国际船舶界产生了积极的影响，多家客户积极申请智能船舶附加标志。

CCS《智能船舶规范（2015）》发布后，得到了业界的充分认可和广泛应用。2019年CCS根据规范近年来的使用情况及业界反馈、取得的研究成果、国际海事组织对智能船舶的讨论及立法进展，进一步结合CCS已发布的规范指南文件，开展并完成了对智能船舶规范的升级换版。新版规范补充细化了现有的6大智能功能要求；同时，进一步增加了船舶远程控制和自主操作功能，并且根据遥控和自主的范围及程度进行了分级的细化，使其更具有操作性。升级后的规范实现了智能船舶从辅助决策功能到遥控及自主功能的全覆盖，其技术要求适用于各种类型和各个智能等级的智能船舶的申请。《智能船舶规范（2020）》于2020年3月1日生效，生效后将替代《智能船舶规范（2015）》。

CCS结合智能船舶新技术应用及规范标准研究工作，完成了《智能船舶规范》的改版升级，以满足快速发展的智能船舶市场需要。《智能船舶规范（2023）》在《智能船舶规范（2020）》的基础上增加了2022修改通报和2023修改通报[29]。

2.4.2 《自主货物运输船舶指南》

2018年9月中国船级社（CCS）在第28届德国汉堡海事展首次发布《自主货物运输船舶指南（2018）》，旨在为自主货物运输船舶的设计与建造提供技术依据[30]，该指南于2018年10月1日起生效。该指南以不低于《国际海上人命安全公约》、《国际防止船舶造成污染公约》、《国际海上避碰规则》和《1978年海员培训、发证和值班标准国际公约》等国际公约的总体安全和环保水平为原则，以风险分析为基础，以涵盖实现船上无人的远程控制和完全自主运行的技术要求为目的，采用目标型标准（goal based standards，GBS）方法，提出自主货物运输船舶各系统的目标、功能要求、规定要求及检验与试验要求，主要包括场景感知、航行控制、轮机装置、系泊与锚泊、电气装置、通信与信号设备、船体构造与安全、消防、环境保护、船舶保安、远程控制中心、网络安全等。据此，CCS构建了自主船舶基本构架，该构架以自主航行系统为核心，以通信系统和电气系统为基础，涵盖船体安全、保安、消防和防污染等系统，以远程控制中心为保障。《自主货物运输船舶指南（2018）》的发布，在全球首次比较系统和全面地规定了自主船舶各方面的技术要求，填补了自主船舶技术指导性文件的空白，将引领自主船舶的开发和应用，为智能航运的安全发展提供技术保障。

2.4.3 《智能集成平台检验指南》

《智能集成平台检验指南（2018）》是对智能船舶规范中的智能集成平台要求的细化

和补充，主要对分类、数据保障要求、网络及通信要求、人因系统要求、信息应用要求、安全要求、图纸资料和试验要求、各阶段检验要求作出了规定[31]。《智能集成平台检验指南》（2018）于 2018 年 5 月 1 日生效。

智能集成平台最大的特点是打破了传统船舶各自动化系统垂直整合有限互通，它针对特定主题，通过测量更多参数，综合多系统的数据进行数据挖掘，提供故障分析、预报预警、辅助决策，并高效明了地展现出来，同时要满足安全、可靠的要求。从评价认证的角度，《智能集成平台检验指南》主要对 8 个方面进行了细化和补充：①分类；②数据保障要求；③网络及通信要求；④人因系统要求；⑤信息应用要求；⑥安全要求；⑦图纸资料和试验要求；⑧各阶段检验要求。

2.4.4 《船舶智能机舱检验指南》

《船舶智能机舱检验指南（2017）》旨在指导船舶机舱设备状态监测与健康评估、辅助决策与视情维护等技术与产品的发展、推广与应用，作为中国船级社《智能船舶规范》第 4 章智能机舱内容的补充和细化。

《船舶智能机舱检验指南（2017）》共包括前言、9 章内容和 1 个附录。前言介绍了船舶智能机舱的背景和意义；第 1 章规定了目的及适用范围等；第 2 章介绍了监测与测量技术要求；第 3 章规定了机械状态监测与健康评估系统要求；第 4 章规定了辅助决策系统要求；第 5 章规定了视情维护系统与体系要求；第 6 章规定了图纸与资料审查要求；第 7 章规定了系统认可与试验技术要求；第 8 章规定了附加标志检验要求；第 9 章规定了供方认可和发证的要求。附录列出了船舶机械设备的主要监测参数。

《船舶智能机舱检验指南（2017）》于 2017 年 11 月 6 日起生效[32]。为持续改善智能船舶规范标准的先进性、准确性、可操作性，CCS 开展了智能船舶新技术及规范标准研究。在充分考虑智能机舱技术应用需求、业界反馈、智能船舶审图经验的基础上，结合 CCS 最新研究成果，完成了《船舶智能机舱检验指南（2023）》的编制[33]。本次修订主要包括如下内容。

（1）第 6 章补充型式试验大纲、评估衡准测量/获取方案、风险分析报告、操作手册等图纸资料的要求。

（2）第 7 章删除智能机舱系统及部件的持证要求，统一在 CCS《智能船舶规范》第 1 章 1.10.1 中予以规定。

（3）附录 1 补充水润换轴系、直流配电电力推进系统、喷水推进装置状态监测要求。

《船舶智能机舱检验指南（2023）》于 2023 年 4 月 1 日起生效。

2.4.5 《船舶（油船）智能货物管理检验指南》

为减少人为因素引起的操作导致的安全问题，达到安全、高效节能的目的，中国船级社在研究液货装卸控制系统的基础上，基于船舶在货物、货舱、货物保护方面进行监测及报警的要求，以及货物配载和货物装卸等方面辅助决策所需要考虑的因素，形成了《船舶（油船）智能货物管理检验指南（2018）》。该指南于 2018 年 10 月 1 日起生效[34]。

该指南详细描述了与油船相关的货物、货舱监测报警和辅助决策系统、智能货物配载系统及自动装卸货系统入级检验适用的技术要求、检验和试验要求，提升了中国船级社智能规范的可操作性，对船舶（油船）智能货物管理系统的目的、实现方法、可靠性、安全性认证提供指导，将推动智能货物管理技术在船舶相关领域的应用和发展。

2.4.6 《船舶智能能效管理检验指南》

为指导船舶智能能效管理等技术与产品的发展、推广与应用，2018年8月9日，中国船级社发布了《船舶智能能效管理检验指南（2018）》[35]，作为《智能船舶规范》第5章智能能效管理的内容的补充说明。《船舶智能能效管理检验指南》（2018）包括8章内容，规定了船舶能效在线监控 i-Ship（E）、航速优化 i-Ship（Es）和基于纵倾优化的最佳配载 i-Ship（Et）附加标志的审图、产品、建造、营运检验要求及检验方法，为验船师、船舶设计单位、制造厂、服务供应商和船东等提供船舶智能能效管理指导性文件。《船舶智能能效管理检验指南（2018）》于2018年9月1日起生效。为持续改善智能船舶规范标准的先进性、准确性、可操作性，中国船级社开展了智能船舶新技术及规范标准研究。在充分考虑智能能效管理技术应用、IMO能效新要求实施需求、业界反馈、智能船舶审图经验的基础上，结合CCS最新研究成果，完成了《船舶智能能效管理检验指南（2023）》的编制[36]。本次修订主要包括如下内容。

（1）按 IMO 最新发布的 CII、能效管理相关导则，修改 CII 指标计算、评估、分级、报告、验证等要求。

（2）按 IMO DCS 的规定，新增船舶碳排放数据监测、收集、验证、报告等智能辅助管理要求。

（3）新增电子倾斜仪的安装要求。

（4）删除智能能效管理系统及部件的持证要求，统一在 CCS《智能船舶规范》第1章中予以规定。

（5）修改智能能效功能检查表附录1、附录2、附录3。

《船舶智能能效管理检验指南》（2023）于2023年4月1日起生效。

2.4.7 《无人水面艇检验指南》

基于市场需求及中国船级社智能船舶技术研发的需求，2017年5月中国船级社启动了《无人水面艇检验指南（2018）》的研究与编制工作，并于2017年底对外发布首部《无人水面艇检验指南》，引导国内行业健康有序发展。该指南于2018年1月1日正式生效[37]。《无人水面艇检验指南（2018）》基于 IMO 目标型船舶建造标准理念编制，共8章。该指南对入级检验、总体目标及功能要求、通信系统、操控系统、艇体、轮机、电气、航行和信号设备提出了要求，针对不同的航行模式（自主航行、远程遥控）和距岸距离，授予不同的附加标志。考虑无人艇任务的多样性及为完成任务需要配备载荷的不确定性，该指南不包括无人艇为完成指定任务而设置的任务载荷及功能的要求。同时，无人艇由于可搭载在母船上，不仅可在国内海上水域，甚至可在无限航区执行任务，该指南适用范围不局限于任何水域。此外，由于无人艇颠覆了传统船舶的概念，在涉及人命安全、海上避碰规则、船上舱室布置等方面的考虑都与传统的规范法规有所不同，为保证其可实施性，该指南也明确了无人艇如涉及有人驾驶/作业时，应满足中国船级社有人艇相关规范的要求。

2.4.8 《船舶网络系统要求及安全评估指南》

近年来，随着船舶数字化、智能化、网络化的发展智能化水平的提升，越来越多的控制系统、通信导航系统、信息管理系统及设备不断接入船舶网络，实现对外信息交互。船舶越来越多的"在线"，使其遭受网络威胁的隐患不断加剧，在这样的背景下，船舶的网络安全显得尤为重要。

基于提升应对网络风险威胁意识的迫切需求，IMO 在 98 届海上安全委员会通过并发布了《海事网络风险管理指南》（MSC-FAL.1/Circ3）通函，提出了对海事网络风险的应对措施。IACS 于 2018 年发布针对船舶网络安全的 12 项建议案，国际海事界对该船舶网络风险问题的认识正不断提升。为此，2020 年中国船级社对《船舶网络系统要求及安全评估指南（2017）》进行了改版[38]，旨在规范船舶网络的设计、建设、运维及检验工作，使有关的管理人员和技术人员理解船舶网络安全的重要性，形成综合提升船舶网络系统建设水平、威胁防御能力的新观念，保障船舶网络环境的稳定性，并为船舶的智能化、数字化、网络化提供基本的条件与保障。改版后的指南面向船舶网络系统的设计、实施、运行、退役等环节，针对操作、集成、维护、设计、安全意识、管理水平等方面的风险点，为船东/船舶管理公司、系统开发方等提供指导。

《船舶网络系统要求及安全评估指南（2020）》包括前言、5 章内容和 6 个附录。前言介绍船舶网络安全建设及评估的背景和意义。第 1 章明确指南的适用范围、一般要求及取得相应的附加标志，指南所涉及定义和规范引用文件；第 2 章管理要求规定船舶网络建设要求；第 3 章介绍船舶网络安全应满足的技术要求，第 4 章规定了船舶网络系统产品安全评估过程的相关要求；第 5 章规定了船舶网络安全评估过程及附加标志的授予的相关要求。附录 1 为船舶网络风险评估指导内容，附录 2 为船舶网络安全预评估表，附录 3 为船舶网络安全设备评定表，附录 4 为船舶网络系统（产品）评估表，附录 5 为船舶网络评估表，附录 6 为船舶工控系统防火墙附加建议。

2.4.9 中国海事局智能船舶技术法规

为促进船舶自主航行技术发展，支撑船舶开展自主航行测试试验，根据 IMO 自主航行船舶临时导则，结合国内自主航行船舶技术发展现状和试验需求，中国海事局制定船舶自主航行试验相关技术和检验要求。2023 年 4 月，中国海事局组织制定并发布了《船舶自主航行试验技术与检验暂行规则（2023）》[39]。

2.4.10 中国航海学会智能船舶团体标准

2021 年 11 月，根据中国航海学会团体标准修订计划安排，中国航海学会组织编制《面向船舶智能航行的数据标准指南》《面向船舶智能航行的海事服务集》《中华人民共和国智能船舶测试场管理与作业规程》《船舶智能航行态势感知数据通用技术要求》《船舶智能航行交通安全风险评估指南：通则》5 个团体标准征求意见稿及编制说明。

第 3 章

智能船舶技术体系

中国船级社 2023 年发布的《智能船舶规范》最新版第 1 章通则中对智能船舶进行了明确的定义，即"智能船舶系指利用传感器、通信、物联网、互联网等技术手段，自动感知和获得船舶自身、海洋环境、物流、港口等方面的信息和数据，并基于计算机技术、自动控制技术和大数据处理和分析技术，在船舶航行、管理、维护保养、货物运输等方面实现智能化运行的船舶，以使船舶更加安全、更加环保、更加经济和更加高效。"该定义对智能船舶相关的技术进行了概括和总结。本章从通信、导航、感知、航行等方面介绍智能船舶相关的技术体系。

3.1 智能船舶通信技术及装备

3.1.1 船舶通信技术与系统沿革

1899 年 11 月，美国"圣保罗"号上的无线电台与位于怀特岛上的马可尼电台实现了人类历史上第一次海上无线电通信[40]。至此，人类在船上找到了与陆地联系的途径。随着这种联系越来越紧密频繁，船舶海上通信技术的重要性也逐渐得到认可。1912 年 4 月，大型客轮"泰坦尼克"号撞冰山沉没，酿成了 1 500 多人丧生的巨大惨案[40]。"泰坦尼克"号事件使人们更加清晰地认识到，海上无线电通信的首要目的应该是保障海上人身、财产安全。同年，在英国伦敦召开的第二次国际无线电会议上参会者一致认为必须制订一个统一的具有普遍适用性的海上遇险搜救与安全通信的规则，以保障海上航行船舶和人员安全。这直接促使 1914 年《国际海上人命安全公约》（SOLAS）的诞生[40]。SOLAS 对船舶无线电通信提出了强制要求，包括：规定 500 kHz 为国际无线电报遇险和呼叫频率；船舶必须配备由蓄电池供电的应急无线电收发信机和在 500 kHz 通信频率上工作的无线电自动报警器；每条船舶应指配"船舶呼号"，建立报务员值班制度。在 SOLAS 的后续版本中，海上无线电通信系统一直作为该公约的重要内容。在 1974 年 SOLAS 中，涉及的通信技术除简易的 500 kHz 摩尔斯码中低频无线电报技术外，还涉及了中频无线电话收发技术、甚高频无线电话技术等。1988 年，IMO 召开扩大海上安全委员会会议，对 1974 年 SOLAS 进行了修订，对"无线电报与无线电话"进行了全面修改，成为 SOLAS 新的第四章，这意味着海事"无线电报与无线电话"已在法律上得到认可。

根据 SOLAS 要求，海上船舶都必须配备与之对应的通信设备，并依据通信规则与其他船只和岸基通信设备进行通信。这些通信包括的信息有遇险报警信息、救助协调信息、现场通信信息、寻位信息、海上安全信息、常规无线电通信信息、驾驶台与驾驶台之间的通信信息等。船舶上这些信息的传输方式与所传输信息的特点、通信区域、通信技术的发展及通信设备的历史条件有关。从第一次海上无线电通信开始至 20 世纪 60 年代，船舶无线电通信技术发展比较缓慢，莫尔斯电码作为船舶无线通信的主要方式，只能发送一些简单的非实时信息。从 20 世纪 70 年代开始，电传、电话、传真等通信方式逐渐被应用到船舶通信中。但当时船舶间和船岸之间的常规通信较少，很少有船员使用船舶无线通信进行私人信息交流。我国各海岸电台直到 20 世纪 80 年代中期才开放船员的私人电报业务。80 年代后期，窄带直接印字电报（narrow band direct printing，NBDP）和无线电话技术在船舶通信中得到应用，卫星通信技术也偶有用之。这些通信方式除数字选择性呼叫外，其他应用如窄带直接印字电报、单边带无线电话等既可应用于遇险与安全通信，又可应用于常规通信。卫星通信系统可以提供无线电传、电话、传真及数据传输等通信方式，但是国际海事组织目前只认可了 Inmarsat 中的 Inmarsat-C 系统提供的电传形式遇险与安全通信服务。

船舶现代化程度的提高，对船舶通信也提出了更高的要求。现在船岸之间的信息交换除船舶报告、请示、汇报的电文外，各种船舶参数及影像、图片、语音等多媒体信息也将通过船载通信设备汇集至岸端。21世纪初，随着电子航海的发展，航行数据记录和船舶自动识别系统被强制要求安装到船舶上，并将船舶的各种参数和信息数字化，从而奠定了由经验航海过渡到数字航海的基础，使船舶各种参数传输成为可能。船员的个人信息交互也对船舶通信提出了新的要求，即希望在船舶航行时能够使用手持终端与陆地保持同步，能够方便地接入互联网，并通过互联网进行个人信息交互。智能船更是建立在海量数据传输的基础上，将航行感知到的航行态势信息、自身状态信息，通过船载通信系统传递到岸基中心，由岸基中心处理后，将处理结果回传至船上，再由船载智能化装备执行[41-44]。为保证这一回路的通畅，船载通信设施不仅要保证通信的可靠性，还必须有足够的带宽，能够充分降低通信延迟，以便满足智能船舶的实际需要。以上这些，都要求船舶通信系统带宽更宽、速度更快，而且通信价格更低。目前船舶应用的宽带通信系统主要有甚小天线地球站（very small aperture terminal，VSAT）系统、Inmarsat的海上宽带（fleet broadband，FBB）系统及铱星系统等。

3.1.2 船舶通信系统的组成

图3.1所示为SOLAS规定的船舶通信系统工作场景。SOLAS规定的船舶通信系统所具有的各项功能都是从航行安全观点出发的，其中遇险报警功能是最基本的要求。

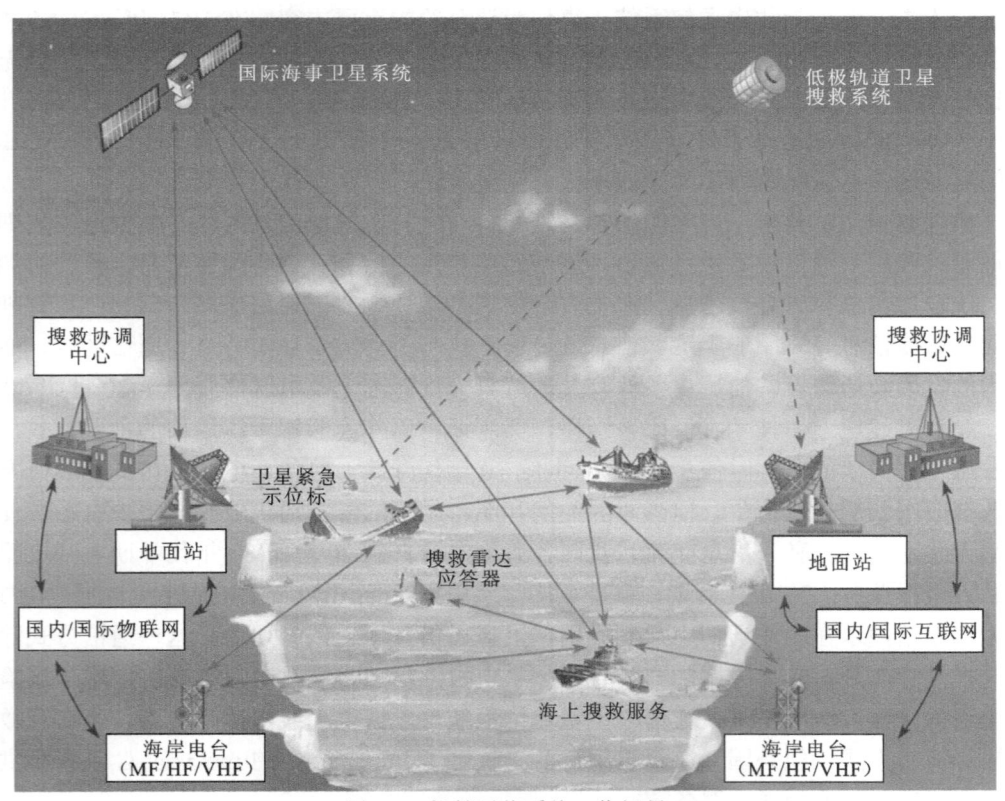

图3.1 船舶通信系统工作场景

MF（medium frequency，中频）；HF（high frequency，高频）；VHF（very high frequency，甚高频）

遇险船舶要想成功地被救助，除自身能够及时提供可靠报警以外，还主要依靠岸上救助部门提供的救助手段。因此，要求岸台或岸站与搜救协调中心有畅通的岸基通信网，要求参与救助的船舶或岸上救助机构能够迅速响应来自岸台或岸站和搜救协调中心的报警和指挥。具体来说，SOLAS规定的船舶通信系统应具有以下功能。

1. 遇险报警通信功能

遇险报警通信功能是指遇险船舶向搜救协调中心或附近船舶迅速有效地发出遇险报警信息，搜救协调中心收到报警后立刻采取措施，通过岸台或岸站或地面专用通信网络及时将报警信息转发到有关的搜救单位和遇险船舶附近的其他船舶，并负责指挥协调救助。遇险报警通信的主要内容包括遇险船舶的识别、遇险的位置、遇险的时间和遇险的性质及有助于救助的其他信息。SOLAS规定的遇险报警信息一般有船到岸、船到船、岸到船三种传输途径，这三种形式的遇险报警都是向某一个方向发出特定的报警信息，因此遇险报警属于单向通信。

2. 搜救协调通信功能

搜救协调通信功能是指搜救协调中心通过岸台或岸站与遇险船舶和参与救助的船舶、飞机及与陆上其他搜救中心进行有关搜救的直接通信。它是双方进行有关遇险搜救内容的信息交换，即具备双向的通信功能，一般采用无线电话或无线电传的通信方式进行。

3. 现场通信功能

现场通信是指在现场遇险船舶或救生筏与救助船舶或飞机之间，以及船舶与搜寻和救助作业的单位之间的通信，包括与事件区域的现场指挥员或海面搜寻协调员之间的通信。现场指挥员或海面搜寻协调员应负责管制现场通信，选择或指定现场通信使用的频率。在通常情况下，现场通信一般使用甚高频无线电话或双向无线电话设备，也可使用MF单边带无线电话、无线电传、Inmarsat卫星通信船站等通信设备。

4. 寻位功能

寻位功能是指发现并找到遇险船舶、救生艇筏或幸存者的过程。通常救助船舶和飞机可以通过无线电设备所发出的信号来寻找目标。SOLAS规定的寻位方式有两种：一种是采用搜救雷达应答器或船舶自动识别系统应答器进行寻位，另外一种是使用应急无线电示位标发射的引航信号进行寻位。

5. 海上安全信息的播发与接收功能

SOLAS规定的海上安全信息包括航行警告、气象警告、气象预报，以及其他有关航行安全的紧急信息。满足SOLAS船载的通信系统对上述信息的收发一般采用NAVTEX系统、增强群呼系统和高频无线电传系统来实现。

6. 常规无线电通信功能

常规无线电通信是指除遇险、紧急和安全通信以外的船舶业务及公众业务通信，即船舶与岸上的管理部门、港航机构、用户之间进行的有关管理、调度、货物运输及个人方面的通信。目前，随着 Inmarsat 通信技术的日新月异，常规通信除无线电话、电传外，电子邮件、高速数据传输、高质量的录音电话、彩色传真和视频通信等数字移动多媒体通信已在船上得到应用。

7. 船舶驾驶台之间的通信功能

SOLAS 规定的船舶驾驶台之间的通信是指在船舶驾驶位置上为航行安全而进行的无线电话通信，一般利用驾驶台的甚高频无线电话进行。

除了上述 SOLAS 规定的通信方式，近年来宽带卫星通信技术也越来越受到船东的喜爱，如甚高频数据交换系统（very high frequency data exchange system，VDES）、Inmarsat 的 FBB 系统、VSAT 系统、低轨卫星星座通信系统已经在一些远洋船舶上安装。智能船舶对信息交互的需求越来越多，直接导致了新通信方式在船舶和海事领域的应用。

各种通信方式都会受通信距离限制，为此 SOLAS 对不同的船舶航行海域制定了相应的无线电通信规则。总体来说，船舶航行区域被划分为 4 个海区，如图 3.2 所示。

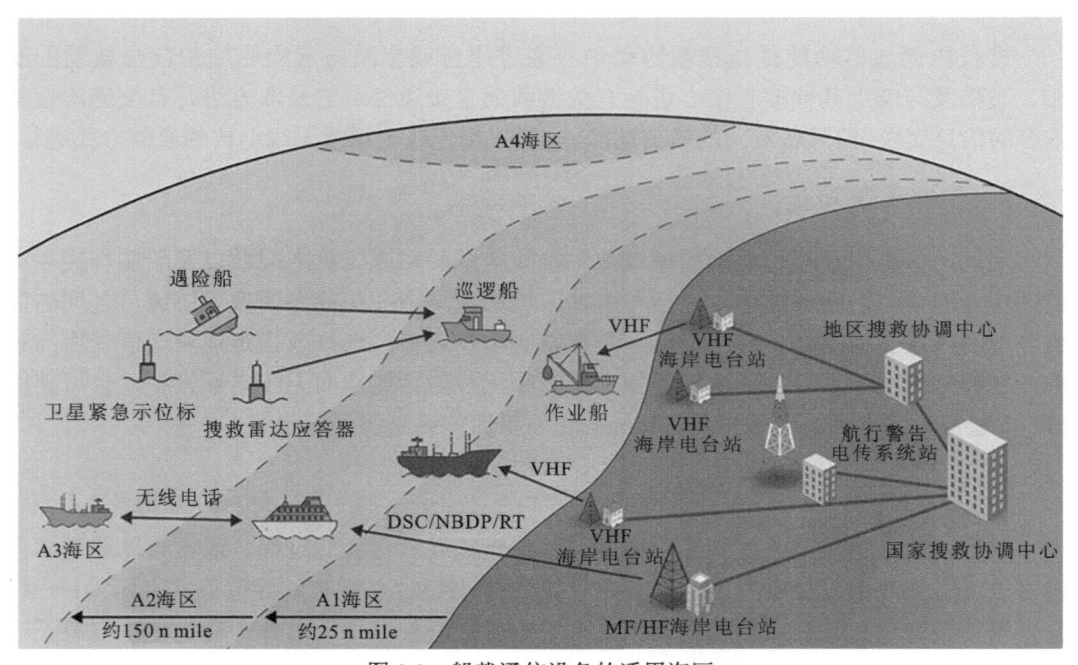

图 3.2 船载通信设备的适用海区

DSC：digital selective calling，数字选择性呼叫终端；NBDP：narrow-band-direct-printing，窄带直接印字电报；RT：radar transponder，雷达应答器

（1）A1 海区。该海区属于沿海海区，是至少有一个甚高频海岸电台站的无线电话能够覆盖的海区，并且连续的数字信号变换器是有效的。一般该区域可从海岸电台站延伸至约 25 n mile。

（2）A2 海区。该海区为至少有一个中频海岸电台站的无线电话能够覆盖的海区，并且连续的数字信号变换器是有效的。一般地，该海区可从海岸延伸至约 150 n mile。A2 海区包含 A1 海区。

（3）A3 海区。该海区是国际海事卫星的 Inmarsat 静止卫星能够覆盖的海区，在这个海区内可进行连续的 Inmarsat 报警。一般地，该海区处于 70°N 与 70°S 之间。A3 海区包含 A1 海区和 A2 海区。

（4）A4 海区。该海区指 A1 海区、A2 海区、A3 海区以外的海区。该海区基本上是极地区，即 70°N 和 70°S 以上地区。

显然，在 A3 海区和 A4 海区传统的船载通信设备已经无法满足需要，只能依赖卫星通信系统实现信息传递。SOLAS 规定的船舶在不同海区应配备的通信设备见表 3.1。

表 3.1 SOLAS 规定的船舶在不同海区应配备的通信设备

序号	设备名称	船舶按海区配备无线电通信设备				
		A1	A1+A2	A1+A2+A3		A1+A2+A3+A4
				方案 1	方案 2	
1	VHF 无线电话	√	√	√	√	√
2	NAVTEX 接收机	√	√	√	√	√
3	VHF 网络应急无线电示位标	任选				
4	406 MHz 网络应急无线电示位标	任选	√	√	√	√
5	救生艇、双向甚高频无线电话	√	√	√	√	√
6	救生筏电台、搜救雷达应答器/船舶自动识别系统应答器	√	√	√	√	√
7	增强群呼接收机			√		√
8	MF 无线电设备		√	√		
9	MF/HF 无线电设备				√	√
10	Inmarsat 卫星通信船站			√		

3.1.3 现代船舶通信技术及装备

随着通信技术的发展，SOLAS 对船舶通信设备的要求也在不断变化，有些通信设备已经在新的公约要求中被删除，而有些通信手段即使非常古老，但由于成熟可靠仍被保留下来。具备新技术特征的通信设备因受限于在海事领域的成熟应用，SOLAS 也并未将其作为强制规定要求船舶安装。本小节将以 SOLAS 对船舶要求的通信设备为依据简要介绍现代船舶主要通信设备和相关技术。

1. 船用 MF/HF 电台

MF/HF 通信系统由海岸电台和船舶 MF/HF 电台组成，是 SOLAS 规定的船-岸通信系统的主体。船舶 MF/HF 电台，又称 MF/HF 组合电台，包括 MF/HF 单边带收发信机、船舶数字选择性呼叫值班接收机、数字选择性呼叫终端等设备，它不仅可以直接完成船舶之间中、远距离的通信，还可以通过海岸电台的转接，与陆上用户进行电话和电传通信。MF/HF 组合电台可实现遇险报警、搜救协调通信、现场通信、海上安全信息和日常通信等功能。船舶 MF/HF 电台的工作频带为 1.6～27.5 MHz，即中、短波波段。中、短波传播具有以下特点。

（1）中波夜间传播距离较白天远。中波白天受电离层 D 层影响，D 层对中频电磁波有较强的吸收作用，因此白天中频电磁波主要依靠地波传播，传播距离较近，一般为几百千米；而在夜间，电离层 D 层消失，中波既可以地波形式传播又可以天波形式传播，天波传输距离较远，故白天地波传播不到的地方，在晚上可通过天波传播到达，中波夜间传播的距离更远。

（2）短波以地波传播，衰减快、通信距离近。短波波长较短，沿地面绕射传播的能力差，地面对短波波段电波有较强的吸收作用，衰减很快。通常短波在陆地传播距离不超过 100 km，在海上也不超过 150 km，因此短波主要以天波形式传播。

（3）短波以天波传播，距离远，也有衰减现象。衰减表现为信号不稳定，接收到的信号强度随时间呈随机变化。这是由短波信号从发出到接收端经过不同路径的电离层反射导致的，这种多径效应在接收端叠加产生了信号时强时弱的衰减现象。

（4）短波传播存在短波盲区，即无线电波不能传播到的区域。当发射频率一定时，在距离短波发射台较近和较远的区域都能接收到无线电波信号，但在两者之间的环形区域则存在接收不到发射信号的区域，这个区域就是短波盲区。对短波而言，地波衰减快、传播距离近，短波盲区内因距发射台太远，以地波传播的信号不能到达；而以天波传播的信号，存在跃距现象，短波盲区内因距发射台太近同样也接收不到信号。克服短波盲区最有效的办法就是降低发射频率。

目前各生产厂家新推出的船用 MF/HF 电台在结构上基本一致，均把值班接收机终端和值班接收机融合在单边带收发机内，基本配置为 MF/HF 收发机单元、控制单元和自动天线调谐器单元，将窄带直接印字电报终端作为一个独立的配置设备。MF/HF 收发机单元主要将语音信号或值班接收机信号变换为高频（射频）信号，然后再将这些信号放大到额定功率，经调谐匹配以后由天线发射出去。控制单元是发信机的核心，负责检测/控制发信机的激励器、高频功率放大器、功放滤波器、自动天线调谐器和电源。自动天线调谐器单元实际上就是一个天线调谐网络，通过改变该网络中电感和电容的参数可实现功放输出与发射天线之间的谐振，从而使发信机的输出功率能最大限度地传输给天线，提高发射效率。窄带直接印字电报终端是 MF/HF 通信设备的主要终端设备之一，它与船用收发机相连接，与海岸电台、电传用户构成海上无线电传系统，它所传输的信息是字符，即字母、数字和符号。图 3.3 所示为某型 MF/HF 船舶电台设备。

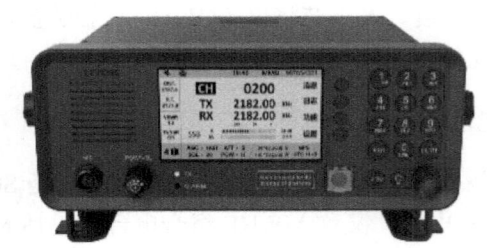

图 3.3 某型 MF/HF 船舶电台设备

2. 船用 VHF 无线通信设备

船用 VHF 无线通信设备（图 3.4）是 SOLAS 规定的船-岸通信系统中的一个重要组

成部分，主要用于近距离通信。它不仅能完成船岸间或船舶间近距离通信，还可通过海岸/港口 VHF 电台的转接实现船舶电台与陆地公众网用户间的电话通信。根据 1988 年 SOLAS 修正案的要求，300 总吨及以上的货船和所有客船，不论它航行在 A1、A2、A3 或 A4 的任何一个海区，都必须配备 VHF 无线通信设备。VHF 无线通信设备能实现的数据通信功能包括：船对船的遇险报警、船对岸和岸对船的遇险报警（A1 海区）、搜救协调通信（A1 海区）、现场通信和驾驶台与驾驶台之间通信。

图 3.4　某型船用 VHF 无线通信设备

船用 VHF 无线通信设备工作在甚高频段（156～174 MHz），一般由天线、收发信机、送受话器和数字选择性呼叫终端设备等组成，其通信主要特点如下。

（1）通信范围受限、发射机功率小。海上 VHF 无线通信设备工作频段为 156～174 MHz，信号主要以空间波形式直线传播。受地球曲率的影响，传输距离理论上为收、发两点间的最大视距，具体数值取决于收、发天线的架设高度。因此，VHF 的通信距离最大为 100 n mile，一般约为 25 n mile。

（2）信号波长短、天线尺寸小。船用 VHF 无线通信设备波长小于 2 m。根据天线理论，一般要求天线长度应不小于波长的 1/4，因此，VHF 无线通信设备的收、发天线尺寸可以做得很小，使用 0.5～1.5 m 的鞭状天线，更易于架设在桅杆或驾驶台顶端等较高位置，从而增加通信距离。

（3）采用调频制，具有较强的抗干扰能力。调频波有更多的边频分量携带信息，因此才有更大的能力克服信道中遭受的各种干扰。在一定的输入信噪比情况下，增大调频指数，即增加传输带宽，可以使输出信噪比增大，改善抗噪声性能。

目前船用 VHF 电台一般由天线、双工器、发射机、接收机、控制单元、送受话器、值班接收机终端、值班接收机和电源等部分组成。双工器又称双工滤波器，船用 VHF 无线通信设备采用的是收-发双工器，连接在天线发射机和双工工作的接收机之间，这样双工工作时，收发机采用同一天线，可以有效地对收发信号隔离，保证通信时接收机不受本台发射信号的干扰或损坏。发射机的作用是将所要传送的话音信号或值班接收机终端送来的移频信号进行处理和调制，将频谱转到发射频率，再通过放大，达到额定功率，然后发送到天线，由天线将已调高频波发射出去。接收机接收 VHF 信号，对信号进行放大、静噪等处理。控制单元是 VHF 无线通信设备的核心，主要由 CPU、ROM、RAM 和外围接口电路组成，分别与收发机、双工器、值班接收机、面板单元相连接，完成设备的收发、操作响应、显示与打印、设备自检及通信控制等功能。值班接收机终端主要作用是进行值班接收机序列的编码与解码，数字信息与 FSK 移频信号的转换，并通过 VHF

收发机，完成值班接收机信息的发射和接收，还提供 GPS 和打印机接口，以获取不断更新的船位信息并控制值班接收机收发电文的打印。

3. 船用 NAVTEX 接收系统

船用 NAVTEX 接收系统由信息提供和协调部门、NAVTEX 发射台和 NAVTEX 接收机三部分构成[45]。信息提供和协调部门负责提供海上安全信息并进行播发和协调；NAVTEX 发射台则由若干个岸基台链组成，在规定频率上定时播发海上安全信息；NAVTEX 接收机负责接收由岸基发来的海上安全信息，这些信息一般包括航行警告、气象信息、电子海图更新信息等。

早期的 NAVTEX 接收机主要由天线、518 kHz 接收机、信息处理单元和打印机组成。这种接收机是单信道接收机，他的天线分为两种：一种是 4～6 m 的鞭状天线，另一种是有源天线。有源天线体积小，灵敏度高，且便于运输和安装，因此得到广泛使用。2005 年后的 NAVTEX 接收机必须具有独立的双信道接收机，一个接收频率必须是 518 kHz，另一个接收频率是 490 kHz 或 4 209.5 kHz，而且要求双信道接收机能同时接收，互不影响。现在的 NAVTEX 接收机一般都具有信息显示和打印单元，如图 3.5 所示。

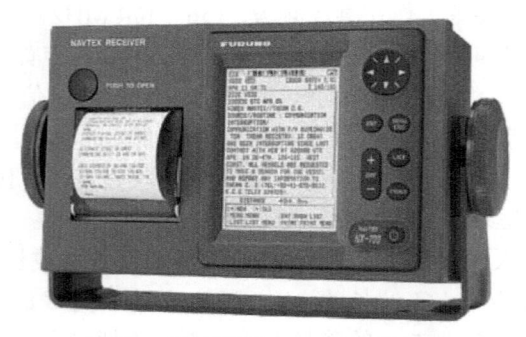

图 3.5 某型船用 NAVTEX 接收机

4. 船用 AIS 收发系统

船舶自动识别系统（AIS），由岸基（基站）设施和船载设备共同组成，是一种安装于船舶上的无线电通信导航避碰设备，适用于内河、港口及外海等各类船舶[46, 47]。船舶间通过 AIS 可以互相自动交换信息，交换信息包括当前航行状态和船舶信息等。AIS 设备一般提供标准双向 RS232/RS422 接口，可直接与雷达、卫导终端、电子海图显示与信息系统等多种设备连接，配套使用。根据 AIS 技术标准，每分钟被划分为 2 250 个时间段，每个时间段 AIS 可发布一条不长于 256 bit 的信息，长于 256 bit 的信息需要增加时间段。每条船会通过询问来选择一个与其他船不发生冲突的时间段，并在与之对应的时间段来发布本船信息。

AIS 可在无须人工介入的情况下自动连续地向同样配备 AIS 的主管部门的岸台和其他船舶提供信息，包括船舶识别码、船型、船位、航向、航速、航行状态及其他与安全相关的信息。系统还能接收并处理来自具有相同配备的船舶、主管部门及其他来源的船位、航向、航速等传感信息。为避免船舶之间的碰撞，AIS 增强了自动雷达标绘仪

（automatic radar plotting aid，ARPA）雷达、船舶交通管理系统、船舶报告的功能，在电子海图上可显示所有船舶可视化的航向、航线、船名等信息，改进了海事通信的功能，提供了一种与通过 AIS 识别的船舶进行语音和文本通信的方法，增强了船舶的全局意识，使航海界进入数字时代。AIS 还可以与 AIS 岸台交换数据，接受主管部门指定的工作模式，控制数据传输的时间和时隙。

AIS 收发机主要由一个 GPS 接收机、一个通信处理器、两个 VHF 数据接收机和一个 VHF 数据发射机组成[48]。GPS 接收机主要用于提供通信链路同步定时和船舶对地运动参数，一般作为 AIS 收发机外接卫星定位系统的补充。通信处理器是 AIS 收发机的核心，根据 AIS 收发机的网络协议控制 VHF 数据通信链路上的信息传输和各接口的数据交换。两个 VHF-TDMA 接收通道和一个 VHF-TDMA 发射通道，均可以在 161.975 MHz 和 162.025 MHz 频率上工作，提供最大 25 kb/s 的通信带宽。现在的 AIS 收发机一般都与电子海图进行融合显示，如图 3.6 所示。

图 3.6　某型船用 AIS 收发机

5. Inmarsat 卫星通信系统

Inmarsat 是世界上第一个，也是目前唯一的提供全球海、陆、空移动卫星通信的营运商[49]。目前，Inmarsat 拥有 93 个成员国，被 170 多个国家和地区用于通信服务，使用的终端即移动地球站数近 30 万个。

Inmarsat 卫星通信系统由空间段、地面部分和移动站三大部分组成：空间段包括 Inmarsat 卫星、跟踪遥测与控制站和卫星控制中心；地面部分包括地面站（岸站）、网络协调站和网络控制中心；移动站分陆用、海用和空用。Inmarsat 卫星通信系统能覆盖地球 76°N 和 76°S 之内的所有区域，能够提供多种通信服务，承担了目前海上绝大部分的通信业务。Inmarsat 卫星通信系统基本结构如图 3.7 所示。

按照不同系列的卫星发展划分阶段，Inmarsat 卫星通信系统已经发展到第 5 代。第 1 代 Inmarsat 卫星通信系统主要通过租用卫星实现，其中包括美国通信卫星公司的 3 颗卫星（MARISAT）上的部分转发器、欧洲航天局的 2 颗卫星（MARECS）和国际通信卫星组织第 5 代卫星（INTELSAT-V）上的海事通信转发器。这些卫星和转发器分布在三大洋上空，从 1982 年起使用。第 2 代 Inmarsat 卫星通信系统于 1990 年投入使用，该系统具有独立的空间段卫星资源，共有 4 颗卫星，采用全球波束覆盖，其容量为第 1 代的 2.5 倍。第 3 代 Inmarsat 卫星通信系统于 1996 年投入使用，共有 5 颗卫星，其中一颗是备用

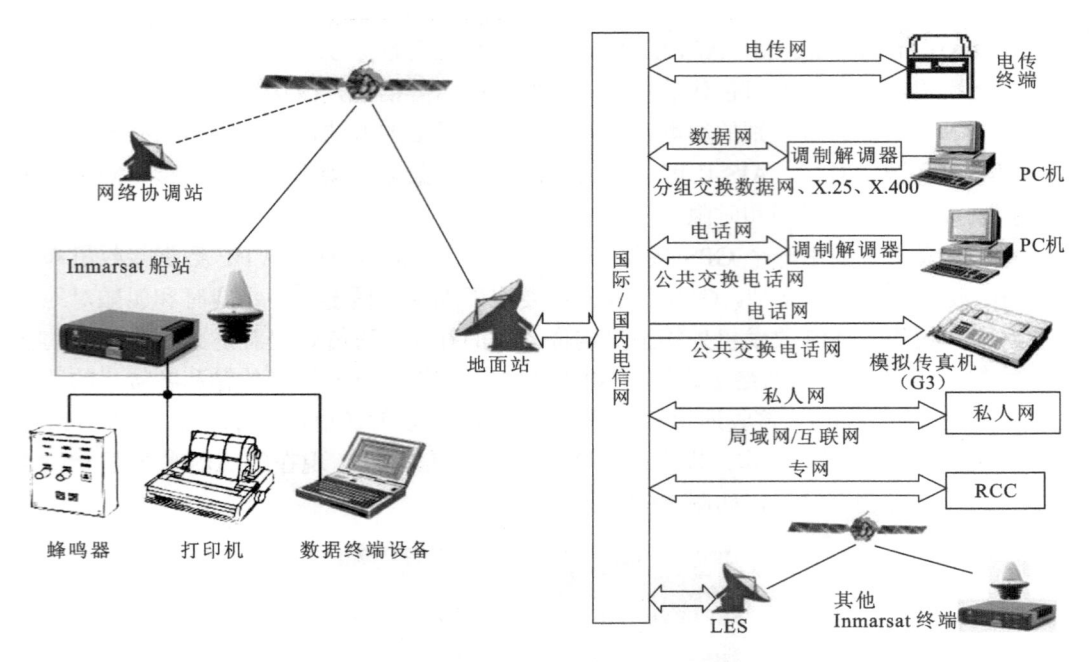

图 3.7 Inmarsat 卫星通信系统基本结构

卫星，其容量是第 2 代的 8 倍。第 4 代 Inmarsat 卫星通信系统共有 3 颗卫星，于 2008 年完成发射。第 4 代 Inmarsat 卫星上装有一个 20 m 口径的相控阵多波束可展开天线，有 1 个全球波束、19 个宽点波束和 228 个窄点波束。其中，全球波束用于信令和一般数据传输，宽点波束用于支持以前的业务，窄点波束用于实现新的宽带业务。从第 4 代开始，Inmarsat 卫星通信系统可为用户提供符合宽带全球区域网络规范的宽带业务。该系统高端产品满足 432 kb/s 移动高清视频直播通信需求，低端产品可实现便捷的手持式卫星电话通信。第 5 代 Inmarsat 卫星通信系统"Global Xpress"已完成全球覆盖，有三颗卫星，采用 Ka 频段，是第一个全球高速宽带网络，其下载速度高达 50 Mbit/s，上传速度高于 5 Mbit/s，比第 4 代系统要快 100 倍，卫星终端的宽带能力相当于 4G 的水平，可满足用户对更高带宽的需求。

跟踪遥测与控制站直接与卫星保持联系，它的主要作用是监测和跟踪卫星，获取卫星状态参数（如卫星相对于地球的姿态、卫星相对于太阳的姿态、卫星内各处的温度和燃料消耗情况及星上设备的工作状态等），并根据卫星控制中心的指令对卫星进行相应的调整和控制。卫星控制中心设在英国伦敦的 Inmarsat 总部，它的主要作用是根据全球各跟踪遥测与控制站发来的卫星状态数据，依靠计算机数据处理来检查卫星的运行状态（如卫星的轨道、卫星相对于地球和太阳的方向性、卫星天线是否指向地球、太阳能电池板接收的太阳能是否最多，以及燃料消耗情况等），并发出控制指令，通过跟踪遥测与控制站调整，保证卫星正常工作。

地面站又称岸站，是 Inmarsat 移动站与陆地公众通信网的接口。Inmarsat 移动终端与陆上用户、移动终端与移动终端之间的所有通信都必须通过地面站来转接。Inmarsat 卫星通信系统的地面站通常属于 Inmarsat。Inmarsat 卫星通信系统中，每个洋区均设立一个网络协调站，负责对本洋区内的地面站和移动站的通信进行监督、协调和控制。

移动站又称移动地球站，是 Inmarsat 的最终用户，根据使用的用户不同分为陆用、海用和航空用移动站。海用移动站通常称为船舶地球站，简称船站，Inmarsat 相继推出过一系列的船站。目前完全符合 SOLAS 要求的船站是 Inmarsat-C。Inmarsat-C 是 Inmarsat 开发的第二个卫星通信系统，属于全数字化通信系统，于 1991 年开始投入使用。Inmarsat-C 船站作为 Inmarsat-A 的补充，弥补了 Inmarsat-A 系统占用频带宽与通信费用高的不足，适合安装在各类船舶上，其体积小、重量轻，尤其适用于小型船舶，诸如游艇、渔船或供给船等，如图 3.8 所示。Inmarsat-C 系统不提供话音通信，但提供存储转发的电传和低速（600 b/s）数据通信，通信费用低廉，而且具有 Inmarsat-A 所不具有的遇险报警及海事安全信息播发功能，因此已被国际海事组织接受。

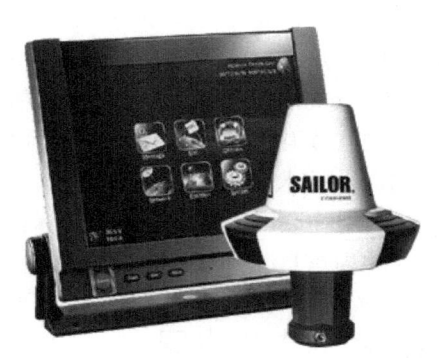

图 3.8　某型 Inmarsat-C 船站

3.1.4　智能船舶对通信的需求

高度智能化、无人化的 MASS 对信息通信依赖程度极高，对自主 III 级和 IV 级 MASS 而言，任何时刻、任意地点通信中断或延迟，都会给其安全航行决策的有效执行带来致命影响，在交通繁忙水域甚至会影响其他船舶的航行安全，酿成海事事故。因此，通信持续、稳定、高效是保证 MASS 实时更新海上安全信息，开展一切航行与决策的基本前提。传统的海事通信技术在 SOLAS 框架下虽然得以快速发展，但其仍然是以船舶航行安全为目标的，离智能船舶的高带宽、低延迟、高可靠的通信需求还存在相当距离。在巩固和改造传统通信技术应用的基础上加强 VDES、VSAT、5G 等技术研发，逐步构建海上移动通信、公共网络、卫星通信等多种形式的"多元通信"的信息网络，在 IMO 框架要求下统一通信标准、通信协议和接口，形成方式多样的无障碍通信保障，能够有效保障 MASS 基本通信需求[50, 51]。全面具体的数据分析是为 MASS 提供安全、准确的航行决策，确保安全航行的主要因素。船舶航行数据涵盖船舶自身基础数据和航速、航向、位置、载重、设备工况、水文、气象等航行动态数据[52]，信息量庞大，能够全方位体现船舶航行动态。按照 IMO 为实现电子航海服务而提出的海事服务集理念，整合航海保障数据资源，按照区域协调的原则建立航海保障数据中心，充分利用云计算、大数据、物联网等现代化信息技术采集数据，结合海事测绘 S-100 数据模型和信息标准，统一数据格式，可为 MASS 提供适配其航行计划的航行信息备案、航路生成、航线推荐等功能，同时航行数据共享也有助于确保水域通航环境安全。

互联网与大数据的应用使智慧水运成为行业未来的发展方向。要想发展智慧水运，首先要将水路运输的主要载体船舶连接起来，建立船联网，然后再将船联网拓展成船岸协同，如此一来，大数据将通过这种无缝覆盖的多维度感知获取，形成通过数据的汇集、辨识、关联对物流有价值的物流大数据。显然，船联网是打造智慧水运的关键步骤。

对于"船联网"的理解和定义，目前在国内外并未形成统一认识。据公开资料显示，国内学者、机构一般将"船联网"译作"internet of ships"或者"internet of vessels"，在定义上偏重三方面：物联网技术、多种航运要素（船舶及货物、船载设施、岸基设施、航路设施、环境信息及相关人员）及（内河）智能航运信息综合服务。此外我国船联网现阶段的发展具有一定的特色，在技术上强调了物联网技术的行业应用，在示范应用及实践层面又继承了欧洲内河航运综合信息服务系统所提及的"内河航运信息服务"，从而体现了其智能航运、智能海事的特点。对于船联网，国外相关机构更多使用"connected shipping"、"connected ships"或"connected vessels"，强调"智能船舶"的概念，侧重各种信息和通信技术对航运信息的互联互通作用，以及在航运海事信息服务领域的应用。在新一代信息和通信技术、物联网技术蓬勃发展的背景下，船联网作为其智能交通行业应用的重要方向之一，将可以利用物联网的传感、定位、标识、跟踪、导航等多种手段，实现航运海事的精细化管理，并向信息化、网络化、绿色化、智能化趋势发展。

3.1.5 船舶智能通信技术的未来发展

为迎合智能船舶对通信系统的要求，近年来海事通信领域在 VDES、VSAT、5G 等新一代海事通信技术方面开展了相关研究和应用，取得了一定的进展。下面简要介绍 VDES、VSAT、5G 在海事通信领域的相关技术。

1. 船用 VDES 通信系统

甚高频数据交换系统（VDES）是船舶自动识别系统（AIS）的升级，在保持现有 AIS 功能和体系的基础上，增加了特殊应用报文和宽带甚高频数据交换功能。2013 年，国际航标协会首次提出 VDES 概念，并在 2015 年世界无线电通信大会通过[53]。VDES 可以有效缓解现有 AIS 数据通信的压力，为保护船舶航行安全提供有效的辅助手段，同时也将全面提升水上数据通信的能力和频率使用效率，对推动水上无线电数字通信产业发展具有重要意义。

不仅如此，VDES 还在设计之初就考虑了地面与卫星两大系统，从系统设计和兼容性分析等多个角度做了大量技术研究工作，不仅能满足当前地面船-船、船-岸之间的数据交换，大大增强现有水上无线电信息通信能力，还将在技术和频谱资源方面，为未来进一步实现卫星与船舶之间的远程双向数据交换预留空间。VDES 有三个方面的显著变化：首先，VDES 对船舶位置报告和安全性相关信息给予最高优先级，如使用专用频段保障信息传输；其次，不同于过去只能被动接收信息，VDES 的使用更灵活，使用者可根据需要主动向其他船舶、港口、海图信息中心等推送或者索取信息；最后，VDES 依托信道调整使信息传输速度大大提升。VDES 为不同内容及格式的信息划分了专用通道：与航行安全关系最为紧密的船舶位置和航行状态信息保留在 AIS 专用信道下，减轻该信道负担，并保证其不被占用；剥离与导航无关的非安全信息，例如水文、气象等由特殊应用报文承载，并为其配置两个 25 kHz 的信道；其他内容更为丰富、格式更为灵活的信息，则将由宽带甚高频数据交换完成传输，并依托 100 kHz 的双频信道，大大提高船与船岸之间信息传输速率。图 3.9 所示为某型 VDES 船站产品，其支持的甚高频数据交换通信速率可达到 307.2 kb/s。

图 3.9 某型 VDES 船站产品

天地一体的新一代 VDES 由新增的卫星星座、升级的岸基系统、终端和大数据平台等组成，功能包括双向通信、扩展广播信息播发、气象导航等专用信息通道、卫星远距离 AIS、特殊应用消息业务、地面 VHF 频段数据交换和星地 VHF 频段数据交换业务。

当然，要实现从 AIS 到 VDES 的升级，增加可供 VDES 使用的新频段是前提条件。ITU 和各成员国便将目光和精力投入对 VDES 频点的划分中。ITU 根据不同频段划分方案，对各方案的各类功能的符合程度进行比较，研究 VDES 卫星部分与上述相邻频段内现有业务之间的频率共用和兼容性。目前，相关国际组织正在商讨如何修改《无线电规则》，其中包括为卫星水上移动业务（地对空和空对地）进行新的频谱划分，以促成 VDES 真正落地。

2. 船用 VSAT 通信系统

VSAT 是 20 世纪 80 年代中期开发的一种卫星通信系统[54]。VSAT 源于传统卫星通信系统，因此又称卫星小数据站或个人地球站，这里的"小"指的是 VSAT 系统中小站设备的天线口径小，通常为 0.3~1.4 m，设备结构紧凑、固体化、智能化、价格便宜、安装方便、对使用环境要求不高，且不受地面网络的限制，组网灵活。VSAT 系统有两种类型：一种是双向 VSAT 系统，它由中心站控制许多 VSAT 终端来提供数据传输、语音和传真等业务；另一种是单向 VSAT 系统，在这种系统中，图像和数据等信号从中心站传输到许多单向 VSAT 终端。

VSAT 卫星通信系统由空间和地面两部分组成。空间 VSAT 卫星通信系统的空间部分就是卫星，一般使用地球静止轨道通信卫星，卫星可以工作在不同的频段，如 C、Ku 和 Ka 频段。卫星上转发器的发射功率应尽量大，以使 VSAT 地面终端的天线尺寸尽量小。地面 VSAT 卫星通信系统的地面部分由中枢站、远端站和网络控制单元组成，其中中枢站的作用是汇集卫星传送的数据然后向各个远端站分发数据，远端站是卫星通信网络的主体，VSAT 卫星通信网络就是由许多远端站组成的，远端站越多每个站分摊的费用就越低。一般远端站直接安装于用户处，与用户的终端设备连接。VSAT 除了具有一般卫星通信的优点，还有两个主要特点。一是 VSAT 地面站通信设备结构紧凑牢固，全固态化、尺寸小、功耗低，安装方便。VSAT 通常只有户外单元和户内单元两个机箱，占地面积小，对安装环境要求低，可以直接安装在用户处（如安装在楼顶，甚至阳台上）。VSAT 由于设备轻巧、机动性好，尤其便于建立移动卫星通信。二是组网方式灵活、多样。VSAT 的网络结构形式通常分为星形式、网状式和混合式三类。星形式网络由一个主站（处于中心城市的枢纽站）和若干个 VSAT 小站（远端站）组成。主站具有较大口径（一般为 11～18 m）的天线和较大的发射功率，网络微机控制系统一般也集中于主站，这样可以使小站设备尽量简化，并降低造价。主站除负责一般的网络管理外，还要承担各 VSAT 小站之间信息的接收和发送，即具有控制功能。在网状式网络中，中心站（主站）借助于网络管理系统，负责向各 VSAT 小站分配信道和监控它们的工作状态，但各 VSAT 小站之间的通信自行完成，不需要经过中心站接转。通信链路按"小站-卫星-小站"的单跳通信方式实现。混合式网络将星形式网络和网状式网络融为一体，网中各 VSAT 小站之间可以不通过主站转接，而直接进行双向通信。VSAT 站的卫星链路有主站到 VSAT 站的出主站链路，还有 VSAT 站到主站的入主站链路。

  VSAT 由于通信费用相对较低，信息传播速度比较快，在船舶上得到广泛的应用。图 3.10 所示为某型 VSAT 船站终端系统产品。VSAT 船站使船舶成了陆地 Internet 的一个终端用户，船员可以方便地利用 VSAT 在船上进行电子邮件的收发、网页浏览、文件和资料下载等操作，这一方面丰富了船员的文化生活，另一方面对稳定船员队伍、提升船员的士气和工作效率有着重要的作用。目前来看，VSAT 是满足当前智能船舶通信需求较为成熟的宽带通信解决方案。

图 3.10 某型 VSAT 船站终端系统产品

3. 低轨卫星移动通信系统

  2015 年 1 月，马斯克宣布美国太空服务公司 SpaceX 计划将约 1.2 万颗通信卫星发射到太空轨道，其中 1 584 颗将部署在地球上空 550 km 处的近地轨道，并从 2020 年开始工作[55]。这一项目被命名为"星链"（Starlink）计划。该计划将构建非对地静止轨道卫星系统，由 2 个子星座及相关的地面控制设施、网关地球站和用户地球站组成，建成后的巨型星座提供覆盖全球的高速互联网接入服务。该计划利用卫星取代传统的地面通信设施，使全球甚至偏远地区也能够接入高速宽频互联网，提供价格优惠且延迟极短的通信服务。截至 2023 年 4 月底，"星链"计划已经发射了 4 284 颗卫星，组成了第一代"星链"卫星网络。"星链"系统具有星间通信功能，卫星与卫星之间使用激光进行互连；网络用户使用 V 和 Ku 频段，而 V 和 Ka 频段主要用于连接网关及进行跟踪、遥测和控制。据现有测试用户的反馈来看，"星链"的试用下载最大速度能达到 422 Mb/s，甚至超过一般的网速。图 3.11 所示为"星链"终端天线。

图 3.11　"星链"终端天线

马斯克的"星链"计划再次将低轨卫星通信系统拉入了人们的视野，成为卫星通信领域讨论的热点。实际上，截至 2019 年 6 月，全球在轨卫星数量为 2 123 颗，其中约 1 398 颗运行在低地球轨道上，占比超过 60%。典型代表包括下一代铱星、全球星、轨道通信卫星、"鸽群"卫星等，这些星座的功能覆盖通信、导航遥感、气象、国防、军事及商业领域。近年来，国际上还提出了众多低轨卫星互联网星座部署计划，如 Oneweb（一网）公司的一网卫星（882 颗）、SpaceX 公司的"星链"（12 000 颗）及 Telesat 公司的低轨星座（117 颗）等，其中很多都已经发射试验星，即将启动实际部署。全球范围内低轨卫星星座的蓬勃发展正将卫星产业推向新高潮。低轨卫星通信具有延时低、信号强、组网便利、成本低等优势，在广域通信领域呈现出强劲的发展势头。

然而，低轨卫星通信系统现在基本掌握在多家私营服务商手中，存在标准不统一、不兼容等问题，通信系统可靠性和完备性也未经充分验证，因此，低轨卫星通信系统还未被国际海事组织正式接纳，也未在海事通信标准中强制安装，所以在船舶领域应用还并不常见。就智能船舶的应用需求来看，现有广域通信技术中低轨卫星通信系统所能给到通信终端的带宽是最大的，若通信系统能稳定地支持海事应用，其应是智能船舶远洋航行首选的通信方案[56]。

3.2　智能船舶导航技术及装备

3.2.1　船舶导航技术与系统沿革

导航技术是指通过航位推算、无线电信号、惯性解算、地图匹配、卫星定位等多种方式组合运用确定运载体的动态状态和位置等参数的综合技术。导航技术根据方法的不同可分为航位导航、无线电导航、惯性导航、地图匹配、卫星导航和集成两种及以上导航方式的组合导航等；导航运载体包括飞机、船舶、汽车等。船舶导航的基本任务是为船舶提供各种航行参数，引导船舶安全航行。

船舶导航的发展大致可分为地文导航、天文导航、仪表导航、电子导航（无线电导航惯性导航和卫星导航）和综合导航几个阶段。在船舶导航定位技术中，地文导航定位技术历史最悠久，它利用对山头、岛礁等陆上标志的观测来确定船位和方位。天文导航定位则是古人航海技术积累到相当程度后才发展起来的。在我国古代航海史上，航海技术可粗略地分为船舶导航定位技术与船舶操纵技术。4 000多年前，我们的祖先就已经懂得利用天然目标引导船只航行。大约在12世纪，我国发明的指南针开始在航海中应用，继而产生罗经。罗经导航标志着航海技术取得重大突破。1730年，英国的哈德利和戈德弗里发明了航海所用的六分仪；1767年天文钟在船上使用，开始了对天体进行观测确定船舶方位的天文导航，船舶导航进入了天文导航时代。人类社会进入20世纪以来，无线电技术被发明出来并广泛应用于导航，推动导航技术进入了崭新的时代。无线电导航定位方法经过了无线电测向仪（1921年）、雷达（1935年）、罗兰A（1943年）、台卡（1944年）、罗兰C（1958年）、卫星导航系统（1964年）、全球定位系统（1993年）的发展历程，进入高精度卫星导航定位时代[57]。第一次世界大战无线电指向标的应用，突破了目视导航受天气影响和作用距离的局限；第二次世界大战罗兰技术的应用，为船舶和武器装备系统提供了精度更高、作用距离更远和使用更为便捷的导航保障手段；第二次世界大战以来，罗兰系统的逐步完善、奥米伽系统的应用、卫星导航和惯性导航技术的发展，推动着时代的进步，产生巨大的军事和经济效益。1935年雷达被发明出来，随即于1937年开始用于船舶探测目标、定位、导航与避碰[58]；1957年第一颗人造地球卫星发射，1964年科学家研制出卫星导航系统。美国开发的全球定位系统（GPS）可在全球范围内全天候为海上、陆上、空中和空间用户提供连续的、高精度的三维定位、速度和时间信息，使船舶、飞机和汽车等运载工具的导航与定位发生了划时代的变革[59]。采取差分技术的GPS技术可把定位精度提高到米级[60]。GPS现已成为船舶最主要、最常用、最简便、最准确的导航定位手段[61]。继GPS后，俄罗斯开发了GLONASS卫星导航系统，我国开发了北斗卫星导航系统，欧盟开发了GALILEO卫星导航定位系统。

3.2.2　船舶导航系统的组成

船舶导航系统一般由三个部分组成。一是导航传感器部分，主要的传感器包括AIS、GPS、INS、多普勒计程仪、回声测深仪、气象仪、雷达等；二是船舶导航信息集成和显控设备，包括各种通信接口、电子海图显示信息系统、ARPA等；三是导航数据库，包括水文、气象、航路、港口和海图等各种航行数据及导航数据库之间的实时连接。船舶导航系统的体系结构如图3.12所示。多数情况下，导航传感器会自带显控设备，如雷达、AIS等导航设备。采用综合导航系统的船舶，一般会将多个导航传感器进行集成，并使用统一的显控平台进行显示，这时一般采用电子海图显示信息系统作为集成显示平台。

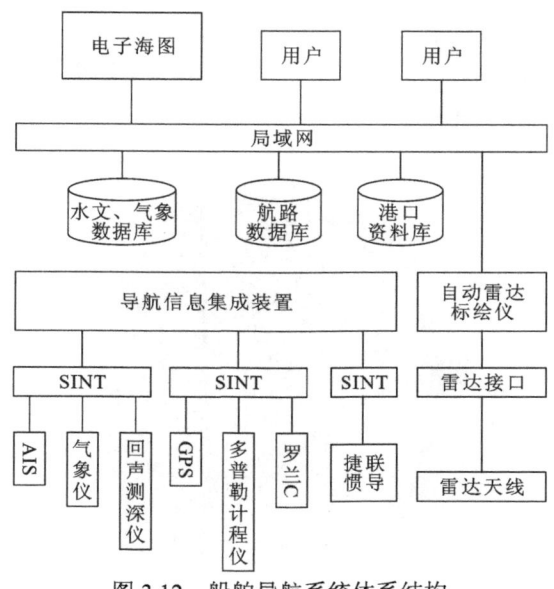

图 3.12 船舶导航系统体系结构

3.2.3 现代船舶导航技术及装备

从指南针到卫星导航系统,船舶导航技术的发展可以说代表了导航技术的整体发展。随着电子科技的兴起和发展,现代船舶导航呈现出高精度、小型化的发展趋势。本小节以常见的船舶导航系统为例介绍现代船舶导航技术和相关装备。

1. 船舶惯性导航系统

惯性导航系统是现代大型舰船最常用的导航系统之一。惯性导航系统在工作时既不依靠外界如卫星、岸台和天体等物标,又不向外辐射任何如光、电、声和热等能量,而是根据安装在舰船内的惯性元件(加速度计和陀螺仪)来测量运载体本身线运动和角运动信息,经积分和滤波运算求出运载体的运动速度、航程、航向纵摇、横摇和位置,从而实现定位导航。因此,惯性导航系统是一种自主式和多用途的导航系统。惯性导航系统的主要优点:不受外界干扰,隐蔽性好,生命力强;不受天候、时间、区域限制,能在全球长时间地提供多种导航数据;定位精度高,如舰用惯性导航系统工作一昼夜后的定位精度为 1 nm 左右。惯性导航系统的主要缺点:要有一定的启动和准备时间;定位误差随时间积累,在海上长期连续导航后,积累误差将会较大,需要重调校正;结构精密,调整使用较复杂;成本昂贵,技术难度大。

惯性导航系统的主要特征为以惯性器件陀螺仪构成惯性坐标系或单纯为舰船指示航向。由此又可将其分为三类,即单纯提供航向信息的系统,同时能提供航向和姿态信息的系统,同时能提供航向、姿态和位置信息的系统。依据系统机械编排的形式不同,通常又可分为捷联式和平台式惯性导航系统两类。

单纯提供航向信息的系统,主要是指装备于舰船上各型电罗经,主要用于指示、记录舰船真航向，并提供精确的航向数据给惯性导航、武器装备及其他导航设备[62]。绝大部分电罗经通常只能在 60°N~60°S 范围内正常工作，个别型号的电罗经可在大于 60°N 或大于 60°S 范围内工作。图 3.13 为某型船用电罗经。

图 3.13 某型船用电罗经

依据陀螺罗经控制指北的方式，可将罗经分为重力控制和电磁控制两大类，分别称为摆式罗经和电控罗经。摆式罗经是通过将陀螺球的重心下移，对陀螺施加水平力矩，实现自动找北和稳定跟踪；电控罗经则是通过对垂直和水平力矩线圈施加合适的电磁控制力矩，完成自动找北和稳定跟踪。

陀螺罗经的指向精度会因航行纬度变化、舰船的运动、惯性冲击和安装精度等方面的因素而改变。因此，在使用陀螺罗经时，必须及时调整相关的修正纬度、速度等参数，或采取控制阻尼、改变状态等措施，以保证向各应用单元提供的航向精度。

陀螺罗经基本上不受外磁场的影响，对突然振动的敏感度小，具有较高的准确性和稳定性，并且能够依靠同步或数字传动，将航向信号传递到舰船上有关战位和设备中。但与磁罗经相比，存在结构复杂，需要专门的技术人员维护、保养等问题。

实际上，船用罗经作为船舶位姿检测的一种手段，现在已经逐渐集成到船舶惯性导航系统中，并逐渐实现小型化。微电子机械系统（micro-electromechanical system，MEMS）导航系统是船舶未来导航系统的重要发展方向之一。MEMS 由微型机构、微型传感器、微型执行器、信号处理和控制电路、直至接口、通信和电源等部分构成，它是在融合多种微细加工技术并应用于现代信息技术的最新成果上发展起来的高科技前沿产品。微电子机械系统通过传统的半导体工艺和材料，将微电路和微机械按照功能要求集成在芯片上。常见的产品有 MEMS 加速度计、MEMS 陀螺仪等，以及它们的集成产品。目前，国外 MEMS 惯性器件已经具备非常高的精度，MEMS 陀螺仪性能指标低于 1°/h，MEMS 加速度计性能指标低于 $10^{-4}g$。SENSOR 公司研发的 STM 陀螺仪的零位误差可以达到 0.3°/h，加速度计零位误差可以达到 $5\times10^{-5}g$。然而，基于 MEMS 的纯惯性导航系统误差会快速发散，并随时间累积，因此在实际应用中通常需要与 GPS 组合来提供更加准确的位置信息和姿态信息，如图 3.14 所示。这样的组合导航系统正越来越受到船舶领域的青睐。

图 3.14　某型船用组合导航系统

2. 陆基无线电导航系统

无线电导航利用无线电确定船舶相对于导航参考点的位置来引导船舶航行，根据导航参考点位置的不同，可分为陆基无线电导航和卫星导航。第二次世界大战前期是海上陆基无线电导航发展的早期阶段，最早出现的无线电导航系统是无线电测向系统。从第二次世界大战开始至 20 世纪 60 年代初，是海上陆基无线电导航的发展阶段。在这一时期，世界各国研制了名目繁多的无线电导航系统。其中广泛使用的有 20 世纪 40 年代出现的甚高频全向信标系统、台卡系统、罗兰 A 系统等。随着船舶航程的增加，相应出现了远程导航系统，广泛使用的有罗兰 C 系统和奥米伽系统。图 3.15 所示为某型船用罗兰 C 接收机。

图 3.15　某型船用罗兰 C 接收机

20 世纪中叶，罗兰 C 系统曾作为海上用户主要的导航定位系统。但是由于美国 GPS 全面投入运行，其定位精度远远超过了罗兰 C 系统，罗兰 C 系统的用户数量大幅下降。目前，除美国、日本、挪威等国已关闭罗兰 C 台链外，西北欧和亚太地区的其他一些国家，如法国、荷兰、德国、中国、韩国等，还在运行着罗兰 C 系统。我国的罗兰 C 系统称为长河二号，目前仍在运行维护中。

3. 船舶卫星导航系统

全球导航卫星系统（GNSS）包括美国全球定位系统（GPS）、中国北斗卫星导航系统、俄罗斯格洛纳斯系统和欧洲伽利略卫星导航系统，以及区域增强系统，如日本准天顶卫星系统和印度区域导航卫星系统等，具有全天候、近实时、高精度的特点，可持续发射 L 波段信号，广泛应用于定位、导航和授时。随着各导航卫星系统的逐渐完善、星座的增多、观测站的增加，其应用领域越来越广泛。下面对美国 GPS 定位系统和我国北斗卫星导航系统进行说明。

1）全球定位系统

全球定位系统（GPS）是一种以人造地球卫星为基础的高精度无线电导航的定位系统，它在全球任何地方及近地空间都能够提供准确的地理位置、行驶速度及精确的时间信息，主要提供定位和授时功能。GPS 由 24 颗空间卫星、地面管制站（主要负责收集在轨卫星运行数据、计算导航信息、诊断系统状态、调度卫星等）、GPS 地面接收机三个部分组成。其定位原理可以简单理解为：每个卫星均持续发射载有卫星轨道数据及时间的无线电波，GPS 地面接收机接收已知位置的太空卫星传来的信号，根据卫星时钟发射信号时间和地面接收机接收信号时间计算无线电波的传输时间，通过电波传送速度（一般定为光速）就可计算出太空卫星与使用者接收机之间的距离。图 3.16 所示为某型船用 GPS 接收机，GPS 接收机一般会显示船舶所在的经纬度、艏向角、对地航速等信息。

图 3.16　某型船用 GPS 接收机

2）北斗卫星导航系统

我国的北斗卫星导航系统分为北斗一号系统、北斗二号系统和北斗三号系统，北斗一号系统提供的是卫星无线电测向业务，北斗二号系统、北斗三号系统提供的是卫星无线电导航业务。2012 年，我国建成了 14 颗卫星组成的北斗二号系统星座，可以为亚太地区提供定位服务。在运行过程中，北斗卫星技术做了升级（铷原子钟升级为氢原子钟），精度上提高了一个量级，从而形成我国的北斗三号卫星导航系统。图 3.17 所示为某型船用北斗导航仪，与船用 GPS 接收机类似，一般将 GPS 信号与北斗信号进行融合实现融合定位。

图 3.17　某型船用北斗导航仪

北斗一号卫星导航系统通过采用卫星无线电测定业务方式来确定用户的位置[63]。在平时，地面中心站经两颗北斗一号地球静止轨道卫星不断向用户询问是否需要定位的信号，而用户终端一般只处于仅接收不发信息的状态。当需要定位时，用户终端分别经 2 颗北斗一号地球静止轨道卫星向中心站发送需要定位的申请信号。这时，地面中心站通过测量信号的往返时间来算出用户终端分别到每颗卫星的距离。由于卫星的位置是已知的，可以用这两个距离测量数据进一步推算出用户位置。随后，地面中心站将该定位信号经一颗卫星传给用户终端。为了确定用户接收机的位置就需要知道用户接收机距离正常椭球面的垂直距离，其实就是用户接收机当地的地球表面与正常椭球面的距离。通过大地高就可以求出用户的位置。北斗一号卫星导航系统只面向亚太地区提供定位和导航服务，只需要两颗空间卫星，具有很高的性价比。采用这种方式的优点是只需要两颗卫星，具有导航定位、发短报文和精密授时等多种功能，但其定位精度不高，系统用户容量有限。

我国的北斗卫星导航系统从2003年开始部署，到2020年全面部署完毕。我国的北斗卫星导航系统由27颗中圆地球轨道卫星、3颗倾斜地球同步轨道卫星和5颗地球静止轨道卫星组网而成，是我国独有的全球卫星导航系统[64]。其中，中圆地球轨道卫星分布在3个轨道面上，各个轨道面夹角为120°。5颗地球静止轨道卫星分布位置为58.75°E、80°E、110.5°E、140°E、160°E。地面段包括监测站、主控站和注入站等。其中监测站可接收北斗卫星播发的定位信号，通过地面通信网络发送给主控站。主控站负责分析和处理卫星信号，计算确定卫星运行轨道和时间等资料信息，并生成北斗卫星的导航电文。注入站把主控站的资料和信息向卫星发送，实现卫星的调度控制和修正，从而保持整个系统的良好运行状态。用户段包括能接收北斗系统信号的各种芯片、终端和软件等。根据北斗卫星的星座分布及运行轨道情况，用户在地球表面的任意地点都可同步观测到4颗以上的卫星。从接收到的各个卫星播发的导航电文中可以精确确定在视野范围内的卫星的空间位置，从而得到用户接收机到卫星的空间距离。

3.2.4 智能船舶对导航系统的需求

总体来说，现有船舶导航系统无论从适用范围还是位姿测量精度都能满足船舶在大多数工作场合的需要。然而，在一些小尺度的工作场合，如靠离泊、过驳等工作场合，需要对船舶位置和姿态测量得更加精确，这时靠一般的导航方式无法获得足够的导航精度。现在还没有更好的办法来获得稳定的高精度位姿测量结果。因此，可以通过智能船舶感知系统来测量相对位置和姿态。

3.3 智能船舶感知技术及装备

3.3.1 船舶场景感知技术

"场景感知"可以被定义为特定时间、特定地点，对环境和对象状态、因素的感知、理解，以及对其未来发展趋势的预测，"场景感知"是个体对不断变化的外部环境的内部表征，在复杂、动态变化的信息环境中，它是影响操作者决策和绩效的关键因素。参照对"场景"的理解，"场景感知"还应包含对环境和环境中的对象的情况、状况、形势、局面的认识。显然，根据"场景"和"场景感知"的理解，场景感知在实际应用时还需要明确以下几个关键要素。

（1）目标要素。目标要素并非是指"感知"的对象，而是指进行场景感知的目的，也就是说，场景中的"场景"实际是复杂的，可能不止有一种"场景"属性，而需要关注的"场景"又是其中的一种或几种。显然，对不同的"场景"属性进行感知，使用的感知设备可能不尽相同，处理手段和结果属性也不相同。

（2）时间要素。"场景"和"感知"均是与时间相关的："场景"是特定时间发生的场景；"感知"是特定时间进行的感知。换句话说，感知行为本身、被感知到的信息、对信息的理解均是依赖时间的。感知行为发生的时间对感知的内容有显著影响；所感知的信息在时间上可以认为是一种时间序列；信息的理解或者预测也是一种在时间维度上进行信息处理的体现。

（3）空间要素。与时间要素类似，空间要素也是场景感知必须考虑的问题，该要素与"场景"和"感知"所处的外部环境密切联系，因此也是"场景"和"感知"不可避免的一部分。

（4）程度要素。明确"感知"所要达到的程度，"感知"的程度也与感知设备的能力和处理手段密切相关。场景感知的不同应用对"感知"程度的要求不尽相同，因此程度要素实际也可以认为是目标要素的一部分，但程度要素更强调对能力的定量描述，目标要素则偏重于定性描述。

上述4个要素中，目标要素显然是最重要的，因为，必须基于给定的应用目标才能明确其他3个要素的作用，并明确作用范围。例如，船舶在进行场景感知时，若面向航行安全应用，则场景感知的目标定位在航行过程中影响船舶航行安全的因素上；若面向船舶航行环境污染方面的应用，则场景感知的目标应定位在影响船舶航行周边环境的因素上。在这两种应用中，场景感知所需要的传感器和感知算法也是明显不同的，显然，不同的应用需求存在明显的差异。

因此，在某一领域考虑场景感知问题或进行场景感知应用时，除要了解场景感知的具体对象和内容之外，还应在应用过程中考虑上述4个关键因素。

根据上述对"场景"和"场景感知"的理解，讨论船舶相关的场景感知问题时可以首先对场景感知中4个要素进行分析。对"船舶航行场景"的描述是指船舶在航行过程中所面临的情况、状况、形势、局面。具体来说，这些形势和局面一般是针对航行安全和能效的。船舶航行安全是指船舶在行驶过程中水面运动的安全。要保障船舶的水面运动安全，应当避免船舶航行中各种异常，如碰撞、搁浅、倾斜等。这就要求船舶能够了解其航行路线上的各种障碍物、水深、风浪等。船舶航行能效则关注船舶在水面航行过程中如何降低能耗、提升航行效率，与船舶行驶的外部阻力和航线距离直接相关，因此，对航线所处区域的风、浪、流、温度、气压等外部环境因素需要事先了解，做好航路规划。总的来说，这两方面对感知的需求基本是一致的，均是要了解外部能够影响本船行驶的环境因素[65, 66]。这些因素包括静态的和动态的：静态因素主要有码头、航道、岛礁、沉船及桥梁等水面设施；动态因素主要有水面船舶、风、浪、流、环境温度、气压等。这些因素混合在一起形成了船舶航行时面对的局面。值得注意的是，这些因素对船舶航行的影响并不是单一的，往往是共同作用的。单独考虑其中某一因素对航行的影响都是片面的，当然，在多数情况下这些因素中存在一个或几个对船舶航行的影响处于主要地位，其他因素则处于次要地位。但处于主要地位的因素并非是一成不变的，其随船舶航行所处的场景与其他因素进行轮换。例如，某货船从远海经近海驶入港区后停靠至码头这一过程中，该船所处的环境发生了明显的变化，远海属于开阔水域，往往无须考虑水深和航道宽窄的问题，航路上其他船舶相对稀疏，实施避碰时也有较大的回转空间；而在近海和港区航道逐渐狭窄，就需要考虑水深和航道宽窄等问题，航路上船舶较为拥挤，实施避碰则受航道约束，显然这时影响船舶航行的因素与开阔水域航行有明显的不同。

3.3.2 智能船舶对场景感知的需求

本小节将以中国船级社《智能船舶规范（2023）》根据船舶工作场景来讨论船舶场景感知的需求。显然，中国船级社《智能船舶规范（2023）》中对智能船舶在开阔水域自主航行和全航程自主航行对感知的需求有所不同，这些差异跟船舶实际在工作场景中遇到的感知对象有关[67]。

面向智能船舶的场景感知系统的工作场景如图 3.18 所示。在开阔水域航行时，船舶的工作区域相对广阔，与工作场景中其他目标的距离一般数倍于船的长度。这时感知对象距本船较远，船舶可自由活动的空间较大，航行运动具有较为灵活的自由度。在开阔水域航行时，感知对象主要来自水面环境，除自身和水面气象环境外，还主要包括水面船只、岛屿，有时也需要对水下环境进行了解，如沉船、暗流等。静态目标主要是岛屿、

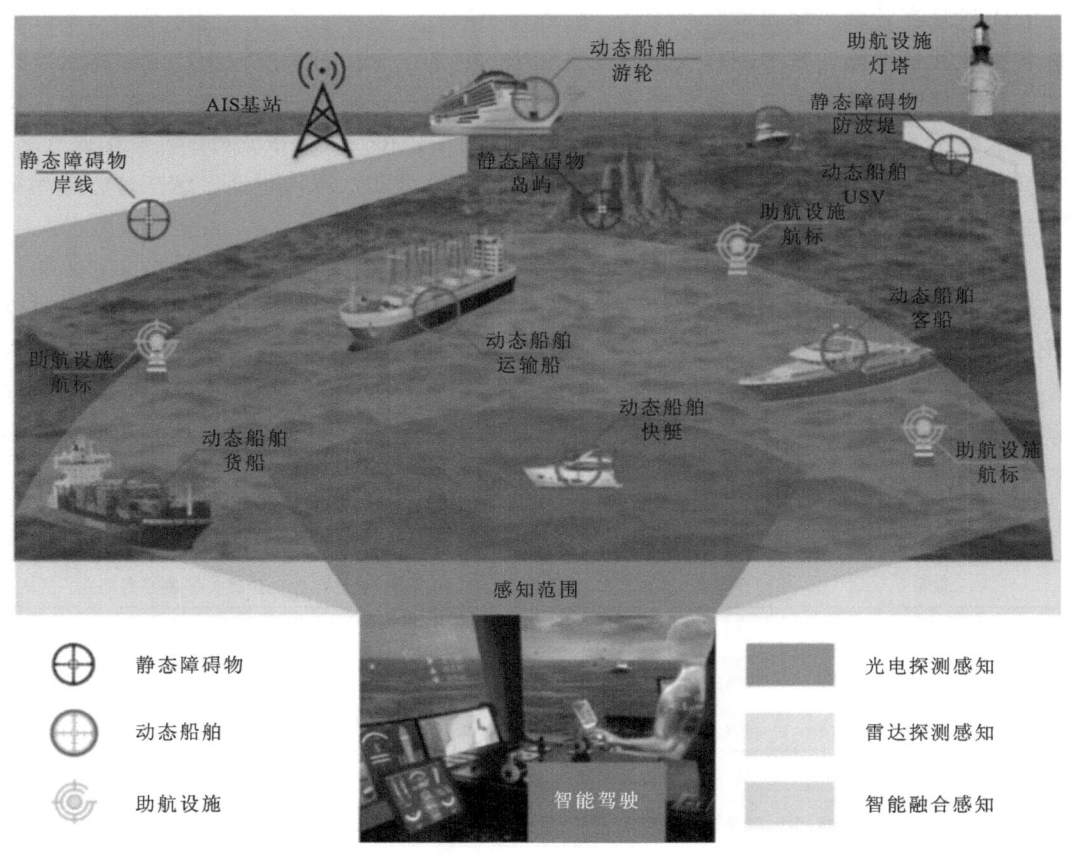

图 3.18 智能船舶场景感知系统的工作场景

暗礁、沉船等水面、水下目标，这些目标一般靠电子海图进行标绘，有时水下目标可以依赖声呐进行测绘。而水面目标多是动态的，需要依赖雷达、光电图像、AIS 等设备进行动态感知[68]。由于感知对象距本船较远，船舶航行当前状态显然是安全的，这时对航行场景的感知更偏重于对运动区域内目标状态的基本了解及未来场景变化的初步预测。此外，在开阔水域航行时，船舶一般以正常航行速度行驶，由于与外在动态目标之间存在相对运动，有时双方相对运动速度较快，需要对感知信息更新速率有一定要求。

全航程自主航行显然对船舶感知提出了更高的要求，除需要满足开阔水域要求外，还应满足在狭窄水道、进出港口等场景下自主航行的要求。这就意味着感知系统还需要对岸线、防波堤和助航设备等目标进行感知。此外，在这些场景中，船舶的工作场所的属性发生了明显变化，尤其像在内河航道、港口航道等受限水域航行时与感知对象的距离较开阔水域显著缩短，有时甚至小于一倍船长，这会使船舶安全运动范围受到限制。船舶在该环境下航行时，应对航道的当前环境进行精确感知，尤其是要清晰了解工作区域内水文信息和船舶-目的地关系，还需要感知港口航道中的潮汐、流速、流向变化信息及航道的地理信息，这一般依赖专业的水文测量设备和激光雷达[69]、图像检测设备来实现。当然，受限水域一般有针对航行安全的航速约束，因此，区域内航行场景的变化一般相对缓慢，船舶对区域内感知信息的需求一般也是面向区域内目标当前状态的，对开阔水域而言，可适当放松对信息更新速率的要求。

无论是在开阔水域自主航行还是全航程自主航行，对船舶外部环境进行感知都要依赖各种船载传感器。其中，对水文、气象环境的感知由于信息尺度较大，受船载气象和水文传感器能力的约束，一般只能感知船舶所在区域一定范围内的水文、气象信息。要获得大范围的水文、气象环境信息，一般依赖岸基水文和天气预报支持。现有船载气象、水文传感器包括气温、气压、风向、风速、流速、盐度和水深传感器。这些传感器测量信息比较单一，技术也较为成熟。

对航行场景影响更为明显的是水面动态目标。水面动态目标主要包括水面船只和一些经常变化的助航设备。这些水面动态目标的信息较为复杂，往往依靠单一传感器难以获得其全部信息。此外，由于水面动态目标的状态是时变的，本船所面临的航行场景也是时变的。为了捕获航行场景的动态变化，除感知当前时刻的目标状态外，对场景的理解和预测往往需要目标状态的历史数据和目标模型。船载感知传感器的功能和特点各不相同，具体情况如表 3.2 所示。

表 3.2　船载感知传感器的功能和特点

	设备	空间分辨率	感知范围	测量距离	目标识别率	全天候工作	计算负荷	海事鲁棒性	价格
雷达探测类设备	S 波段雷达	低	大	远	低	好	多	高	较高
	X 波段雷达	较高	大	远	低	好	多	高	较高
	激光雷达	高	较大	较远	高	较好	较多	高	高
光电探测类设备	可见光相机	高	较大	近	高	差	较少	高	低
	红外相机	较高	较大	近	较高	好	较少	高	高
	AIS 船台	较高	大	远	较高	好	较少	高	高

由表 3.2 可知，雷达探测类设备和光电探测类设备是水面障碍物感知的主要传感器类型。S 波段雷达和 X 波段雷达的作用距离远，具备越障能力，适用于各种天气条件。激光雷达常用于近距离探测障碍物，其获得的点云数据可描述障碍物的方位和景深信息，有较强的抗雨雾和抗干扰能力。可见光相机获取的目标图像分辨率高、直观且清晰，近距离检测识别精度高，适用于强电磁干扰环境。红外相机主要针对夜间航行场景、烟雾环境等能见度不良的情况。AIS 船台是利用无线通信技术自动识别其他船舶，信号实际接收距离可达 30~50 n mile，适用于"超视距"障碍物感知场景。

船载传感器可提供的障碍物信息多种多样，其表现形式、探测精度及有效量程均差异较大，因此将这些船载传感器获得的障碍物信息统称为多源异构信息。多源异构信息主要包括 AIS 报文[70, 71]、视频图像、激光点云等不同模态和视角的数据。将这些多源异构数据进行深度融合有助于全面、准确地感知障碍物，增强船舶导航与控制系统的可靠性和容错性。这些多源异构传感器工作在狭水道场景下可能遇到如下问题。

（1）S 波段雷达和 X 波段雷达虽然探测距离远，但对狭水道场景下航标类小型障碍物的检测能力非常弱，易受来往船舶密集、水面波浪和降雨噪声的干扰，导致杂波剩余多、回波点迹密集区分难度大。

（2）激光雷达在探测远距离障碍物时，存在点云数据稀疏、垂直密度低的问题，且有实验表明探测百米以外的障碍物会因船体的摇晃而出现丢失现象。狭水道场景下的船舶尾迹、浮藻和波浪等虚假目标在激光点云图中容易被误检。

（3）可见光相机的视觉感知结果易受光照条件、视线遮挡、水面倒影和岸上背景等因素的干扰，而且视觉图像特征单一，不包含景深信息，特别是在狭水道场景下容易受视角差异、距离远近的影响而导致障碍物漏检和误检[72-74]。

（4）AIS 船台只能识别同样装载有 AIS 船台且处于开机状态的船舶，对没有装载或恶意关闭 AIS 设备的船舶（如海盗船、非法捕捞船、走私船等）及漂浮物无效。狭水道场景下来往船舶数量过多，会造成卫星同一时间收到的信号过载形成"忙区"，使 AIS 船台接收数据延迟或者完全收不到信号。

中国船级社《智能船舶规范（2023）》中根据船舶航行的不同场景对船舶自主层级进行了区分，当然这种区分较为简易。本小节以此为依据对船舶航行场景感知的要求进行论述。

1. 开阔水域自主航行

开阔水域在各种规范准则中均未给出明确定义，但开阔水域明显蕴含着船舶航行具有足够的自由度这一内涵，因此，将开阔水域视为其水域空间不会影响船舶运动。这意味着如果没有其他阻航物，船舶可以任意行驶，这种水域实际上是船舶航行时的理想环境。实际应用时，可以加上时间约束，即在一定时间内，船舶航行不受水域空间影响。那么，船舶仅需要考虑该水域外的阻航物即可，换句话说，船舶有足够的反应时间和反应空间来处理阻航物对航行的影响。因此，对开阔水域自主航行而言，要明确其场景感知能力的需求首先要明确自身在一定时间内的航行运动能力。该能力显然与船舶尺度和船舶操纵能力有关。商船的航速一般为 10~20 kn，若留给船舶的反应时间以分钟计，考虑在该水域进行回转运动时所需空间大小，在该段时间内以本船为中心的水域半径至少应达到其最大航速回转直径加上其最大航速乘以反应时间的大小。对于高速船，这一区域则应加大。显然，在上述区域内，船舶可获得一段自由航行时间，船舶运动可被看成质点的运动进行描述；反之，一旦该区域内出现阻航物，船舶航行自由度则被打破，船舶必须采取应对措施。因此，当船舶在一定时间内可进行自由航行时，船舶配备的感知设备应能覆盖在该时间段内船舶可能航行的水域空间，并在该区域外一定范围内能发现阻航目标。

水面阻航物的属性对开阔水域自主航行场景感知也有重要影响。在阻航物运动速度远小于本船运动速度时，则可认为阻航物速度较慢，此时，阻航物的运动对本船所携带的 AIS、雷达和光电设备感知能力没有影响。但当阻航物发生高速运动，船舶应能够在上述开阔水域外发现阻航物，根据中国船级社《产品检验指南 N-01 船用雷达》（2020009）中对目标运动和跟踪精度的要求："对速度达到最大 30 kn 真速度的船舶，跟踪设备应在 1 min 稳定状态跟踪内显示相对运动趋势，并在 3 min 后显示一个目标的预计运动；对于航速可大于 30 kn 的船舶（一般为高速船）及航速最高达到 70 kn 的船舶，应进行附加稳定状态测量以确保在 3 min 的稳态跟踪后，在目标相对速度最高至 140 kn 时能保持运动精度。"这意味着在一般船舶领域现有满足中国船级社《产品检验指南 N-01 船用雷达》（2020009）要求的雷达均能实现对阻航物的识别与跟踪。

水面阻航物的尺度也将对自主航行感知的能力产生重要影响。根据中国船级社在《产品检验指南 N-01 船用雷达》（2020009）对雷达的要求，雷达应能够感知在 3 n mile 范围外的典型导航浮标。现有常见浮标尺寸水面垂直面积约为 5 m^2 以下[典型的导航浮标取 5.0 m^2（X 波段）和 0.5 m^2（S 波段）]；对于典型的航道标志，其中雷达散射截面积为 1.0 m^2（X 波段）和 0.1 m^2（S 波段），且高度为 1 m。该指南中也给出了雷达应检测到船的尺度，为 3 n mile 范围外的无雷达反射器、船长为 10 m 的小船。这意味着现有航海雷达（含 X 波段和 S 波段）满足在开阔水域对一般水面阻航物进行场景感知的要求。

此外，水面阻航物的属性还包括其物质属性，这仅依靠航海雷达往往无法实现。雷达的回波无法确切感知物体种类和光学反射特征，因此，一般要通过多种传感器进行融合和识别。较常见的融合方式是雷达和光电图像传感器进行协同感知，这就要求光电图像传感器对阻航物速度、尺度和感知范围的能力均与雷达相当。实际上，由于光电图像传感器为接收反射光的被动式传感器，其感知距离较雷达等主动式传感器有较大差异。中国船舶工业集团有限公司标准《舰用微光夜视仪技术条件》（CB 1211—1990）仅仅对光电图像传感器的光学性能进行了规范。通过对船用光电感知设备的调研，广州恒威电子科技有限公司的"夜通航"等系列产品对目标的识别范围已经可以达到 3 n mile 范围外，能够满足一定时间内的开阔水域自主航行要求。同时，该类产品在与雷达融合后可以进一步提高分辨能力和识别率，从而进一步满足船舶在开阔水域自主航行场景感知对水面阻航物识别范围、分辨能力的要求。当然，除了对船载感知设备识别范围和分辨能力有上述要求，还要求能够识别水面阻航物的物质属性，包括其类别、材质等其他属性。在进行自主航行时，阻航物需要靠机器进行识别，因此，这实际是对识别算法检测率、失败率的要求。第 2 章中对是否有人参与航行决策过程进行了自主航行的等级分类，其中 L2、L3 是有人参与的自主航行过程，AL3、AL4 是无人参与的自主航行过程，中国船级社《智能船舶规范（2023）》中对自主航行的定义应针对 AL5、AL6 级别的自主航行过程。该过程全程依赖机器进行阻航物识别,应达到或者超过人对阻航物的识别能力才能满足自主航行要求。现在人眼识别错误率低于 1%,而现有机器学习图像识别算法识别率已经高于 99%,然而这些算法并未在水面环境进行测试,尤其在复杂自然环境中进行充分测试,因此,还不能认为机器具有与人眼相当的识别水平。

2. 全航程自主航行

相较于开阔水域自主航行,全航程自主航行明显要求感知设备和算法的适用范围更广。这是由全航程自主航行的航行条件造成的。《智能船舶规范(2023)》中对船舶航行的场景明确强调了除开阔水域外的狭窄水道、进出港口、靠离码头这三个典型船舶航行时的受限场景。显然,与开阔水域相比,这些场景中船舶运动明显受空间和时间限制,尤其在上述三个场景中,船舶几乎无法自由航行。因此,在受限水域航行时,船速均较开阔水域有所下降,为避免阻航物对船舶航行安全的影响,必须实现在受限水域航行的精确控制。这也意味着船舶航行场景感知的能力要与航行精确控制相匹配。在上述航行条件下,靠离码头这一工作场景对船舶航行控制精度和稳定性的要求最高,一般误差要求在米级以下。根据控制系统对测量反馈和控制误差的一般关系,测量精度一般要求是控制误差的 1/3~1/5,即位置测量精度应在 10 cm 级别。显然,要实现该测量精度必须依靠多个船载感知设备进行信息融合。

首先,要获得上述感知精度应明确感知的对象。特别是对于船舶这样的大尺度对象,单纯形心的位置可能不能完全代表整船的空间属性,形心与目标的距离已经不能表征船舶与目标的距离。除要明确船本身的测量位置外,还应明确与之对应的另一方的测量位置。这就要依赖船载外部动态目标感知设备对外部目标的感知性能,包括识别性能和测量性能。显然,在开阔水域外,其他船舶工作区域将面临更为复杂的工作场景,这些工作场景中存在码头、桥梁、助航物等基础设施。此外,由于空间受限,场景中目标往往距船载感知设备较近,进而存在感知盲区。因此,在这些场景中进行目标识别,一是要提高识别目标的种类,二是要多方面解决感知盲区问题。增加目标识别种类可以通过更为复杂的识别算法实现。而对于感知盲区问题,现阶段一般采用多种传感器配合的方式,如大型船舶一般配备两部雷达,一部用于在开阔水域远距离识别目标,另一部用于感知近处目标。也可以通过在船首和船尾安装激光雷达来感知船与近处目标的距离。此外,还可以通过图像预测和关联算法来进行盲区的感知补偿。总之,在全航程自主航行场景下,对各种目标的识别率也不应低于人眼的识别率,这样自主航行才能达到人工驾驶的效果。现阶段,机器识别算法针对某些特定对象的识别率虽然已经超过人眼的识别率,但场景中的综合识别率还是非常低的。

其次,船舶本身的空间尺度测量和感知对象的空间测量应满足测量精度要求。中国船级社《产品检验指南 N-09 全球定位系统(GPS)接收设备》(201712)和《产品检验指南 N-11 船载北斗卫星导航系统接收机》(201712)的民用 GPS 或北斗卫星导航系统仅要求静态和动态精度为以 95%概率在 10 m 以内,这显然无法满足其与目标之间的感知精度要求。现有 GPS-RTK 或北斗增强产品则可达厘米级定位精度,因此,在全航程自主航行船舶进行本船位姿测量时至少应采用增强产品。此外,采用满足中国船级社《产品检验指南 N-01 船用雷达》(2020009)标准的船载雷达进行距离测量时,误差要求为

30 m，也远远无法达到全航程自主航行船舶在多种应用场景的要求。故一般应在船舶关键位置安装激光雷达，将空间测量精度提升至分米级别。

最后，在实施全航程自主航行场景感知时更应关注小目标的精确动态感知。与开阔水域自主航行不同，在狭窄水道、进出港口、靠离码头这些工作场景中，船舶面临的工作区域受限，因此，船舶面临的阻航物目标要么是大型静态目标，如岸堤、桥梁、码头等，要么是动态小目标，因为只有小目标才能在受限水域进行高动态运动。但小目标的识别又面临感知分辨力和盲区问题，因此更容易被忽视。这类小目标的尺寸可以助航浮标尺寸为代表，一般垂直水面面积为 5 m^2 以下，水面高度为 2 m 左右。这类小目标基本无法依靠普通船用雷达来感知其有用信息，一般只能依靠光电图像传感器进行识别，利用激光雷达实现目标空间位置测量。

综上所述，对于中国船级社在《智能船舶规范（2023）》中开阔水域自主航行场景感知要求的感知能力，符合现有规范要求的船载感知设备已经能够满足。唯一需要强调的是，现有感知设备对水面阻航目标的识别能力还有待提高，特别是在复杂气象环境下的识别能力。但要实现全航程自主航行，现有规范要求的船载感知设备能力还不足以达到船舶自主航行控制精度的要求，一般需要加装感知能力更高的激光雷达、GPS-RTK 或北斗增强位姿测量系统才能达到控制精度要求。此外，还需要进一步提升感知设备应对多种目标识别问题的能力，才能满足在狭窄水道、进出港口、靠离码头这些工作场景中自主航行场景感知的需要。

3.3.3 现代船舶感知技术及装备

本小节将介绍现代船舶是如何感知其周边环境状态的[75]。只有对周边环境状态了解得足够充分，船舶才知道自己所处的工作环境中哪里有危险，哪里适合航行。为感知外部环境状态，现代船舶一般会配备能够获取地理环境、气象水文和水面目标等关键信息的感知设备，具体包括以下几种。

1. 船舶电子海图系统

电子海图显示与信息系统（ECDIS）被认为是继雷达、ARPA 之后在船舶导航方面又一项伟大的技术革命[76, 77]。ECDIS 已发展成一种新型的船舶导航系统和辅助决策系统，它不仅能连续给出船位，还能提供和综合与航海有关的各种信息，有效地防范各种险情。

从人类文明拥有了航海技术以来，航海家非常关心的问题是船舶在大海中的准确位置。过去为了获取船舶位置，航海家通过测定天体、观测陆标、接收无线电信号等手段获取船位线，然后将船位线或者数字船位标绘在海图上。驾驶人员根据获取的船舶位置来判断航行的安全性，判断船舶是否航行在计划航线上。在实践操作过程中，驾驶人员往往花费在观测和标绘上的时间较多，而且判断航行的安全性往往要在做完观测和标绘后才能进行。也就是说，采用这种在海图上标绘进而获取船位的方式，驾驶人员很难得到直观的即时船舶位置，驾驶人员所标绘出的直观船舶位置是观测那一瞬间的船位而非即时的船位。如果在大洋中这种滞后影响不是很大，近岸航行时就会对船舶的安全造成很大的影响。电子海图能够避免在传统纸质海图上定位而产生的船舶位置获取滞后的问题，可以自动地将船位即时显示在海图上，让驾驶人员能够根据显示的即时船位连续性来判断船舶航行的安全性；对电子海图的使用更为有益的是通过 GPS、DGPS 所获得的船舶位置是不间断的。一个好的引水员或者团队可以做到每 3 min 获取一个船舶位置，而电子海图系统可以做到 1 s 获取一个较为准确和值得信赖的船舶位置。

电子海图也可以整合处理其他助航信息，如船舶的航向、船速、测深仪和雷达数据等，这些助航信息和即时船舶位置一并显示在仪器上，并且可以对所有的信息设定报警范围，报警时可以预先提醒驾驶人员潜在的航行危险，进而确保船舶航行的安全性。总而言之，在电子海图的帮助下，驾驶人员对即时的船舶动态和航区中的任何危险都会一目了然，同时在雷达观测的帮助下对周围船舶的动态也做到心中有数，航行的安全性就有了有力的保障。

电子海图作为航行信息的核心，与雷达、定位仪、计程仪、测深仪、GPS、VTS、AIS 等各种设备存在接口。多功能船用电子海图系统对保证船舶航行安全所起的重要作用，得到了 IMO 和国际水道测量组织（International Hydrographic Organization，IHO）及众多航海专家的认可。1986 年 7 月，IMO 和 IHO 成立了 ECDIS 协调小组，使 ECDIS 各类标准和规范不断地建立和完善，各种性能优良的 ECDIS 产品也不断地推陈出新。图 3.19 所示为某型船用电子海图机。

图 3.19　某型船用电子海图机

电子海图分别可以用大比例尺和小比例尺来显示。如果要显示大比例尺，可以通过操作让显示的内容拉近然后显示的比例尺放大，当然这种大比例尺的显示也是在海图一定精度的基础上，并不是显示的图像越大精度越高。因而在某些危险区域最好使用大比例尺显示图像。ECDIS 无论对大比例尺显示图像还是小比例尺显示图像都能够提供报警的功能。光栅海图数据就是对纸质海图进行一次性扫描，形成单一的数字文件。所有的光栅海图数据采用单一模式，显像仪器就是从这些数字文件中提取相关的海图进而显示成像。光栅数据很难改变海图中的独特属性和要素，因为它们是不可分割的数据文件。海图颜色和亮度的数据被分配到每一个像素中，因而光栅海图容易被放大。矢量海图数据是海图数据的另一种形式，它可以把数字化的海图信息分类分层储存（例如可以只显示小于 10 m 的水深）。它包含显示图像和能够生成符号、点、线、文字、颜色等要素的程序文件，这些程序文件可以改变海图中的属性和要素。矢量海图是一种智能化的电子海图，驾驶人员可以选择性地显示某些所需要的信息（例如港口设施、潮汐变化、海流矢量等），矢量海图可以给驾驶人员提供准确的物标间的距离，并设置警戒区、危险区的自动报警。

电子海图的功能强大，几乎船舶上所有的感知设备都可以通过转化，输送到电子海图的界面上来进行显示和操作。它最主要的功能是航行设计、航线规划和航线监控等，并且能够与其他导航系统集成，设置导航和监控参数及船舶航线和航迹的显示、警示和报警等。

2. 船舶气象、水文环境感知系统

气象信息是船舶航行的重要信息，直接影响船舶的航行安全。气象参数属于船舶的环境参数，环境条件的好坏直接影响船舶在各种状态下的安全。船舶现代化程度越高，对环境因素的要求也越高，因此，对环境气象的测算和预测是现代化船舶安全航行的一个重要的组成部分。船舶气象仪是测量船舶所在区域外部环境参数（如风速、风向、温度、湿度、气压等气象参数）的综合测量设备，是海上航行、海上气象要素观测的基础测量仪器。船舶气象仪一般可连续自动测量、显示并存储多种气象要素数据。测量结果可实时输出与船舶其他设备共享，适用于各种船舶和海上平台。常见的船用气象仪一般由数字风速风向计、数字温度计、数字湿度计、数字气压表组成（图 3.20）。

图 3.20　船用气象仪

船舶航行时水流方向和流速对其航行能效有明显影响。潮流计是测定海洋潮流速度与方向的船载水文感知设备。目前使用最为广泛的是超声波潮流计。超声波潮流计利用多普勒效应的原理，将船在各个方向的行动，以及海中潮流速度通过对地、对水基准表达出来。多普勒效应就是当移动的物体发出的信号在固定处接收时，其信号的频率会发生变化。物体临近时信号频率变高，物体远去时信号频率变低。信号频率的变化与物体移动的速度呈一定的比例。这样，当船上对海底发射一束超声波，通过海底或海水中浮游生物等反射被接收后，测出发射波与反射波的频率差（多普勒偏差），即可求得船的对地速度（绝对航速）或对水速度（相对航速，指船对应于某一水层的航速）。具体测量潮流的基本流程是先把船舶的对地速度和对水速度同时测出来，然后计算出两者的差值，即得出设定水层的流速。船舶在航行过程中流向、流速是靠潮流计发出超声波和接收超声波的回波来实现的。在船航行时,潮流计向船首水平方向发出超声波,在传播过程中遇到反射体反射回来,其超声波回波频率对水速度与反射波的水深有关,因此船以一定速度航行时,对水速度也是变化的。此时反射波位置的水流即为该水深处的潮流。如果所取反射波位置的潮流流速为零,则对水速度等于对地速度。如果相对于船行进方向,取反射波处的潮流为逆流,则对水速度还需要加上一个潮流流速。反之,若取出反射波处的潮流相对于船的行进方向为顺流,则对水速度要减少一个潮流流速。船舶在航行中不断地测出对地速度与对水速度,因此能自动求得潮流流速。潮流方向通过矢量计算方式求得,因此同时发射接收三个方向的超声波。这样的测定还可防止船体前后、左右、上下倾斜所引起的测量误差。图 3.21 所示为某型船用多普勒声呐潮流计。

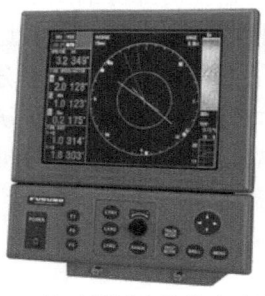

图 3.21　某型船用多普勒声呐潮流计

3. 航海雷达

雷达在最初是用来测距和测方位的,但是随着船载雷达设备的不断发展,现在船载雷达设备的主要功能是雷达定位、雷达导航标和雷达避险线导航等功能。所谓雷达定位就是船舶的驾驶员根据雷达测得目标方位和距离数据,通过海图作业求取本船船舶位置的过程。雷达的定位不像 GPS 一样直接可以给出船舶的经纬度信息,而是依靠驾驶员根据雷达数据固定路标方位和距离数据,再通过海图作业绘制出位置线,从而求取本船的船位(主要是通过雷达产生的回波图与电子海图进行比对,根据经验确立本船舶的位置信息)。

航海雷达(marine radar)是装在船上用于航行避让、船舶定位、狭水道引航的雷达,又称船用雷达。航海雷达在能见度不佳时为航海人员提供必需的观察手段,是定位、导航和避险的主要工具,被称为"船长的眼睛"。航海雷达按照雷达的频段可以分为微波雷达[78]、毫米雷达和激光雷达。由雷达发射机产生的电磁波经收发开关后传输给天线,由天线将电磁波定向辐射于大气中。电磁波在大气中以近光速传播,如目标恰好位于定向天线的波束内,则它将要截取一部分电磁波。目标将被截取的电磁波向各方向散射,其中部分散射的能量朝向雷达接收方向。雷达天线收集到这部分散射的电磁波后,经传输线和收发开关反馈给接收机。接收机将微弱信号放大并经信号处理后即可获取所需信息,并将结果送至终端显示[79]。图 3.22 所示为某型航海雷达。

航海雷达的分辨力包括距离分辨力和方位分辨力。雷达的距离分辨力表示雷达分辨同方位两个相邻目标的能力,当相邻的两个目标逐渐靠拢时,雷达回波的两个亮点也逐

图 3.22　某型航海雷达

渐接近，当两个目标的回波亮点相切时，两个目标的实际距离就是雷达的距离分辨力。影响雷达的距离分辨力的因素主要是发射脉冲的宽度、接收机通频带及屏幕光亮点尺寸大小等，使用窄脉冲和宽通频带接收机能有效提高雷达的分辨力。雷达方位分辨力表示雷达分辨两个同距离而方位不同的目标的能力，以能分辨的两个目标最小的方位夹角表示，方位角越小表示雷达的分辨力越高。影响方位分辨力的主要因素是天线水平波速宽度、光点角尺寸及回波在屏幕扫描线上所处的位置，可以通过减小天线的水平波速宽度、减小光亮点的直径尺寸等手段提高雷达的方位分辨力。

4. 船舶视频监控系统

船舶感知系统是智能船舶自主航行决策和远程驾驶的基础，是保障智能船舶安全航行的先决条件，传统的感知设备主要有船载雷达和自动识别系统，由于自身工作原理的限制，这些感知设备对海上小目标的探测能力较差，难以满足智能船舶航行的需求。视觉传感器是指通过对摄像机拍摄到的图像进行处理，计算对象物的特征量（面积、重心、长度、位置等），并输出数据和判断结果至传感器，因此摄像机在船舶的感知系统中扮演着重要的角色[80]。

智能船舶往往通过安装可见光摄像机组成船舶视频监控系统。船舶视频监控系统主要由摄像机、数据存储设备、显示控制设备和卫星通信设备等部分组成。安装在船上各处的摄像机采集船上各个监控点的图像和声音形成视频数据，视频数据可以存储在船上的数据存储设备内，也可以经处理后通过卫星通信设备传递到岸端，船上和岸上用户可以通过显示控制设备控制船上摄像机并查看相关视频，为船舶安全起到重要作用。图 3.23 所示为某型船舶视频监控系统。

图 3.23　某型船舶视频监控系统

目前，部分航运公司为了规范船舶管理已在船舶上安装了视频监控系统。船上摄像头安装位置如下：安装在驾驶甲板左右两舷，主要监控船舶左右两舷水域及主甲板情况；

安装在船尾左右两舷,主要监控船尾及其周围水域;安装在船舶左右两舷梯口,主要监控船舶梯口附近情况;安装在罗经甲板或者船头,主要监控船舶正前方情况;安装在驾驶台内部左右,主要监控驾驶台内部情况;安装在机舱集控室,主要监控集控室内部情况;安装在机舱顶部各处,主要监控机舱内部情况。因为船舶构造、尺寸和种类不同,摄像头安装位置和数量有一定差异。在驾驶室、机舱集控室、船长房间和轮机长房间等处所装设视频显示器,可用来查看监控视频。

5. 船舶红外成像仪

红外成像仪为一种被动成像技术设备,产品已广泛用于辅助驾驶、安全防范、电气检测、消防救援、警用侦察、军用观察等多个领域[81]。针对船舶航行场景感知领域,红外成像仪可用于对海洋环境、海洋资源和海上船只、漂浮物等进行全天候观察、搜索、监视,船只的辅助航行、安全防范,船上机电设备状态监测、消防救助,以及海上救助救援等。图 3.24 所示为某型船舶红外成像仪。

图 3.24 某型船舶红外成像仪

红外成像技术的实质是波长转换技术,即把红外辐射转为可见光的技术[82,83]。物体向外发出的红外辐射信号经光电检测技术进行探测并接收,通过光电探测器将红外辐射信号转换为可供人眼观察的图像,红外辐射信号在经过处理后可直接在图像上显示当前温度值。红外成像技术的发展依赖不断进步的红外探测器技术。红外探测器可分为微型探测器、高性能非制冷探测器、多色制冷探测器。红外成像技术可分为被动红外技术与主动红外技术。

(1)被动红外技术利用物体温度在高于 0 K(−273.15 ℃)时每时每刻都在向外发射电磁波的原理进行红外成像。由于各物体甚至是同一物体不同部分电磁波的发射能力不同,物体与所处环境背景的辐射能力有所差异,红外探测器将接收到的辐射差异信号经光电转换后,可在显示器上得到视频图像。被动红外技术主要用于安防和发现目标,其观察距离较远,无法得到目标的细节特征。

(2)主动红外技术利用红外光源"照亮"周围环境,通过红外探测器接收环境物体的红外辐射信号进行红外成像。红外光源可分为传统 LED 红外灯、第二代阵列式集成红外光源、第三代点阵式红外光源及激光红外灯。主动红外技术可以获得非常清晰的目标细节图像,但其观察距离较近,因此主要用于夜视监控及检测目标。

由于红外图像反映的是热辐射差,对温度极为敏感,而目标与其周围环境存在热交换,加之空气对热辐射的散射和吸收作用,红外图像对比度很低,边缘模糊,纹理细节几乎不可见。红外图像往往伴随着各种不同的噪声,复杂的自然背景中,图像噪声、水面杂波及鱼鳞光干扰、图像运动等都是需要着重考虑的因素。由于水面背景及其特征（如浪峰）都是移动变化的，天空和太阳的反射也在变化，水面背景红外图像的信噪比、对比度等信息随着浪高、距离和气候条件的不同而千变万化，表现出两个特点：①背景杂波具有不定形性，且低频性和高频性兼有；②图像中同时存在较强的随机噪声、非随机噪声和高斯噪声。

船载红外成像仪的主要特点是不受雨、雾天气的影响，不受白天海面对阳光的反射、夜间探照灯光的干扰，都是目前其他可见光、微光、激光夜视等安防监控设备所不具备的。红外成像仪在船舶航行场景感知中具体应用如下。①辅助航行。采用红外成像仪导航，在航行时，无论白天或黑夜，晴天、雨天或雾天，均可以清晰成像，同时，可以发现雷达不易探测到的周围细小物质，具有大范围、全视场观察航行线路的特点，大大提高行船安全性。②远距离侦察、海事救助。红外成像仪为唯一在夜间无光线情况下能够远距离、大范围、全视场探测的监控设备，在海事领域夜间人员搜救、海上侦察等领域已开始广泛应用。③辅助船只靠岸。红外成像仪可 24 h 实时监控，为船只在夜间安全靠岸带来较大的帮助。④船只的安全防范监控。红外成像仪可以全天候监控船上甲板、船头/尾，防止不法分子破坏船上设备，保障安全。⑤为船上运行带电设备及机电设备提供温度分析，判断运行状态，防止设备故障、预防火灾，保障船只安全工作。

3.3.4 智能船舶感知技术的未来发展

航海雷达由于存在盲区等问题，一般用于感知距本船较远距离的目标；船舶光电系统和红外成像系统则无法直接获得本船与目标之间的空间位置关系，因此，小尺度、近距离的感知是近年来智能船舶感知领域亟待解决的问题。特别是在一些特定的工作场景，如靠离泊、过驳等场景，需要实现近距离相对位姿的精细感知。现有的船用感知技术方案依赖毫米波雷达和激光雷达两种近年来发展起来的感知技术。

1. 毫米波雷达

毫米波雷达的无线电波的频率是毫米波频段，一般将波长为 1～10 mm 的电磁波称为毫米波，它位于微波与远红外波相交叠的波长范围，因而兼有两种波谱的特点。其测距原理与一般雷达一样，即把无线电波（雷达波）发射出去，然后接收回波，根据收发之间的时间差测得目标的位置数据。图 3.25 所示为某型毫米波雷达。

图 3.25 某型毫米波雷达

与其他传感器系统比较,毫米波雷达的优点有:①分辨率高,尺寸小,由于天线和其他的微波元器件尺寸与频率有关,毫米波雷达的天线和微波元器件可以较小,小的天线尺寸可获得窄波束;②抗干扰能力强,大气衰减虽然限制了毫米波雷达的性能,但有助于减少许多雷达一起工作时的相互影响;③与红外成像系统相比,毫米波雷达可以直接测量距离和速度信息。与微波雷达相比,毫米波雷达的性能有所下降,缺点包括:①发射机的功率低,波导器件的损耗大;②受天气影响较大,降雨时更为严重;③存在距离模糊和速度模糊问题;④目前毫米波器件昂贵,尚不能大批量生产。

2. 激光雷达

激光雷达为工作频段在红外和可见光波段的雷达,它由激光发射机、光学接收机、转台和信息处理系统等组成,激光器将电脉冲变成光脉冲发射出去,光学接收机再把从目标反射回来的光脉冲还原成电脉冲,传送到显示器。与普通微波雷达相比,激光雷达使用的是激光束,其工作频率较微波高得多。激光雷达的优点主要有:①分辨率高;②隐蔽性好、抗有源干扰能力强。③低空探测性能好;④体积小、质量轻。激光雷达的缺点包括:①工作时受天气和大气影响大,激光一般在晴朗的天气衰减较小,传播距离较远,而在大雨、浓烟、浓雾等天气衰减急剧加大,传播距离大受影响;②激光雷达的波束极窄,在空间搜索目标非常困难,直接影响对非合作目标的截获概率和探测效率,只能在较小的范围内搜索、捕获目标,因而激光雷达很少直接应用于目标探测和搜索。图 3.26 所示为某型激光雷达。

图 3.26 某型激光雷达

激光雷达与其他雷达的不同之处在于,激光雷达系统可测量三维空间中每个像素到发射器间的距离和方向,通过传感器创造出真实世界完整的三维模型。激光雷达的分辨率比普通雷达更高,因为光的波长大约比无线电的波长小 10 万倍。它可以区分真实移动中的行人与人物海报、在三维立体的空间中建模、检测静态物体、精确测距。

当前船舶外部动态目标的感知设备中,视觉传感器、海事雷达(导航雷达、毫米波雷达)、激光雷达目前均有应用,其各自优缺点见表 3.3。视觉传感器如可见光摄像头和红外摄像头,对障碍物的距离精度较低、识别时所需的样本数量较大,对运算能力的要求极高;导航雷达可以识别较远距离的障碍物,但无法识别船周围 50 m 距离内的物体,存在视觉盲区,该盲区的存在会直接影响无人船的近距离避障和自主靠离泊操纵;毫米波雷达覆盖区域呈扇形,存在盲点区域,对障碍物的距离测量精度较低。

表 3.3　船载智能感知设备对比

设备类型	优点	缺点	应用情况
可见光摄像头	容易获取目标，得到的目标清晰	海面可靠性较差	较多
红外摄像头	容易通过边缘特征获取目标	受外界光线变化影响很大	较多
导航雷达	测量距离较远，运算要求比较低	目标识别精度很低	较多
毫米波雷达	受雨雾天气影响较小	覆盖区域呈扇形，有盲点区域，距离测量精度较低	极少
激光雷达	360°无死角扫描，测距精度高，全天候工作	较易受雨雾天气影响	逐渐增加

3.4　智能船舶航行技术及装备

3.4.1　航行控制技术

船舶的主要任务是依靠其在水面的运动实现的，因此，航行控制要保证船舶在水面的运动安全、可靠并按要求实现具体操作[84]。根据实际需求，船舶在水面的运动一般包括以下几种方式。

1. 动力定位方式

船舶以动力定位方式运动时一般通过控制系统驱动船舶推进器来抵消风、浪、流等作用于船上的环境外力，从而使船舶保持在海平面某确定位置。船舶动力定位系统一般由 3 部分组成，即测量系统、动力定位控制系统和推力系统[85, 86]。测量系统是指获得船舶相应运动参数和环境参数的传感器系统，主要包括提供船舶艏向的电罗经；提供船舶准确位置的 DGPS、声学定位系统、张紧索等；提供风速和风向变化的风向风速仪；提供船舶姿态的垂向基准传感器等。动力定位控制系统主要对测量系统测得的船舶运动信息及当前环境作用信息进行处理，给出推进器控制信号以对推进器进行控制，使动力定位船舶在风、流、浪等外力和推进器的推力作用下保持在期望位置及艏向。推力系统是动力定位系统的执行机构，包括动力系统和推进器。推力系统按照动力定位控制系统发出的指令控制推进器推力的大小和方向，以抵抗外界环境的干扰力和力矩。船舶动力定位系统主要通过测量系统不断检测船舶的实际位置与目标位置的偏差，再根据环境外力的影响计算出使船舶恢复到目标位置所需推力的大小，进而对全船的各推进器进行推力分配，使各推进器产生相应的推力以克服风、浪、流等环境外力的干扰，使船舶保持在某确定位置。由于海上作业船舶对动力定位系统的可靠性要求越来越高，IMO 和各国船级社都对船舶动力定位系统提出了严格要求，制定了 3 个等级标准：设备等级一（DP 1），在单故障的情况下可能发生定位失常；设备等级二（DP 2），有源组件或发电机、推进器、配电盘、遥控阀门等系统发生单故障时，不会导致定位失常，但当电缆、管道、手控阀等静态元件发生故障时可能会导致定位失常；设备等级三（DP 3），任何单故障都不会导致定位失常。动力定位系统的分级主要是考虑设备的可靠性和冗余度，目的是对动力定位系统的设计标准、必须安装的设备、操作要求和试验程序等做出规定,保证动力定位系统安全可靠运行,并避免在动力定位系统作业时对人员、船舶、其他设备造成损害。船舶动力定位系统的应用开始于 20 世纪 60 年代。在第一代动力定位船舶中,最成功最著名的动力定位船是"格洛马挑战者"号,该船几乎游遍地球的每一个海洋,为地质学上多个重大发现提供了大量科学证据。第二代动力定位系统于 20 世纪 70 年代初开始形成。第二代动力定位船中最具有代表性的是"SEDC 0445"号,该船 1971 年投入营运,系统具有连续作业 50 天的能力。第三代动力定位系统于 20 世纪 80 年代初开始形成,主要采用现代计算机技术和现场总线技术。经过多年的发展,动力定位系统的鲁棒性、灵活性、功能性和操作的简易性均提高到新的水平[87-89]。目前最先进的动力定位船可以在 2 级流、6 级风的海况下实现 0.35 m 的位置定位精度、0.1°的艏向保持精度和 1 m 的航迹保持精度[90]。目前,动力定位关键设备还依赖进口,Konsberg 公司、Navis 公司、L3 公司等均有较为成熟的船舶动力定位产品,国内中国船舶重工集团公司第七〇四研究所等单位已有与之对应的动力定位产品[91]。船舶动力定位系统示意图如图 3.27 所示。

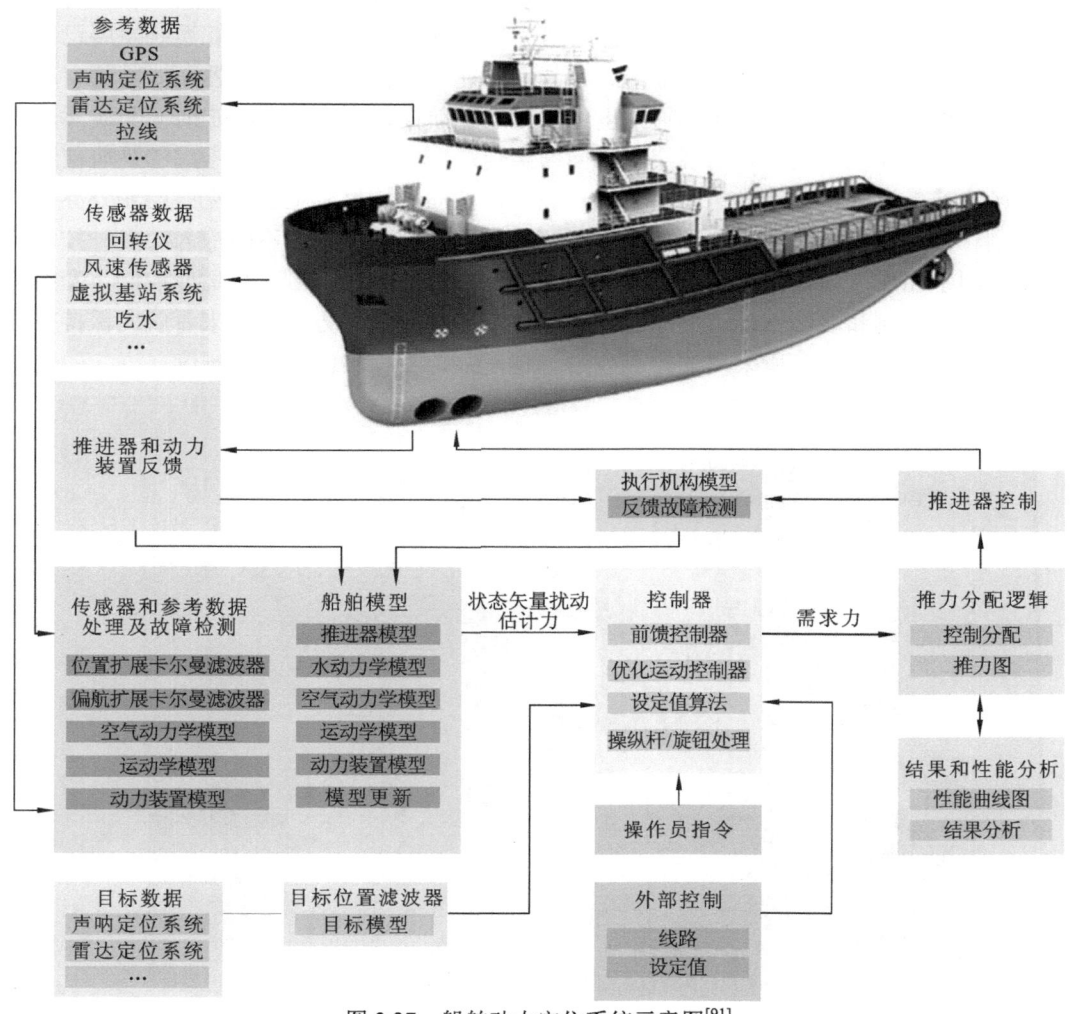

图 3.27 船舶动力定位系统示意图[91]

2. 航向保持方式

船舶航行于宽阔水域时，可长时间固定一个航向航行，此时可把舵设置于航向自动保持控制工况，以实现航向保持控制[92]。船舶自动操舵仪又称自动舵，在船舶运动控制中具有特殊重要性，是一种用来保持船舶在给定航向或航迹上航行的操纵装置。自动舵不仅减少舵工的劳动负荷，还可以缩短船舶航程，从而减少航行的燃料消耗。航向自动保持控制工况是自动舵最常用的一种工作状态。船舶航向保持自动舵的发展大体分为 4 个阶段：20 世纪 20 年代初，出现的机械式自动舵，称为第一代自动舵，只能进行低精度的船舶航向控制；20 世纪 50 年代，随着古典控制理论发展产生的比例、积分、微分（proportion，integral，derivative，PID）自动舵，称为第二代自动舵，使船舶航向控制效果有了显著的进步，但固定参数的 PID 自动舵对环境扰动和模型不确定的鲁棒性较差；20 世纪 60 年代末，随着控制理论及计算机技术的快速发展，出现了可以根据船舶模型参数变化的自适应自动舵，称为第三代自动舵；从 20 世纪 80 年代开始，随着智能控制算法及智能控制与传统的控制算法相结合的控制算法被应用于自动舵控制系统，形成了智能自动舵，称为第四代自动舵[93, 94]。如图 3.28 所示，目前船舶自动舵系统发展已经较为成熟，主要由能够感知航向的罗经、感知实际舵机角度的舵角反馈器及专用的自动舵控制器组成。实际工作时控制器通过罗经感知船舶航向，然后基于给定航向与实际航向的误差来调节舵机角度，以实现实际航向与给定航向一致，这时主要考虑的是航向过程中因风、浪、流等干扰造成的航向偏移，因此，航向保持控制主要是克服船舶外界扰动的控制。这时控制算法往往起到重要作用。随着控制理论研究的不断深入，多种控制算法被应用于船舶航向保持控制中，典型的如 PID 控制、最优控制、自适应控制、变结构控制、鲁棒控制和非线性反馈控制等。这些控制方法各具优势，目前来看航向保持需要应对的问题越复杂时，所采用的控制方法也越复杂，工程实施则更具难度。

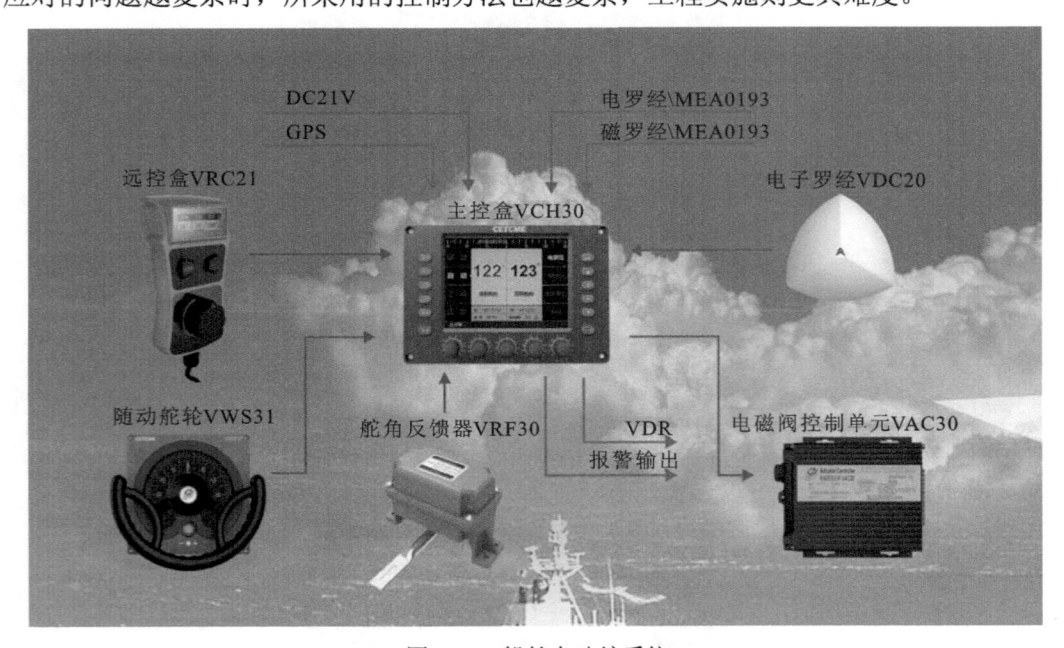

图 3.28 船舶自动舵系统

3. 航迹保持方式

早期船舶自动舵一般只能进行航向保持控制，将船舶控制在事先设定的航向上航行。但在狭窄航道或港口等情况下航行时，需要把船舶控制在指定的航线上，而自动舵会因风、浪、流的影响出现漂移偏差，这种对固定航线的航迹偏差需要人工进行调整。随着海洋运输业与船舶自动化的发展，自动舵的要求不断提高，希望其具有航迹保持功能，而全球定位系统等高精度导航定位系统的出现与发展，为航迹保持自动舵的产生提供了良好的条件。目前大多数船舶仅装备螺旋桨主推进器和舵装置，用以推进和操纵船舶。航迹保持自动舵对航向角和水平面位置 3 个自由度的控制只依靠舵装置产生的转舵力矩和螺旋桨的纵向推进力，因此船舶航迹保持控制属于欠驱动控制问题。由于欠驱动船舶在横向上没有驱动装置，加速度带有不可积的非完整约束条件，欠驱动船舶航迹保持控制设计非常困难。根据航迹线的几何形状区分，可将航迹保持控制分为直线航迹跟踪控制和曲线航迹跟踪控制两类。从控制器设计角度看，二者的主要区别在于：直线航迹跟踪控制是在平衡点附近的较小邻域内进行镇定控制，对模型做一定的线性化处理或忽略横向漂移，在特定的条件下能满足控制要求；曲线航迹跟踪控制需要考虑船舶的操纵运动，横向漂移不可忽略。此外，以参考轨迹是否表示为时间函数来划分，可将航迹保持控制分为轨迹跟踪和路径跟踪两类问题。从航迹参数化观点看，轨迹跟踪意味着船舶需要在指定时间到达指定位置，而路径跟踪则可视为轨迹跟踪在时间参数限制条件下放宽的一类特殊情况。目前，国外航迹保持自动舵产品根据控制方案可分为分离航迹保持控制（间接式控制）和综合航迹保持控制（直接式控制）两类。分离航迹保持控制是通过控制船舶的航向达到间接控制船舶位置的目的。分离控制航迹保持自动舵产品有日本 Tokimec 公司和美国 Sperry 公司系列产品，其利用自适应航向自动舵的经验，配以航迹规划和导航计算功能，算法成熟，技术简单可靠，但存在控制精度低的缺点，若存在风、浪、流等外界干扰，船舶将偏离预定航迹。综合航迹保持控制是依据航迹偏差直接改变舵角，从而使船舶的实际航迹能够跟踪期望航迹。综合控制航迹保持自动舵产品有 Anschutz 公司系列产品等，其利用多变量最优控制和卡尔曼滤波技术，控制精度较高。综合航迹保持控制由于航向角未受到直接控制，不能保证航向角的收敛，且船舶在保持期望位置时频繁转向，极端情况下可能逆向跟踪路径上的期望位置。我国目前已有同国外对标的航迹保持自动舵产品[95, 96]。

3.4.2 航行避碰技术

2018 年 1 月 6 日晚，一艘巴拿马的"SANCHI"号油船与一艘中国香港的"CF CRYSTAL"号散货船在上海辖区长江口以东约 160 n mile 处发生碰撞。事故造成油船失火后爆炸随后沉没，近 100 万桶凝析油泄漏，船上船员失联，散货船严重破损。这起海上船舶碰撞事故又将人们的视线拉回到船舶安全领域。最近几年全球航运业的安全水平已显著提高，但是偶有发生的航运事故表明航运风险依然存在，而且损失往往巨大。2007~2016 年，超过 25%的航运事故是由碰撞引起，累计达 1 092 起。船舶碰撞还是导致船舶全损的主要原因之一，2007~2016 年全球因此损失了 72 艘商船，占船舶损失总量的 6%。可以说，船舶避碰问题仍是保障海事安全所需解决的首要问题。

行船时快速、准确地掌握船舶可能出现的风险是实现安全行驶的先决条件，合理的避碰决策和有效的避碰操纵则是降低风险、安全航行的有效手段。现阶段，风险评估和避碰决策在学术界常被作为两个独立问题进行研究，二者长期以来都是国际船舶安全保障领域讨论的热点话题。风险评估与避碰决策密不可分又互为依托：风险评估为避碰决策提供证据支持，避碰决策则是为了降低船舶的行驶风险。现阶段国内外对这两个问题的研究主要集中在以下几个方面。

1. 风险评估

风险评估与分析始见于西方19世纪末的经济学研究中，后被引入船舶航行安全和碰撞研究中。一般认为碰撞风险 R 是碰撞概率及碰撞后造成损失的函数。国际上关于航道内船舶风险评估的研究可参考 Li[95]、Pedersen[96]和 Wang 等[97, 98]对近年来各种评估模型进行的总结。这些模型多基于特定航道内发生碰撞和搁浅事故的统计数据，认为特定航道内船舶碰撞或搁浅的概率与不同原因发生事故的概率及该区域一段时间内实际发生的事故次数密切相关。这类模型包括 Fujii 模型[99-101]、Lewison 模型[102]、Macduff 模型[103]、Pedersen 模型[104-106]、Fowler 模型[107]、Kaneko 模型[108]等。类似的方法还被用于研究船与桥梁之间的碰撞可能性。这些模型便于利用历史数据来分析和评估不同船舶在特定航道的行驶安全性，并可进一步采用贝叶斯估计等统计方法分析船舶事故的成因，有利于船舶驾驶员事先了解所在航道的通行风险及碰撞事故的事后处理。

基于统计学的研究关注于航道内船舶的碰撞概率问题，往往忽视对碰撞损失的估计；同时，统计学方法难以获得会遇局面中特定船只的事故样本，也就难以对当前碰撞风险进行准确估计，因此，基于统计学的方法多用于给出碰撞风险的定性估计，很少用于在实际避碰时直接给出避碰决策和实施避碰操纵。

船舶间的最短会遇距离（distance to closest point of approach，DCPA）和最小会遇时间（time to closest point of approach，TCPA）方便计算，也容易在雷达会标仪上显示，因此常被作为船舶避碰时的风险定量考量[109]。一般来说，这两个值越小认为船舶间存在碰撞的可能性越大。有文献提出了利用 DCPA 和 TCPA 进行加权来确定船舶碰撞风险的方法。还有文献认为本船与他船间距及时间富余量越小危险程度越高，同时给出了评价碰撞危险度的计算方法。还有文献将具有正态分布的 DCPA 测量误差考虑在内，给出了一种利用 DCPA 和 TCPA 综合判定船舶碰撞风险的方法。实际上，DCPA 和 TCPA 在单独使用时均存在无法正确估计风险的情况，如两船在同一航道上同向或反向行驶时的 DCPA 恒为零，而一船绕另一船做圆周运动时 TCPA 也恒为零，因此在实际使用时二者一般需要同时使用。由于受量纲和船舶相对位置的限制，简单对 DCPA 和 TCPA 进行加权处理来判定船舶碰撞风险并不完全合理。各国学者又将智能化方法引入碰撞风险的评估中，如神经网络方法、模糊推理方法、可拓集方法和专家系统方法等。这些智能化方法对 DCPA 和 TCPA 在船舶碰撞风险评估中的使用起到促进作用。

此外，船舶领域方法也是一种广泛而有效的航行风险评估手段，由日本学者 Fujii 在20世纪70年代首次提出。Fujii 通过调查问卷和统计学方法，给出了适用于当时狭窄水域的椭圆形船舶领域模型，并应用于日本海域交通容量研究。有文献通过对英国北海南部水域进行交通观测和统计研究，并考虑国际海上避碰规则的影响，建立了开阔水域的船舶领域 Goodwin 模型。该领域模型根据船舶信号灯将周边水域划分为 3 个不等扇形区域作为船舶安全航行所需的水域。实际上船舶航行状态不断变化，船舶领域的形状和大小也应随之变化。近年来，智能化方法也在船舶领域计算过程中得以应用，如利用模糊推理来计算船舶领域可获得其模糊边界，神经网络方法也被用于学习两船间距离、相对方位、来船航向等因素对船舶领域的影响。Pietrzykowski 等[110, 111]将来船方位按不同的间隔角度进行离散化，对经验数据在不同来船方位上进行统计分析和模糊推理，得到多边形船舶领域。该领域不再是一个定常模型，而在一定程度上考虑了各因素变化的影响。Wang[112]提出了一种复杂的六边形船舶领域模型，该模型不但考虑了船舶几何尺寸和船速因素，还考虑了船舶回转参数，使用该模型更有利于进行避碰决策和优化。Kijima 等[113]将阻挡区域和瞭望区域考虑进船舶领域的构造中，获得了一种新的船舶领域构造方法，并基于停船视距针对长江下游航道条件和船舶特性给出了一种新的船舶领域计算方法。此外，有文献还用船舶领域来研究内河航道的饱和度评价问题，也获得了良好的结果。在实际使用时，船舶领域往往被作为船载导航设备的一个阈值来对本船与他船的相对位置进行判断，若他船进入该范围，船载导航设备将发出警报提醒驾驶员进行相关操作；而对他船船速等状态及进入领域后的相对位置往往不做讨论。

2. 避碰决策

对碰撞风险评估的研究工作为避碰决策奠定了基础，现代避碰决策技术已向智能化发展。有文献总结了近年来船舶避碰研究的现状，将现有研究分为运动预测、冲突检测和冲突消除三个方面进行了综述。早期的避碰决策方案是基于专家系统展开的，如英国利物浦大学[114]、东京商船大学[115]、中国人民解放军广州舰艇学院[116]（2017 年更名为中国人民解放军海军陆战队训练基地）等单位均各自研究了用于船舶避碰的专家系统。这些避碰专家系统采用咨询式辅助避碰手段，针对不同会遇局面给出避碰决策结果供驾驶员参考。集美大学李丽娜等[117-119]提出拟人化智能避碰决策方法，模仿经验丰富的船舶驾驶员（避碰专家）对周围环境和危险局势的分析判断及在避碰决策中的思维，自动生成避碰专家所能提出的既安全又经济的避碰决策。这种方法较专家系统更为快捷，能在短时间内进行局面判断，精确计算及预测避碰效果，既可用于单船避碰，又可用于多船避碰。杨神化等[120-122]将单个船只描述为一个智能体，应用多智能体理论研究了船舶避碰决策方法，其在面对多船会遇局面时还可用于多船的协商和协作。此外，避碰问题也是水面和水下无人平台所面临的问题之一。在对无人平台避碰系统的研究中，一般将避碰问题处理为障碍检测和航迹规划两大问题。近年来对这两个问题的研究成果可以参见 Campbell 等[123]的综述文章。可以看出，在无人平台的避碰研究中吸收了大量水面船舶避碰和机器人避障等领域的研究成果，其中基于模糊逻辑和《国际海上避碰规则》的避碰研究工作占据了主要地位。

总之，船舶避碰问题是一个具有实际背景的工程问题，与其他工程问题相比，其难点在于碰撞风险的物理意义不易明确，且船舶避碰时能够采取的方案受到《国际海上避碰规则公约》的制约。智能船舶在航行过程中主要面临的碰撞风险包括智能船之间的碰撞、智能船与常规船之间的碰撞及智能船与静态障碍物之间的碰撞。因此，智能避碰可分为两类：①智能避让礁石、漂浮物或其他静态障碍物；②智能避让船舶等其他动态障碍物。在船舶智能避碰研究中，多目标算法、决策树、模糊逻辑、遗传算法、博弈论、速度避障法、专家系统等方法被广泛应用，并且深度学习及强化学习等人工智能方法的引入大大降低了船舶碰撞的风险。

3.5 智能船舶能效优化技术及航路设计

智能能效管理作为《智能船舶规范》体系的组成部分之一，以实现船舶能效实时监控、智能评估及优化为基础，以提高船舶能效管理水平为目的，通过大数据挖掘技术、数值分析及智能优化等技术来为船舶提供数据评估分析结果与辅助决策建议。智能能效管理的研究与应用对促进船舶的智能化与绿色化发展，以及对市场竞争力的提升具有重要意义。船舶能效智能优化技术与方法的研究及应用，不仅是我国履行国际减排公约的必然要求，也是落实船舶绿色智能发展战略的有效措施，同时是航运企业实现降本增效、提升市场竞争力的有效方法。

根据 IMO 数据，2012 年海洋运输活动排放的二氧化碳量为 9.38 亿 t，占全球总排放量的 2.6%[124]。如果不采取任何措施，该排放量将于 2050 年增加至 2012 年数值的 1.5～2.5 倍。IMO 于 2005 年及 2008 年分别提出船舶能效运营指数（energy efficiency operation index，EEOI）和船舶能效设计指数（energy efficiency design index，EEDI），2012 年提出船舶能效管理计划（ship energy efficiency management plan，SEEMP）来控制船舶二氧化碳排放。2018 年，中国船级社发布《船舶智能能效管理检验指南（2018）》指出，船舶智能能效是通过自动对船舶状态、能耗情况进行监控及数据采集，进而对船舶能耗进行评估，并相应地提出航速、航线及纵倾优化等方案以降低船舶能耗，达到智能优化船舶能效管理的目的。

2017 年，罗尔斯·罗伊斯公司推出新一代智能船舶能效管理系统，该系统在降低营运成本和能耗的同时，符合环保法律的合规性，可以通过大量的船舶传感器采集数据并加密传送到专用网络平台，实现监测与优化燃油、排放及船舶性能监控等多种功能。

2018 年，中国船舶重工集团公司第七一一研究所承接大型航标智能船舶项目，为该智能船舶配备了智能能效和智能机舱管理系统，基于船载的数百个传感器，可实现船舶能效的在线智能监控、航线优化、航速优化及纵倾优化等。该项目取得了中国船级社智能能效管理 i-ship-Est 及智能机舱 i-ship-Mm 认证。

为保证海运的安全性同时减少船舶航行过程中温室气体的排放，船舶航线的设计尤为重要。气象导航可以根据气象情况、海洋状况及船舶自身性能等不同的限制条件，通过计算分析在起止航点之间确定出一条或几条最佳的航行线路。这里的"最佳"是指最大程度的安全性、最少的航行时间、最小的燃油消耗、最短的航行距离或者是任何这些目标的组合。

气象导航适用于所有类型的船舶，且船舶排放的二氧化碳量与其所消耗的燃料成正比，在减少自身燃油消耗的同时，最高可实现 2%～4% 的减排。也就是说，气象导航在确保船舶航行安全的情况下，还可以减少温室气体的排放，节省航行燃料成本。

20 世纪 50 年代初，气象航线的概念首先被美国海军提出，气象导航由此步入大众视野。自此以后，许多学者开始专注于气象航线设计算法的研究、创新及推广，相关的气象导航机构也开始在各个国家建立起来。我国的船舶气象航线优化业务起步较美国晚30年左右，但是发展却非常迅速。目前，国内气象导航方面的研究更是站在了世界的前列。近年来，气象导航在船舶海上航行中的作用和地位日益凸显，许多用于船舶气象航线优化设计的算法被提出。总体来说，船舶气象航线优化设计方法大体可以分为两大类，即传统方法和智能方法。传统方法包括等时线法、变分法和动态规划法等；智能方法包括遗传算法、Dijkstra算法及蚁群算法等。等时线法基于天气预报的数据对船舶进行最短时间航线的规划。当时的实验结果表明：等时线法可使跨越太平洋的船只的航行时间减少了19 h，可使穿越大西洋的船舶航行时间减少了9~12 h。但从严格意义上来讲，等时线法并没有给出正确的等时线，而自身存在的"等时线环"问题也使其不适用于计算机的辅助计算[125]。

船舶气象航线优化是一个复杂多变的全局优化问题，离不开优化算法的选取与应用，表现优良的优化算法能给船舶航线节省大量时间和燃油消耗，还能提升航行的安全性。因此，很多研究人员致力于改进和应用优化算法。魏照坤[126]将DIRECT方法用于精确求解全局问题的抽样算法。该方法是在不计算目标函数梯度的情况下寻找全局最优解，这对代价昂贵、不能计算目标函数梯度的情况非常有效。该方法对搜索域中的点进行采样，并使用所获得的信息进行下一个搜索步骤的计算，它同时搜索全局最优和局部最优，并且全局最优不受局部最优的限制。因此该方法有快速的全局收敛性，可以很容易建立。但是全局收敛导致对域的大量彻底的搜索，增加了计算时间。进化算法可以为其他难以解决的问题提供很好的近似解。作为随机局部搜索方法，进化算法是基于随机生成的初始种群和由突变、选择或复制机制而产生的后代进化算法。该算法应用于气象航线中，目的是解决多目标优化问题，从而优化船舶的航速和航向。Maki等[127]将天气路由问题归结为可用两种遗传算法（位串和实数解码）来解决连续域上的优化问题。Weber[128]提出一种求解船舶气象航线问题的组合方法，该方法描述了基于状态向量和控制向量的船舶天气路由过程，分别包含状态变量和控制变量。该模型的优化方法是寻找所有可行的控制向量和状态向量，以便能够计算初始状态和最小状态之间的连接。由于智能算法研究的不断进步，启发式的群智能优化算法被越来越多地应用于实际问题的解决中。对于航线优化问题，在燃油消耗最少的情况下其他的目标（安全性）也是最优的。以前大多数的优化算法还停留在对单个目标的优化上，显然已经不适用于当今的发展背景。近些年来，常见的多目标启发式智能优化算法包括多目标粒子群算法、多目标进化算法和多目标基因算法等，这些多目标优化算法会随机求解一个包含两个目标函数和多个约束的离散非线性优化问题。多目标优化算法在收敛时间和最优解覆盖范围上的表现各有优劣，但是整体上算法参数较多，应用到实际问题上步骤烦琐，计算时间较长。灰狼优化（grey wolf optimization，GWO）算法的主要灵感来自灰狼的狩猎技术[129]。灰狼优化算法是启发式群智能算法中一个相对较新的算法，也是所有智能算法中唯一一个有等级制度的算法，它模拟了灰狼捕食猎物的领导能力和社会行为。灰狼优化算法有着收敛快、参数少、应用简单和容易找到全局最优等特点，被广泛应用于多个优化问题求解中，比如求解密码算法中的关键值优化、特征子集选择、时间预测，以及最优潮流问题、经济调度问题、无人船航线规划等。

3.6 智能船舶运维技术

3.6.1 船舶运维技术沿革

从航运业开始发展之初，船运公司便把船舶自动化作为发展目标，各种设备便出现在机舱之中，机舱也渐渐变得"拥挤"。而后，无人机舱的出现，大大减少了机舱所需的管理人员，可以实现对机舱运行所得参数的显示、记录、报警和自动控制。仅在报警问题比较复杂和紧急时，需要轮机值班员亲自处理，防止更加严重的情况出现。从智能机舱的发展方向来看，"智能"应该包含以下两个方面。

（1）实时监测：对机舱内的主机、轴系、辅助机械等进行监测。这虽然是机舱监控系统的基本功能，但是采用更为快速和精准的测量工具会缩短数据采集时间，大大接近"灵活"化的概念。同时，将实时性和数据变得更加清晰，从硬件和软件上升级数据采集和电子记录系统，保证数据可查可视、有迹可循，便于快速追踪到指定设备，得到正确且精确的结果。

（2）健康评估：对监测所采集的数据，应用大数据理论，实现设备状态分析与健康状态评估，构建智能健康诊断系统，从而做出及时反馈，对报警等异常状态快速地做出应对措施，使设备恢复正常，并以纸质和电子资料的形式同时记录。

智能机舱系统的诊断还应该包括机舱内环境参数（如温度、相对湿度、光强）与集控室内环境参数评估，及时做出辅助决策，从而保证设备与人员均处于适宜运行和工作的状态，实现全面健康监测与评估。在《钢质海船入级规范（2023）》[130]的自动化方面指出 AUT-0 为推进装置，由驾驶室控制室遥控，机器处所包括机舱集控站（室）周期无人值班。AUT-0 对自动化的基本要求：机舱自动化系统需要采集并集中监控船舶各个主要和重大设备的参数信息，保证主要机电设备能够在无人值班的周期内连续并且正常运行，在异常情况出现时及时报警并通知指定人员。但在现今智能化时代却又有新的要求，无人机舱需要"喂食"了。在这个背景下，可以赋予无人机舱自我感知的意识，自主思考的"新血液"，这或许是船舶智能化的关键一环，毕竟现在已经不仅仅是"机舱无人"了，而是由 AUT-0 时代过渡到 i-Ship（M）。

船舶动力系统智能化发展，有助于船舶采用能源利用效率更高的混合动力系统及智能能效管理系统。智能技术的研究应用对船舶绿色发展的助力，主要体现在动力系统能源效率提升及船舶污染物排放监控等方面。对船舶动力系统而言，其智能化主要是提高动力系统的效率，包括运维效率、操控效率及能源使用效率。运维效率主要是通过对动力系统的设备、设施进行监测，并利用大数据分析及专家知识库判别动力系统的运行状态，可对故障进行提前感知和预防，从而降低事故发生概率，提高船舶的安全性；操控效率，一方面可提高动力系统各设备之间的配合效率，尤其是在未来船舶动力系统呈现能源更多样、型式更复杂的情况下，可缩短反应时间、提高设备之间的配合响应，另一方面可提高动力系统主要设备（如发动机、齿轮箱等）的效率；增进能源使用效率，主要是基于船舶航行状态、耗能状况的监测数据和信息，评估船舶能效状况、航行及装载状态，为船舶提供评估结果和航速优化等。

机舱自动化在船舶整体自动化设计中始终占有重要的一席之地，究其历史可追溯到 20 世纪 60 年代，为提高船舶动力装置的运行可靠性、安全性和经济性，从而达到降低船舶运营成本、改善船舶管理人员工作条件等目的，机舱自动化系统得到大力发展。时至今日，随着科学技术的飞速发展，新的设备及自动化系统设计思路层出不穷，机舱自动化系统几乎已经成为现代船舶的"标配"。一般来说，机舱自动化系统的组成分为 4 个方面：①机舱检测、报警、控制系统；②主机和可调螺距螺旋桨的遥控系统；③船舶电站自动化；④辅锅炉、其他机电设备的自动控制。

在《智能船舶规范（2023）》中，各船级社都对机舱自动化提出了具体要求。《钢制海船入级规范（2023）》第 7 篇自动化系统中规定，对不同自动化等级的船舶可授予下列附加标志：AUT-0 为推进装置，由驾驶室控制站遥控，机器处所包括机舱集控站（室）周期无人值班；MCC 为机舱集控站（室）有人值班对机电设备进行监控；BRC 为驾驶室控制站对主推进装置及其他有关装置进行遥控，机器处所应连续有人直接看管。其中，AUT-0 的自动化要求即为船舶无人机舱。满足 AUT-0 要求的机舱自动化系统，采集并集中监控来自船舶各个重要系统（如机舱监测报警系统、功率管理系统、推进遥控系统、阀门遥控系统、液位测量系统、动力定位系统、主辅锅炉、其他重要辅机等）的参数信息，保证主推进装置、重要辅机、主辅锅炉、电站及其他主要机电设备在无人值班期间连续正常运行，并在所监控的设备发生异常时对指定场所发出报警指示。《智能船舶规范（2023）》第 4 章对智能机舱的功能要求为"智能机舱能够综合利用状态监测系统所获得的各种信息和数据，对机舱内机械设备的运行状态、健康状况进行分析和评估，用于机械设备操作决策和维护保养计划的制定。"具体描述可分为以下 5 个方面。

（1）对机舱内的主推进相关的设备与系统运行状态进行监测。

（2）根据状态监测系统收集的数据，对机械设备的运行状态和健康状况进行分析和评估。

（3）根据分析与评估结果，提出纠正建议，为设备与系统的使用、操作和控制、检修、管理等方面的决策提供支持。

（4）主推进装置应能由驾驶室控制站远程控制，机器处所包括机舱集控站（室）周期无人值班。

（5）无人值班周期内，机舱内的设备及系统应能连续正常运行。

值得注意的是，《智能船舶规范（2023）》要求申请智能机舱附加标志 M 的船舶，应符合条件：①满足 AUT-0 附加标志相关要求；②设有基于状态监测的辅助决策系统。

由此可以得出智能船舶与传统船舶的机舱自动化的一个重要区别，即设有基于状态监测的辅助决策系统。辅助决策指依据机械设备运行状态和健康状况的分析与评估结果，提出纠正措施，为船舶操作提供决策建议。即具有辅助决策功能之后，智能机舱将能够在不需要额外人为干预的情况下，根据系统所收集到的各设备运行状态、参数信息做出状况评估，并根据评估结果对船员的操作提出建议。

如果说"AUT-0"的机舱自动化要求实现船舶机舱无人值守，那么"i-Ship M"则是在无人机舱的基础上赋予船舶机舱自我感知和自我思考的能力，是船舶智能化的重要一环，即由"机舱无人化"向"全船无人化"迈出了一大步[131]。

3.6.2 船舶运维技术发展现状

船舶机舱是船舶正常运行的一个关键组成部分，机舱的实时变化在不断影响船舶的运营安全性与可靠性。从设备的正常工作、内部环境参数的实时变化，到机舱监测系统的及时响应，这些方面在航运迎来发展新机遇之时都需要进行革新和"灵活化"。船舶机舱监控主要包括几个基本方面：设备状态监测（含传感器）、环境状态监测、主机遥控控制、人员舒适度监测等。智能船舶的兴起，又将为机舱带来新的挑战[132]。截至目前，入级 CCS 的国际航行船舶共计 4 000 余艘，在所有船舶中，申请智能机舱附加标志 AUT-0 的船舶占比 32.58%。2007 年之后，AUT-0 占比明显上升，智能化水平显著提高。

船舶机舱是为船舶航行提供运行动力的地方，该处几乎集中了船舶上所有的动力装置，因此，机舱的自动化程度越高，船舶运行质量越高。对于智能系统，智能化自动化程度始于状态感知。没有状态感知的机器无法成为智能机器。要实现状态感知，就需要各种各样的感应器件，这些感应器件就是形形色色、各式各样的传感器。传感器未必一定是元器件型的传感器，实际上能起到传感作用、实现状态感知的技术组合是多种多样的。

智能感知系统是智能船舶的"眼睛"，是智能船舶航行的基础保障。智能感知系统收集传感器传输的数据，以及航行天气等信息，通过对数据进行综合分析，获取船舶自身及周围环境的信息。智能感知系统在智能船舶航行中起着非常重要的作用，受到了国内外智能船舶企业的高度重视[133-135]。各造船大国纷纷投入智能感知系统研发中，例如，2017 年，英国罗尔斯·罗伊斯公司与瑞典 Stena Line AB 签署协议，借鉴 AAWA 项目的成功经验，合作研发首套船舶智能感知系统。该智能感知系统研制成功后可以为船员提供更好的船舶自身及周围环境感知度，以便更加简便、安全、高效地操作船舶。

我国企业也在智能感知系统领域加紧布局，例如，2019 年由哈尔滨工程大学牵头，北京海兰信数据科技股份有限公司等众多校企联合启动的智能感知系统研发项目，针对我国智能船舶航行场景感知能力不足的问题，提出了研制国际一流智能感知系统的任务目标。该系统将提高智能船舶航行环境场景的智能感知能力，成为无人船自主航行的核心装备之一。

传感器是智能感知系统的数据来源，无论船舶自身信息还是周围环境信息，都是依靠各种传感器来获取的。智能船舶的各个设备、关键位置都需要设置不同用途的传感器，从而获取船舶的设备运行状态、航行状态及周围的环境等信息，通过智能感知系统对数据综合分析进而规划航行。

传感器技术是信息产业三大支柱之一，受到各国高度重视。近几年我国传感器市场发展得很快，但我国传感器技术仍相对落后（我国的产品仅占全球市场 10%）。由于核心制造工艺、制造装备的落后，我国生产的传感器品种不全、质量较差、使用寿命较短，无法满足国内需求；并且，由于人才资源匮乏、科研投资偏少，我国在传感器研发方面也相对落后，导致传感器技术发展缓慢。据统计，我国中高端传感器进口占比 80%，传感器芯片进口更是高达 90%。鉴于传感器在智能感知系统中的重要作用，传感器技术将成为我国智能感知系统研发的一项制约因素。

状态感知目前阶段对应于实船安装传感器的数量（测点数量），根据不同船舶对机舱智能化需求不同，测点不尽相同。测点数量现状主要包括以下 4 个方面。

（1）测点数量与船舶自动化系统的复杂程度相关。

（2）测点采样接口方式并非统一固定模式，而是取决于该船系统组成：①5 000 t 级油轮测点采样接口进入全船监测报警系统和探火/可燃气体探测器；②军用船舶除分别进入全船监测报警系统、损害管制系统外，还分别接入电站、直升机等独立系统，分别由各主管部门监视。

（3）测点数量与船舶吨位不呈线性关系：①053HT 导弹护卫舰为 621 点/1 700 t，约 0.153 点/t；②成品油轮为 251 点/5 000 t，约 0.050 点/t；③大型船舶的测点数量与船吨位的比值还要低于 0.005 点/t，如 22 000 吨级补给舰为 898 点/22 000 t，约 0.041 点/t。实习船测点数量为 1 700~1 800。

（4）测点数量可实现机舱自动化系统采样量，从侧面反映了这样一个事实：自动化程度越高，采样点越多，船价可能会越高。例如，军用船舶从高可靠性出发，要求自动化系统采用热备件的"冗余设计"，故其代价就较一般民用船高出一档。

基于视情维修（condition-based maintenance，CBM）的船舶设备健康管理系统以综合状态评估与健康管理作为核心技术，在对设备状态做出评估与跟踪的基础上，实现对船舶设备健康状态及趋势的实时知悉，并对使用、维修活动的决策提供辅助支持功能，提高维修的针对性和有效性，降低使用与维修费用，成为船舶智能化管理的重要组成部分。综合状态评估与健康管理系统的相关技术在国外已得到一定研究，在船舶系统故障诊断领域也有很多应用。美国国防部于 20 世纪 90 年代开展了综合系统健康管理（integrated system health management，ISHM）计划。据此，美国海军开发了综合状态评估系统（integrated condition assessment system，ICAS），并在船舶交付时配置 ICAS。据统计，仅是应用 ICAS 每年就可为每艘舰艇节约 34.7 万美元的维修费用。西门子公司在航运界推出集成化的船舶管理系统平台 EcoMain 来帮助船员和船东快速了解设备的运行状态，提前进行处理，以提升船舶可用率。

近年来，CBM 在我国船舶行业发展迅速，一些大型船舶也开始配备综合监控系统，如中国船舶工业系统工程研究院对船舶综合状态评估与健康管理技术进行了研究与相关产品研发、中远集装箱运输有限公司和上海海事大学联合研发了船舶管理信息系统（ship management information system，SMIS）等。但是，我国船舶的综合监控系统依然存在状态监控与维修管理脱节等问题，迫切需要借助 CBM 进行船舶设备的健康管理，实现船舶设备状态监控、健康评估、故障诊断、性能预测和维修实施的一体化管理。

国际海事组织海上安全委员会第 99 届会议分别对船舶自主化和自动化系统进行了定义：船舶自主化系统即系统使用人工智能或计算机程序独立于人员的监督和控制对船舶功能进行管理和控制；船舶自动化系统即在人员的监管下，系统提供决策支持和/或执行船舶功能。

在船舶自主化系统定义中，人工智能是实现系统自主化的核心技术，这一定义与我国船舶智能化的定义基本相同，或者可以理解为船舶智能化是自主化的应用形式之一。从 IMO 对船舶自主化系统和自动化系统的定义来看，自主化系统与自动化系统最大区别在于是否需要人员在控制环路中发挥作用。为了更好地理解自主化与自动化的区别，需要从这两种技术的工作原理进行分析，自动化系统和自主化系统的工作原理如图 3.29 所示。

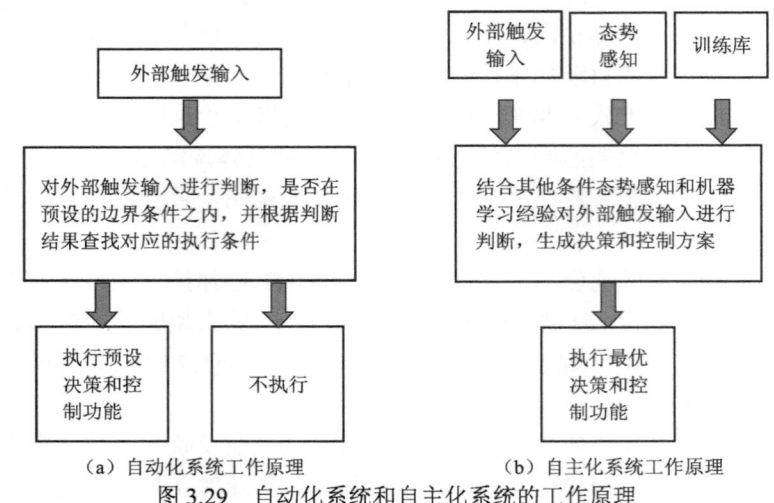

```
外部触发输入                    外部触发  态势   训练库
                                输入    感知
      ↓                          ↓      ↓      ↓
对外部触发输入进行判断，是否在      结合其他条件态势感知和机器
预设的边界条件之内，并根据判断      学习经验对外部触发输入进行
结果查找对应的执行条件              判断，生成决策和控制方案

   ↓           ↓                          ↓
执行预设      不执行                    执行最优
决策和控                              决策和控
制功能                                制功能

  （a）自动化系统工作原理           （b）自主化系统工作原理
```

图 3.29　自动化系统和自主化系统的工作原理

　　自动化系统工作原理的核心是外部触发输入必须处于预设的边界条件之内，才能进行判断，从而执行相应的功能指令。在相同的边界条件下，功能指令的执行相同。从本质来看，自动化系统主要依靠人类经验，并将其转化为边界条件在系统中进行预设。因此，自动化功能的实现受限于人类特殊经验、预设边界条件数量和运算执行速度等因素。当系统功能较为复杂时，使用自动化技术无法覆盖所有工作场景，需要人员在其控制环路进行监控，避免未知风险的产生。自主化系统一般不进行边界条件的预设，主要使用人工智能技术，依靠机器学习的经验，结合外部触发输入及其他条件的场景感知进行机器判断，生成相应的执行指令，执行指令具有不可预测的特点。自主化功能的实现主要受限于算法质量、运算速度和训练库范围等因素。从自动化和自主化的工作原理来看，两者功能实现有着本质的不同，随着核心处理器技术的高速发展，芯片的处理速度和运算能力显著提高，应用自动化技术可以预设的边界条件不断增多，覆盖场景不断扩大，自动化技术在人员在环的情况下，可以实现一些简单的自主化功能，如辅助决策系统等。但是在复杂自主化系统领域，自动化技术无法实现完全自主功能，如与航行安全、环保及保障相关的自主化功能。

　　现阶段，自动化还是船舶控制系统的主流应用技术。在降低船员劳动强度、减少船舶配员、提高船舶运营安全等需求的驱动下，船舶技术开始由自动化向自主化过渡。船舶自主化技术的应用核心是使用机器等效替代人员对船舶功能进行控制。因此，要从理解人类控制行为的角度来探讨船舶自主化技术的发展思路。船舶自主化系统与人类对特定事件的处理流程类似，分为场景感知、决策和执行三个过程，分别位于自主化系统架构的信息层、决策层和控制层，信息层负责采集、融合有效信息为决策层提供信息输入，决策层根据信息的输入生成执行方案，控制层根据执行方案控制船舶系统。其中自主化系统的信息层和决策层主要使用自主化技术进行实现，控制层一般采用自动化技术即可实现。近年来，我国智能船舶系统从辅助决策系统向部分自主化系统进行过渡，即由自动化向自主化发生质变。随着处理器技术和相关算法的融合发展，船舶技术自主化的发展成为现实，部分自主化系统已进入试验阶段，确保船舶自主化技术应用的安全、环保已经成为航运界关注的焦点，国际海事组织海上安全委员会第 100 届会议批准了《海上自主水面船舶试验暂行指南》，在促进船舶自主化技术发展的同时，防范船舶自主化技术应用带来的未知风险。在船舶技术从自动化向自主化发展的过程中，不仅要思考船舶自主化技术实现的技术路径，对船舶自主化技术应用进行安全管控也将成为一个重要的研究方向。

3.6.3 船舶运维技术发展趋势

船舶智能化设计与制造可以为船舶行业节省更多的人力、物力资源，在节省成本的条件下有效提升船舶运行的质量水平和安全性能。在商业运营船舶中利用智能化技术可以为船舶维护及故障处理提供更好的指导措施，有效降低维护及故障处理所需要的船舶技术人员配置，促进其获得更好的发展。船舶智能化水平的提升可以降低对人力资源的需求，对船舶的航行及管理提升具有较高的促进作用，船舶的维护及巡视工作要求也会有所降低。但是智能化系统如 IBS 在使用过程中往往会因为系统漏洞产生疏忽，无法及时发现船舶航行过程中出现的全部问题，此时因为人工巡检的周期延长，可能导致故障长时间未被发现，进而引发更大的问题。当前在提升船舶智能化技术的同时也需要重点关注系统的可靠性，加强对船舶巡检及系统稳定性和可靠性的研究，降低系统的错误概率。

船舶的智能化设计与制造过程中需要做好对船舶各类信息数据的整合处理，避免出现数据信息随意处理影响其使用价值的问题。例如，在应用 IBS 对船舶运行状态、周边环境监测、船舶控制等众多数据信息整合处理的过程中，如果不能结合船舶自身状态对各类参数进行高质量的分析，将会出现众多遗漏，影响船舶运行的稳定性。在进行船舶航线规划时，如果不能对环境特性分析及船舶状态检测的数据进行有效结合，将会导致所提供的数据并非最优化的结果，造成更多的资源浪费。

按照《中国制造 2025》对海洋工程与高技术船舶在 2025 年实现船舶工业制造强国的要求，围绕高技术船舶和海洋工程装备技术规范和行业发展需要，面向船舶设备行业需求和特点，以全面数字化、核心智能化为抓手，以补齐产业短板、推动设备智能化升级为总体目标，整体规划、分步实施，打造有竞争力的品牌产品，形成技术、品牌和产业链生态优势，全面提升产业的研发设计、核心制造以及全球服务水平。

围绕船舶系统设备自主设计、集成配套、核心制造和全生命周期服务的需要，以突破智能化关键技术、打造智能化制造和智能化产品为主线，整合产业链优势资源，分步实施，逐步提升产品的研发能力、制造能力、服务能力的智能化水平，实施路径如图 3.30 所示。率先实现船舶配套的数字化，在产品研制过程中建立集成互联的信息化系统，实现智能终端的远程监控；在数字化基础上实现系统设备网络化，建立透明化、可视化和基于数据决策的产品制造和管理环境，实现产品远程操控、数据辅助决策和优化；在数字化、网络化基础上实现船舶配套智能化，实现智能制造系统的预测和自适应优化，实现设备无人操作、自适应控制和自主维护，最终实现由自动控制到自主决策智能体的优化。

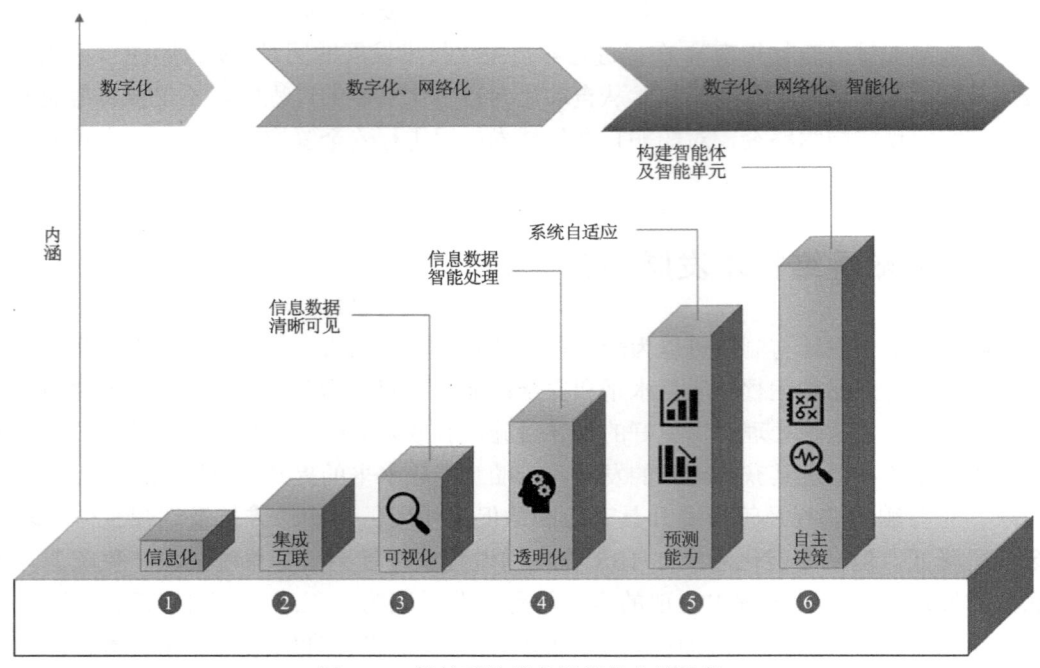

图 3.30 船舶系统设备智能化实施路径

针对未来船舶系统设备智能化的需求，可借助数据、信息和知识，实现智能体的科学管理，如图 3.31 所示。首先，采用先进的仿真设计平台，实现船舶配套产品研发设计智能化；其次，利用现代制造工艺，结合状态感知监控手段实现产品的智能化；再次，依托智能产品集成，构建满足船舶功能需求的智能体及智能单元，实现多智能体集成智能化；最后，利用现代管理手段，实现系统设备的智能运维。架构过程中围绕企业核心

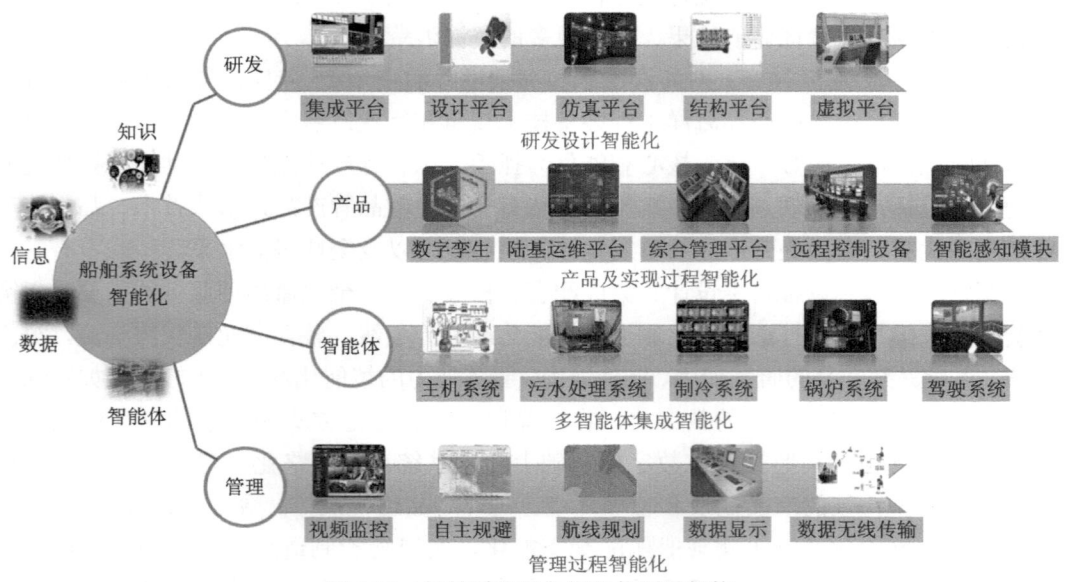

图 3.31 船舶系统设备智能化顶层架构

管理和决策建立智能化集成环境、数据体系和基础环境，面向产品研发、制造和服务过程，建立智能化虚拟设计环境、智能化精益生产环境和智能化产品数字孪生环境，构建产品全生命周期过程产业基石。

2021年11月1日，川崎重工株式会社（Kawasaki Heavy Industries，Ltd，KHI）和川崎汽船株式会社（Kawasaki Kisen Kaisha，Ltd.）宣布双方共同开发用于海上自主水面船舶的基于人工智能的船舶机械作业支持系统，双方已就"基于人工智能的船舶机械作业支持系统（AI -based marine machinery operation support system）"签订合作开发合同，预计该系统将成为未来实现自主船舶运营的核心技术的一部分。该系统将基于人工智能对船舶机械运行数据进行数据分析，具有故障预测/诊断、视情维修和优化运行支持等功能。

该项目的目标是结合川崎汽船株式会社从"川崎综合船舶解决方案"（一种船舶ICT系统，可通过陆上通信网络从陆上管理办公室进行船舶运营管理、状态监测、性能分析等）收集的大量船舶操作和船舶机械操作数据及其多年的船上机械操作和维护经验，以及川崎重工株式会社在建造船舶和推进装置方面的技术和专业知识，并让人工智能学习这些数据和知识来完成系统。该系统不仅管理特定的设备，还管理整个船上的机械，包括主机和发电机。在开发该系统时，首先将针对具有柴油推进装置的船舶，然后在下一阶段针对具有各种类型推进系统（如蒸汽轮机和电力推进系统）的船舶。该系统将为船上的船员及陆地上的船舶管理人员提供故障预测和故障诊断相关的有用信息。这不仅能够防止发生重大发动机故障，还有助于规划有效的维护计划，并根据工厂的状况提出发动机的最佳运行状况，最终提高燃料消耗并为减少温室气体排放作出贡献。

首选网络株式会社（Preferred Networks）成立于2014年3月，一直在与交通系统、制造业和生物等许多不同领域的领先公司合作，逐步实现机器学习和深度学习在工业中的应用。作为机器学习/深度学习应用领域的一部分，Preferred Networks一直在利用其尖端技术基于使用时间序列数据的异常检测和工厂的运营优化来预测工业设备的故障。Preferred Networks以其在深度学习和机器学习方面的尖端技术而闻名，正在与川崎重工株式会社和川崎汽船株式会社两家公司一起开发海洋人工智能（marine AI），这是执行故障预测和运行状况诊断的系统的核心。海洋人工智能将在船上和云系统中实施。船载系统学习船舶的运行数据并使用它们进行实时诊断。云端系统定期收集每艘船上积累的数据，并集中用于进一步学习，使其变得更智能，并为任何类型的船舶提供故障预测和诊断及最佳运营支持。已经为海洋人工智能的核心技术建立了概念验证，用于故障预测和诊断。通过"川崎综合船舶解决方案"从各种船舶收集到的大量数据，以及从最新传感器中获得数据，川崎重工株式会社和川崎汽船株式会社将进一步开发多功能的海洋人工智能技术，以适用于任何类型的船舶。

川崎重工株式会社和川崎汽船株式会社双方充分利用其在造船和海上运输方面的专业知识，与具有特殊知识和技术的其他行业实体合作，加速系统开发，以实现未来的船舶自主运营。川崎重工株式会社和川崎汽船株式会社将致力于实现更安全的海上作业、改善海员的工作环境、提高海洋行业的竞争力。

3.7 智能船舶岸基中心

3.7.1 船岸协同与智能船舶岸基中心

智能船舶的出现，对船岸协同提出了新的要求。对于新型智能船舶，船岸关系将发生改变。由于船舶的智能化，船员将会减少，智能船舶可利用船载的传感器将环境等信息实时上传至服务器，供船舶控制人员参考决策。传统船舶的通信和数据交互将不能满足智能船舶的发展需求，需利用现有的通信和物联网技术，结合智能船舶的发展趋势，构建新的船岸关系。船舶航行仅靠船上的设备有时不足以应对全部工作场景，因此，从多种途径为船舶航行提供各种支持是十分必要的。此外，智能船舶虽能在一定程度上完成航行任务，但作为船舶的所有者和水运交通的管理者仍需要对其进行实时监控和管理。岸基中心作为一个具有支持、管理功能的基地，主要进行船岸协同工作，它对智能船舶、智能航运的发展将起到关键作用。岸基中心需要实时接收船舶的状态信息、环境信息，以及海图、气象、港口等第三方支持信息，以便对船舶实时监测，并且要求在控制站显示船舶控制状态、海况与气象信息、周围场景信息与船舶综合信息。

船舶智能航行"船岸协同"系统可首先分为岸端系统和船端系统。两个系统进行无缝耦合协同可实现优化船岸资源配置，增强船舶智能航行技术可靠性，提升船舶交通安全和效率。岸端系统为船端系统提供有关航行的信息支持与手段支持。信息支持的种类包括有关航行的基础信息和船舶认知、决策、执行的信息。基础信息包括航行水域类型、水文气象地形交通条件、船舶交通、海事交通管理、港口码头和障碍物信息等。基础信息来源于气象、船舶档案、港口和航线数据等，还包括船舶自动识别系统、船舶交通服务和船舶数据管理信息系统等提供的数据，基础信息数量庞大、数据差异与空间分布差异大。船舶认知、决策、执行的信息来自针对船舶智能航行"船岸协同"新需求而建立的岸基船舶智能航行认知、行为决策、控制决策、执行等信息支持系统，手段支持的种类包括远程遥控、驾驶和干预等。岸端的信息支持与手段支持以完善的船岸通信系统为基础，基于相应的数据组织和传输策略与船端系统进行耦合。岸端系统组成包括船舶智能航行岸基基础信息支持部门、船舶航行支持保障服务系统及针对船舶智能航行新需求而建立的岸基信息、船岸通信和船岸数据组织传输策略系统。

"船岸协同"关系可分为以下三种模式。

（1）岸端为船端提供船舶智能航行的水文、气象、地形、交通条件等基础信息，即通过船舶智能航行岸端基础信息支持系统构成要素与船端环境态势感知系统要素共同形成船舶对航行态势的感知和理解[136-139]。这些信息由船端认知、行为决策、控制决策与执行系统进行分析、决策和执行。该模式对船舶的智能性和对信息的处理能力要求较高。

（2）岸端为船端提供如障碍物、速度控制决策、转向时间与幅度信息等，即岸端为船端提供船舶智能航行认知、行为决策和控制决策信息。这些信息由船端认知、行为决策、控制决策和执行系统进行分析、决策和执行，但认知、行为决策和控制决策与第一种模式不同。该模式对船舶的计算能力要求相对较低。

（3）在智能船舶途经复杂危险航段、遭遇极端天气，或船舶发出危险、救援预警等情况下，岸基采取远程遥控、驾驶和干预等对船舶进行控制。远程遥控、驾驶和干预系统与船端系统互相独立，以岸端远程遥控、驾驶和干预系统要素行为或指令优先，岸端系统控制时，船端只执行，岸端取消控制后由船端继续执行。该模式对船舶的智能性要求较低，但对岸端和船端的通信的可靠性要求较高。

3.7.2 智能岸基中心的功能需求

与以往的船舶交通服务（VTS）中心管理职能不同，只有智能岸基中心和智能船舶进行充分配合，才能实现"船岸协同"，除对船端需要进行相关要求外，对岸基中心建设也提出了新的需求。因此，在进行岸基中心规划和建设时应在以下几个方面提出具体要求。

（1）通信功能。通信是联系岸基中心与智能船舶的纽带，通信覆盖的范围、容量、带宽都与岸基中心能够提供的服务和管理的范围密切相关。因此，岸基中心必须具备足够的通信能力，才能在所辖范围内支持和管理相应的船只。当然，岸基中心坐落在陆地上，一般具备足够条件可以采用多种通信方式与水面船只进行通信，但通信的容量、可靠性仍会受其通信能力的影响。在设计岸基中心时，其通信能力应与其辖区范围、提供的服务内容、管理船只的数量相匹配。

（2）信息支持功能。信息支持是船岸协同中由"岸"对"船"提供的重要服务。智能船舶本身虽然配备了相关感知设备，具备相当的感知能力，但仍受感知设备的约束，感知范围是有限的。岸基中心可以综合各种公共资源，如水文、气象、交通环境等信息，以及多船所提供的感知信息，对所辖区域智能船舶提供信息支持。智能船舶通过岸基信息支持功能，可以获得更广泛、更全面的感知信息。此外，岸基中心应较智能船舶配备更为强大的计算资源、数据资源和模型资源，从而提供对相关信息更为深入和精细的分析，降低智能船舶对船载计算资源的要求。这样智能船舶也可以采用服务器客户机模式，直接从岸基中心获得计算结果供自身使用。

（3）智能管理功能。作为智能航运的一部分，从全局来关注和管理区域内航运过程是岸基中心的基本任务。岸基中心能够掌握所辖区域内全局状态，借助自身强大的计算资源、数据资源、模型资源对所辖区域内的船只进行优化调度和管理，并根据水文、气象、交通环境等公共信息，向管理者提供船舶交通流、限制性拥堵情况、水域通过能力、船舶交通密度、速度时空分布、协同调度等信息，提升该区域的交通安全和效率。

（4）人机交互功能。岸基中心是智能船舶同岸基人员的交互接口，也是无人船同管理人员交互的唯一途径。这不仅是船岸设备间的信息交互，还涉及人机交互问题。岸基中心的人机交互功能将智能船舶所感知的信息传输至岸基人员，同时岸基管理者容易执行智能船舶的各种指令和决策，减轻岸基人员的工作强度。岸基中心人机交互功能既要考虑智能船舶航行、驾驶时需要的人机交互，也要考虑智能船舶机舱维护人员进行设备故障检测和维护时的人机交互，还要考虑航运管理者的人机交互。

岸基中心通过实现上述需求，将船和岸紧密地联系在一起，并成为人和船进行交互的密切纽带。在智能船舶模态、智能船与有人船混合模态下，在不同的航行场景下存在船岸协同的最佳协同配置方案，实现优化船岸资源配置，增强技术可靠性，提升船舶交通安全和效率。

3.7.3 智能岸基中心发展现状

随着智能船舶的理念深入航运的各个领域，岸基中心的建设也逐渐被纳入各国的建设日程中。我国目前已完成全国沿海和内河一期船舶自动识别系统（AIS）岸基网络系统建设，这是全球规模最大的 AIS 岸基网络系统。我国现行内河航行的 100 t 以下的客渡船、客滚船、高速客船、旅游船和危险品运输船将全部配备自动识别系统设备。北京海兰信数据科技股份有限公司作为我国海洋信息领域的龙头企业已经率先研发并设计了"智能船岸基系统"，该系统以 iCommander 的核心模块为基础，通过数据可视化、高密度实时船队信息监控展示、便捷的交互操作，实现船岸两端人员高效、协同工作。通过运用数据分析和机器学习的算法，结合监控、分析、辅助决策相互渗透的功能，提供富有层次的智能化应用。该系统在岸端实现船队航行管理，规划、优化船舶航线，评估机舱设备健康及能效，提供辅助决策，并尝试为智能航行 2.0 的远程遥控做技术准备。

韩国大宇造船已于 2021 年 5 月正式启用大宇造船智能船舶解决方案岸基控制中心，为船东提供数据分析服务。通过该智能船舶解决方案，大宇造船可采集自己建造的在实际运行中的船舶产生的庞大数据，并确认船上主要设备的状态，实时传送到公司的岸基控制中心。岸基控制中心通过收集并监控来自全球各海域的多个船舶的航行数据，同时对气象及港口信息、燃料价格、运费指数、经济指标等外部数据进行综合分析，为各船东提供定制化的服务。岸基控制中心可以实时共享船舱内的发动机和液化天然气储罐等主要设备状态的数据，灵活应对各种突发情况，并对出现各种缺陷的可能性做出早期诊断。基于这些信息的分析对相关产业的共同成长也会产生积极效果，既可以向配套企业提供船舶发动机等主要设备的运行数据及新产品开发所需的实测数据，也可以为船级社进行船舶检验的基础设施建设提供帮助，同时，还可为正在确保数字化竞争力的全球主要港口提供提高运营效率的信息。

挪威船级社（DNV）探索将船舶机舱集控室转移到岸基机舱集控中心，旨在研究机械和自动化系统的远程操作。一个或多个轮机长的团队可以从该岸基机舱集控中心对整个船队进行推进和辅助机械系统的远程操作。现在岸基机舱集控中心的基本功能已经得到了验证，并正在开展数据分析服务，将使用增强现实的智能眼镜进行远程故障排除测试。DNV 于 2021 年发布遥控船舶操作员（remote vessel operators）新的能力标准和推荐实践，成为第一个船舶遥控中心操作员（remote control centre operators，RCCO）设定能力要求的船级社。智能软件系统和增强的船岸连接为远程解决方案和航运自主权的发展奠定了基础。然而，尽管技术解决方案已经到位，但尚未确定对这些船舶的监控、支持和/或控制人员的能力要求。针对遥控中心操作员的新 DNV 能力标准（DNV standard: competence of remote control centre operators，DNV-ST-0324）[140]和支持性推荐做法（DNV recommended practice: certification scheme for remote control centre operators，DNV-RP-0323）[141]改变了这一点。DNV-RP-0323 指导遥控中心对其操作员进行考试并作为认证机构颁发认证证书，它还涵盖了考生在参加 RCCO 考试之前的能力建设过程，例如遥控中心本身的学习计划和实践课程。DNV-ST-0324 列出了操作自主或遥控船舶所需的能力，包括三方面的能力：①遥控中心（RCC）内的应急处理和资源管理；②在遥控下代表船舶与第三方通信；③人机交互。为了确保这一新兴领域的透明度并在用户和公众之间建立信任，考试中心、认证机构及培训中心、其 RCC 模拟器和 RCCO 学习计划也可以通过 DNV 认证。

日本于 2021 年 9 月建成了无人自主水面船舶（crewless autonomous surface ships）船队运营中心（fleet operation center，FOC），如图 3.32 所示。30 家日本公司已完成了船队运营中心的建设，为无人自主水面船舶提供陆上支持。船队运营中心是涵盖无人自主水面船舶操作所需功能的综合系统的一部分。船队运营中心的目标是成功进行无人自主水面船舶示范试验，在 2025 年前实现无人自主水面船舶实际应用。船队运营中心将从船舶收集信息，丰富岸上现有的信息，并监控和分析船舶的运行状态，提供岸上支持。船队运营中心操作员能够在紧急情况下遥控操纵船舶。

图 3.32　日本船队运营中心

此外，欧盟和英国则正在着手通过改造和升级原有的船舶交通服务中心来实现智能岸基中心的功能。

第 4 章

智能船舶法律规制

水面智能船舶或无人船舶概念及其相关技术早在 50 多年前就已经在军事和科学研究的远程控制水下航行器（潜航器）上得到应用。随着遥控水下航行器技术的逐步成熟和应用，2010 年前后，借助水下遥控技术经验发展自主水面船舶的概念及商业应用的科研项目开始出现。其中影响较大的当属在欧盟资助下于 2015 年 8 月完成的智能化网络支持的海上无人导航项目，该项目通过梳理可能影响自主航运发展的关键技术、操作和法律因素对智能船舶进行了先导性、概念性相关研究。在此基础上，欧美国家的设计和信息技术公司进一步发展了针对智能船舶的实船设计研究。据报道，2018 年 12 月，由芬兰 Finferries 公司与 RR 公司联合设计开发的长约 53.8 m 的双体汽车渡轮"Falco"号在芬兰海域进行了世界上首次约 1.5 n mile 的完全自主海上测试。由挪威 YARA 和 Kongsberg 公司联合开发的世界上首艘自主集装箱船"YARA Birkeland"号已交付使用，该船于挪威东南部 3 个港口之间约 40 n mile 的限制性航线上航行。此外，军用水面智能船舶的发展也同样引人关注，其中的代表是美国海军船长约 130 ft（39.624 m）的"Sea Hunter"号，该船于 2018 年交付海军，能够在无补给情况下以完全或部分自主方式航行 70 天。

从这些船舶技术发展和应用案例可以看出，智能船舶正在成为未来海上船舶的主要发展方向。同时，智能船舶技术和应用的不断发展，必然对以海商法（maritime law）为代表的调整海上运输、航行安全及环境保护的法律规范带来冲击和挑战。智能船舶引发的法律问题，越来越成为国际海事界的关注焦点，无论是以 IMO 为代表的政府间国际组织，还是各国主管机关、海商海洋法学界都认为，智能船舶对现行海洋法律体系的影响是全方位的，甚至可能是颠覆性的。这些受到影响的法律既包括以《联合国海洋法公约》（United Nations Convention on the Law of the Sea，UNCLOS）为代表的国际海洋公法、由 IMO 负责制定修订的公法性质的国际海事公约，以及相应的各国有关船舶航行安全环保的行政管理方面的国内法律，也包括诸如海上货物运输、海上船舶避碰规则及与船舶碰撞、污染和救助有关的私法性质的国际公约和相应的国内立法。总之，智能船舶是否能够朝着有利于符合并促进国际社会健康可持续发展的方向发展，法律方面的规制与技术层面的进步同样重要。在国际层面，由 IMO 海上安全委员会主导的监管范围界定（regulatory scoping exercise，RSE）工作已经完成，但针对智能船舶监管的实质性的国际立法修改甚至出台新的国际立法则至少在未来若干年以后才有可能成为现实。但是，IMO 海上安全委员会针对 MASS 试航临时导则（interim guidelines for MASS trials）的出台，为 MASS 法律监管工作的开展迈出了实质性的一步。本章将结合现行国际国内法律体系的现状，参考相关研究文献，对现行法律对智能船舶适用性、可能的冲突及相应的规制手段和内容等问题进行综合性阐释梳理，为未来针对智能船舶发展对相关法律作出修改或制定新的立法提供参考。

本章中的智能船舶采用 IMO 关于 MASS 的定义，是指在不同程度上可以无人员介入而独立运行的船舶。根据船舶独立运行（操作）程度的不同，IMO 将智能船舶进一步分为 4 个等级：第 1 级（M 级）是指操作由船员实施，但具有自动处理和辅助决策功能，在一定条件下可实现驾驶台无人值班的船舶；第 2 级（R 级）是指操作由船外人员远程实施，但配有船员在船待命适时接管的船舶；第 3 级（RU 级）是指操作由船外人员远程实施，并且无船员在船的船舶；第 4 级（A 级）是指根据预先设定的算法（人工智能）做出决策和风险判断，操作完全由船舶自主实施的船舶。

4.1 智能船舶的法律地位

4.1.1 商用智能船舶

1. 国际公约中的法律地位

1)《联合国海洋法公约》中智能船舶的法律地位

《联合国海洋法公约》所规定的船舶在英文文本中分别用"ship"和"vessel"表示，但是没有阐明两者的区别。《联合国海洋法公约》中文文本对"ship"和"vessel"采取了不同的翻译方式，将"ship"翻译为"船舶"，将"vessel"翻译为"船只"。但是从其他国际公约的规定来看，"ship"和"vessel"都可作为船舶的统称，并无严格区别。《联合国海洋法公约》在船舶的属概念（上位概念）下又规定了军舰（warship）和政府船舶（government ship）两个种概念（下位概念），并对军舰进行了定义，但是对政府船舶未作出定义。《联合国海洋法公约》第20条还规定了可在海面下航行的"潜水艇和其他潜水器"，但也没有对其作出定义。

从这些概念的逻辑关系看，《联合国海洋法公约》中的船舶应当作广义解释，在遵守公约规定条件的情况下，智能船舶可以纳入《联合国海洋法公约》所规定的船舶范畴，并应进一步划分为商用智能船舶和军用或政府公务智能船舶。理论上，对于智能船舶是否为船舶这一问题，多数研究者认为智能船舶（无论用于商业还是非商业目的）应当属于《联合国海洋法公约》意义上的船舶。《联合国海洋法公约》关于船旗国或沿海国权利和义务的规定也适用于智能船舶的船旗国或沿海国。但也有观点主张，对于智能船舶是否符合《联合国海洋法公约》及其配套的IMO公约关于船舶的要求问题不能一概而论，应当根据公约具体规定进行适当解释。在未对相关规定作出修改或明确的情况之下，对为适应智能船舶的应用而扩大或改变公约的适用范围和情形的做法应当持谨慎态度。

需要指出的是，《联合国海洋法公约》并未对船舶作出定义或明确指出船舶所必备的条件。虽然《联合国海洋法公约》关于"每艘船舶都由具有适当资格，特别是具备航海术、航行、通信和海洋工程方面资格的船长和高级船员负责，而且船员的资格和人数与船舶种类、大小、机械和装备都是相称的"，以及"船长、高级船员和在适当范围内的船员，充分熟悉并须遵守关于海上生命安全，防止碰撞，防止、减少和控制海洋污染和维持无线电通信所适用的国际规章"等内容对船舶人员作出了规定，但是多数研究者认为船上是否有船员不是《联合国海洋法公约》所规定船舶的必备条件。根据《联合国海洋法公约》的文义和体系解释，从船旗国对船长、高级船员和船员应采取的措施这一规定并不能直接推导出船上有船长、高级船员和船员是《联合国海洋法公约》所规定船舶的构成要件的结论。原因有二：第一，《联合国海洋法公约》定义船旗国的义务时应包括较广泛的外延，才能尽可能涵盖船旗国应采取的措施，达到将船长、高级船员、船员都纳入船旗国应采取措施的主体范围内符合制定条约的目的；第二，无论是《联合国海洋法公约》第九十一条"每个国家应确定对船舶给予国籍。船舶在领土内登记及船舶悬挂该国旗帜的权利的条件",还是《联合国海洋法公约》第九十四条第2款（b）项"根据其国内法，就有关每艘悬挂该国旗帜的船舶的行政、技术和社会事项，对该船及其船长、高级船员和船员行使管辖权"，条文只是将对船舶的认定及管辖权置于国内法规定的领域。因此即使不配备船员的智能船舶，也应属于《联合国海洋法公约》所规定的船舶并受公约相关规定的约束。

2）《国际海上搜寻救助公约》中智能船舶的法律地位

在《国际海上搜寻救助公约》（International Convention on Maritime Search and Rescue，简称 SAR 公约）中："搜寻"（search）是指"由救助协调中心或救助分中心协调的、利用现有人员和设施（facility）以确定遇险人员位置的行动"；"救助"（rescue）是指"援救遇险人员、为其提供初步医疗或其他所需要的服务，并将其转移到安全地点的行动"；"搜救服务"（search and rescue service）是指"使用公共和私有资源，包括协作的航空器、船舶（vessel）和其他航行器和装置（other craft and installation），行使遇险监测、通信、协调和搜寻救助职能，包括提供医疗咨询、初步的医疗援助或医疗移送"。《国际海上搜寻救助公约》对"（搜救）设施"所下定义为"任何可用于搜救行动的移动资源，包括指定的搜救单位"。而"搜救单位"是指"由受过培训的人员组成并配有适合于迅速执行搜救行动的设备（equipment）的单位"。从上述定义可以确定，"搜救设施"应当包括船舶、其他航行器和装置及协作的航空器。虽然智能船舶是否属于海洋法中的"船舶"目前尚存在分歧，但即使智能船舶不能作为《国际海上搜寻救助公约》中的"船舶"，其仍可以作为"航行器和装置"，符合"搜救设施"的定义。故而，智能船舶符合《国际海上搜寻救助公约》关于搜救设施的定义，其可以成为用于搜救行动的移动资源。但是因其不符合"搜救单位"定义中"由受过培训的人员组成"这一条件，故缔约国如果仅仅使用（不配备人员的）智能船舶作为搜救单位进行搜寻和救助活动，似乎不符合《国际海上搜寻救助公约》要求。

与传统船舶的海上搜救相比，智能船舶可以通过先进的传感器技术，包括红外雷达和热扫描仪，提高在事故海域的搜寻和探测能力，而且在无人智能船舶进行搜救的情况下，可以无须考虑救助行动是否使船上人员置于危险之中，也避免了更多的风险。因此，随着智能船舶的不断发展，《国际海上搜寻救助公约》有必要作出修改，将智能船舶纳入该公约中的"搜救单位"。

3）《国际海上人命安全公约》中智能船舶的法律地位

《国际海上人命安全公约》（SOLAS）主要涉及远洋船舶的人命安全保障，同时对船舶的结构、设备及人员的操作性也有相应要求。该公约中的船舶指悬挂缔约国国旗的船舶，但是军用舰艇和运兵船，小于 500 总吨的货船、非机动船、制作简陋的木船、非营业的游艇、渔船除外。

《国际海上人命安全公约》的基本前提就是船舶要配备合格的船长和船员。那么，《国际海上人命安全公约》对船舶船员的要求应当也可以适用于智能船舶。第一，《国际海上人命安全公约》虽然规定了最低配员的要求，而且援引了国际海事组织的《安全配员原则》，但是两者都没有对"最低"做出解释，即并未规定最低标准如何。《安全配员原则》既未规定船舶上必须至少有一名安全配员，也没有安全配员必须在船的明确要求。因此当一艘船舶人员配置合理时，其最低在船配员人数可以是零。第二，船舶自动化水平也是决定船舶最低配员的标准之一，当船舶自动化水平较高时，安全配员人数可以相应减少。第三，从《国际海上人命安全公约》的目的看，该公约及《安全配员原则》要求最低安全配员是为了船上人员的安全，但当智能船舶无在船人员时，《安全配员原则》对在船人员的能力要求与无人船并不相称，以传统船舶标准对待无人船，要求其设置安全配员既无可行性也无必要性。当无人船配备的技术能够使船舶在没有船员协助的情况下完成某些任务，最低在船配员要求不仅无法发挥其作用，反而成为技术发展的障碍。当面对与无人船极度不相适应的国际条约规定时，可依据功能等同原则对条约目的进行解释：如果无人船自身的控制系统、通信导航系统能够满足《国际海上人命安全公约》等公约所规定的航行安全要求，那便不一定需要严格满足最低安全配员的要求。

此外，《国际海上人命安全公约》第五章第33条还规定，处于能提供援助位置的船舶，船长在收到来自任何方面关于海上人员遇险的信息后，有义务立即全速前往提供援助。那么，在智能船舶上并未搭载船长、船员的情况下，智能船舶的操作人员是否需要操纵无人船以履行救助义务？首先，从《国际海上人命安全公约》文义看，所有的人命救助责任直接由船长承担。那么远程操作人员虽然不能完全等同于船长的身份，但是这些操作人员不仅负责控制船舶的航行速度、监管船舶的航行方向，同样也能接收船舶传递的遇险人员信息，并能决定船舶是否应暂停航行计划并帮助这些遇险人员。因此，在智能船舶由远程操作人员控制的情况下，根据工作职责和工作内容，远程操作人员应负责履行此项应由船长承担的人命救助义务。关于智能船舶远程操作人员履行人命救助义务的形式和方法，有观点认为，基于无人智能船舶的特殊性，其救助形式不应突破特定船舶设计、设备配备和船体构造带来的影响。若无人智能船舶的船载传感器探测到遇险人员的准确位置，继而向搜救机构或其他海上航行船只发送相关信息，或者无人智能船舶驶向事故现场，作为搜救机构和遇险人员的通信枢纽，这些行为都应被视为无人智能船舶恰当地履行了人命救助义务。

总的来说，从《国际海上人命安全公约》所规定的一般义务的角度来讲，缔约国政府应当采取一切必要措施以保障海上人命安全。但"船舶不具备船长"不应当成为无人智能船舶不履行公约义务的理由，在保障海上人命安全的义务方面，将无人智能船舶与传统船舶区别对待反而不利于无人智能船舶被国际社会所接受。因此，对无人智能船舶而言，《国际海上人命安全公约》所规定的船长船员的相关义务应由远程操作人员等能够实际控制无人船舶的人员承担，同时进一步明确相关人员履行相关义务的方式和标准。

4）《国际海上避碰规则公约》中智能船舶的法律地位

《国际海上避碰规则公约》（COLREGS）是调整海上避碰和航行规则的主要国际法律文件。为了确保航行安全，预防和减少船舶碰撞，《国际海上避碰规则公约》在第一条就明确规定："本规则各条适用于在公海和连接于公海而可供海船航行的一切水域中的一切船舶"。《国际海上避碰规则公约》中的"船舶"是指"用作或者能够用作水上运输工具的各类水上船筏，包括非排水船筏、地效船和水上飞机"。可以看出，这一"船舶"的含义更加强调运输功能，因此从事水上运输的智能船舶可纳入其适用范围。

《国际海上避碰规则公约》第十八条规定了特殊船舶的航行优先权及其他船舶的让路义务。其中第1款规定，机动船在航时应给失去控制的船舶让路。据此，当一艘船舶失去控制时，其他接近该船的在航船舶有责任采取行动避免碰撞局面的发生。此外，《国际海上避碰规则公约》第三条界定了"失去控制的船舶"的范围，即"由于某种异常的情况，不能按本规则条款的要求进行操纵，因而不能给他船让路的船舶"。这种异常情况主要包括发动机故障、舵机失灵、锚泊船锚链断裂而未备妥主机等情形。考虑上文对"失去控制的船舶"和"航行优先权"的解释，处于正常航行模式、没有遭遇意外事故，且技术设备良好运行的智能船舶不能被笼统地按照失控船对待，那么一般情况下，智能船舶也应当采取行动以履行避碰义务，普通船舶在航行中并不负有当然的让路义务。然而，鉴于当前智能船舶的科学技术水平尚不完全成熟，远程操作无人智能船舶的船岸间数据和指令传递存在延时甚至可能发生中断，以及智能船舶的网络系统遭到恶意攻击等诸多风险和可能性，无人智能船舶也可能符合"失去控制的船舶"的条件，在该情况下他船对其应负有让路义务。当然，即使在异常情况下，智能船舶自身仍然必须满足一定的安全标准和技术条件。例如：对于远程操作无人智能船舶，船上也须具有自主航行和避碰系统，在异常情形下应自动切换至自主航行模式（在最短时间以最安全方式航行至安全地点）；对于完全自主航行的智能船舶，根据《国际海上避碰规则公约》第二十七条第1款，在异常情况下，为了提醒其他过往船只的注意，智能船舶应显示条款规定的信号或灯光表明自身已经失去控制，这些异常情况下的技术和性能要求也应当是智能船舶的设计和建造的必然要求。

通过上述对《联合国海洋法公约》《国际海上搜寻救助公约》《国际海上人命安全公约》《国际海上避碰规则公约》的讨论可以看出，各个公约中关于船舶的定义并未将智能船舶排除。但是，这些公约中的某些具体规定却不能适用于智能船舶。例如，《国际海上人命安全公约》中对最低安全配员的要求标准，《国际海上搜寻救助公约》和《国际海上避碰规则公约》中要求船长船员等在船人员采取的行动或者义务，等等。因此可认为，在符合功能等同原则（functional equivalence）的情况下，智能船舶应当可以纳入现行国际海事公约的适用范围，至于因为智能船舶在技术、配员等方面的特殊性而导致与针对传统船舶作出的公约现行规定之间的冲突，则需要通过制定新的特别规定或者对原有规定进行修改来解决公约对智能船舶的适用性问题。

2. 国内法中的法律地位

1）行政法律法规中智能船舶的法律地位

传统商用海上船舶的基本特征，如浮动性、能够在水面受控移动、能够装载人员或货物、能够从事海上航行，智能船舶都可以满足。智能船舶与传统船舶根本的区别是，船上不配备传统意义上的船员或者船上配备的船员并不承担传统意义上的驾驶或管理船舶工作。

在我国国内法中，《中华人民共和国海上交通安全法》《中华人民共和国海洋环境保护法》《中华人民共和国船舶登记条例》《中华人民共和国船员条例》《船舶和海上设施检验条例》《船舶检验管理规定》等法律法规是调整与船舶有关的海上交通安全和海洋环境保护的主要公法渊源。《中华人民共和国海洋环境保护法》没有对船舶作出定义。2021年修订的《中华人民共和国海上交通安全法》第一百一十七条规定："船舶，是指各类排水或者非排水的船、艇、筏、水上飞行器、潜水器、移动式平台以及其他移动式装置。"《中华人民共和国船舶登记条例》第五十六条规定，船舶系指各类机动、非机动船舶以及其他水上移动装置，但是船舶上装备的救生艇筏和长度小于 5 m 的艇筏除外。《中华人民共和国船舶和海上设施检验条例》第二十九条规定，船舶是指各类排水或者非排水船、艇、水上飞机、潜水器和移动式平台。

以上船舶定义都没有包含船员这一要素，因此也都没有将智能船舶排除在外。尽管从文义上看，智能船舶似乎应当由这些海上法律法规调整，但因为现行法律法规均以配备船员的传统船舶作为规范客体，其中的很多规定都与能够无人员介入而独立完成操作的智能船舶存在冲突。仅以 2021 年修订的《中华人民共和国海上交通安全法》为例：该法第三十三条第 2 款规定，船舶应当满足最低安全配员要求，配备持有合格有效证书的船员；第三十四条第 1 款规定，船长应当在船舶开航前检查并在开航时确认船员适任、船舶适航、货物适载，并了解气象和海况信息以及海事管理机构发布的航行通告、航行警告及其他警示信息，落实相应的应急措施，不得冒险开航；第三十四条第 2 款规定，船舶所有人、经营人或者管理人不得指使、强令船员违章冒险操作、作业；第三十八条第 1 款规定，船长负责管理和指挥船舶；第三十八条第 2 款规定，船长应当采取必要的措施，保护船舶、在船人员、船舶航行文件、货物及其他财产的安全。船长在其职权范围内发布的命令，船员、乘客及其他在船人员应当执行。根据这些法律规定条文的整体性解释可以明显看出，现行法律要求船舶的管理、指挥、开航、作业等工作只能由适任且在船的船长、船员依照其职权和职责完成，包括船舶所有人、经营人和管理人在内的其他人不能代替和干预船长、船员的工作。因此，假如智能船舶在无船员介入情况下独立完成航行等操作作业将与这些法律规定相悖。未来为了适应智能船舶技术的实践应用，相关的法律要求应作出修改或作例外处理。

2）《中华人民共和国海商法》中智能船舶的法律地位

与行政法律法规不同，《中华人民共和国海商法》（以下简称《海商法》）主要调整与海上运输和船舶有关的民事法律关系。《海商法》第一章总则中规定，船舶是指海船和其他海上移动式装置，但是用于军事的、政府公务的船舶和 20 总吨以下的小型船艇除外。而根据第八章船舶碰撞的规定，碰撞一方应当是总则所定义的船舶，另一方可以是任何非用于军事的或者政府公务的船艇。也就是说，在《海商法》所调整的船舶碰撞关系中，如果碰撞一方船舶是《海商法》总则规定的船舶，另一方船舶可以扩大至用于军事的或者政府公务的船舶以外的其他船舶。

根据上述规定的文义，从事海上航行的研发试验阶段的商用智能船舶可以被看作海船，即使不属于海船，也应属于海上移动式装置。换言之，《海商法》也没有将船上工作人员（或船员）作为船舶的构成要件，或者说智能船舶没有被排除在《海商法》总则所定义的船舶范围之外，因而与其有关的法律关系应当纳入《海商法》调整范围。

但是，类似于行政法律法规的适用性问题在《海商法》中同样存在。以船舶碰撞规定为例，根据《海商法》第八章，船舶发生碰撞，是由于一船的过失造成的，由有过失的船舶负赔偿责任；碰撞的船舶互有过失的，各船按照过失程度的比例负赔偿责任；过失程度相当或者过失程度的比例无法判定的，平均负赔偿责任。可见，海上船舶碰撞责任的确定遵循过失程度比例原则。在非人员控制的智能船舶发生碰撞情况下，如何确定在自动航行状态下的船舶（而非船长、船员行为）的过失程度，将是一个前所未有的全新问题。

4.1.2 非商用智能船舶及其操作人员

1. 军用智能船舶

无论在国际法还是国内法中，军舰或军用船舶都具有重要法律地位。比如，在海上交战的权利只有军用船舶才能拥有，而其他类型的船舶只拥有有限的参与敌对行动的权利。《联合国海洋法公约》第二十九条中对军舰的定义为，属于一国武装部队、具备辨别军舰国籍的外部标志、由该国政府正式委任并名列相应的现役名册或类似名册的军官指挥（command）和配备有服从正规武装部队纪律船员的船舶。一般来说，军舰首先必须由军官指挥，并且军舰上的船员必须符合相应部队规章的要求，那么军官的指挥是否可以扩展为岸上军官的远程"指挥"，"军舰上的船员"是否可以包括在岸上或不在智能船舶的军事人员？

在《国际海上避碰规则公约》中，"失去控制的船舶"（vessel not under command）指由于某种异常情况，不能按照要求进行操纵的船舶。因此根据该公约，对船舶的"控制"应当主要强调的是船舶的航行安全（navigational safety）及与他船的互动，而并不限制实施控制的地点。另外，参考澳大利亚对指挥的相关定义，指挥是指军事部队指挥人员根据职级或职务对下属合法行使的权力，具体包括有效利用可用资源，以及制定运用、指挥、协调和控制军事力量的计划以完成分配任务的权力和责任，还包括对军人健康、福利、士气和纪律等方面所具有的责任。在这一定义中，指挥权的关键是指挥人员的责任、协作和努力方向，而远程操作并不影响这些要求的实现[142]。

基于以上论述，智能船舶能否具有军舰或军用船舶法律地位这一问题，其核心在于该船舶是否处于军事人员的指挥命令之下，即在于操纵该船舶的人员的身份，而并非该船舶的操纵方式。对智能军用船舶而言，船上载有军事人员并不是其作为军用船舶的必要条件。而且，船上载有军事人员也不是《联合国海洋法公约》关于军用船舶定义的要求。随着技术和社会的发展，军官的指挥应该扩展至岸上军官的指挥，其实就目前的实际情况而言，有些对军用船舶的命令和指挥也确实来自岸上更高级别的军官。因此对智能船舶而言，即使未配备船员，只要其符合军用船舶的定义，便不应影响其在《联合国海洋法公约》下的军用船舶的法律地位。

2. 政府公务智能船舶

尽管《联合国海洋法公约》中出现了政府船舶（government ship）的概念，但并没有像军舰那样对其作出定义。根据《联合国海洋法公约》规定，用于非商业目的的政府船舶在公海上享有不受船旗国以外任何其他国家管辖的完全豁免权，他国不得对其进行登临检查、追逐、扣押或诉诸其他法定程序，其法律地位等同于军舰。

与《联合国海洋法公约》不同，《国际海上人命安全公约》原则上对军舰不适用，但该公约并未明确将政府公务船舶排除在其适用范围之外,因此该公约关于船舶安全的要求对政府船舶应适用。

从《国际海上避碰规则公约》的规定来看,该公约并没有因为船舶性质的不同(如商用船舶、军用或政府船舶等非商用船舶)而加以区别对待,而是将船舶规定为"用作或能够用作水上运输工具的各类水上船筏,包括非排水船筏、地效船和水上飞机",而且在其第一条适用范围中明确规定:"本规则适用于公海和连接于公海而可供航行的一切水域中的一切船舶"。因此,除第一条第3款规定以外,《国际海上避碰规则公约》的各项规定原则上同等适用于作为军用船舶或政府船舶的智能船舶。

《国际海上搜寻救助公约》只规定了搜救设施和搜救单位,对于符合搜救设施或者搜救单位定义的政府公务智能船舶,该公约应同样适用。

综上所述,现行主要国际海事公约都没有对政府公务船舶做出明确的定义,而《国际海上避碰规则公约》更是对用于非商业目的的政府公务船舶适用与商用船舶同样的规则,一定程度上反映了国际海事公约将政府船舶与商用船舶同等对待的立法意图。对于各国际海事公约对政府公务智能船舶的适用性问题,可以认为,在智能船舶被用作非商业性的政府公务船舶的情况下,只要它们属于相关公约的适用范围而且未被特别排除,则该类智能船舶应当受公约的约束,即在享有公约赋予的权利的同时应当履行公约所规定的义务。

4.1.3 远程操作人员的法律地位

1.《1978年海员培训、发证和值班标准国际公约》中远程操作人员的法律地位

根据《1978年海员培训、发证和值班标准国际公约》第三条适用范围,"本公约适用于在有权悬挂缔约国国旗的海船上工作(serving on board seagoing ships)的海员",在船上工作是《1978年海员培训、发证和值班标准国际公约》所适用/调整的海员的必要条件。而且《1978年海员培训、发证和值班标准国际公约》主要规范船员的技术素质和值班行为,并要求各缔约国实行船员考试制度,对考试合格者颁发适任证书,只有持有适任证书的船员,才准许在船上担任相应职务。因此,该公约一般不适用于无人驾驶船舶,因为对智能船舶而言,有些智能船舶上并不配备船员,而是由远程操作人员进行远程操作,但是远程操作人员必然要承担一些原本属于船长和船员的职责,那么对于此类人员的适任资格,能否直接援引规范化、制度化的《1978年海员培训、发证和值班标准国际公约》呢?

由于《1978年海员培训、发证和值班标准国际公约》制定的时候并没有考虑不配备在船工作船员的智能船舶,该公约对船员的规定不能完全适用于远程操作人员,虽然无人智能船舶将与普通船舶在同一片海域航行,现实要求远程操作人员应像普通船员那样熟悉船舶的装置、设备、程序和特性,并熟练掌握航海技能等知识。同时,该项工作任务其实对远程操作人员的适任能力提出了更高的要求。一方面,当智能船舶面临碰撞、触礁、搁浅等危险时,需要远程操作人员发挥良好的判断力和决策力,正确履职;另一

方面，远程操作人员应对计算机、通信软件等高科技产品及其相应的知识具备一定的理解能力，这样才能在技术层面进一步保障遥控操纵无人船的航行安全。因此在遥控操纵无人船投入运营前，必须优先对远程操作人员进行统一的适任资格培训和认定。智能船舶远程操作人员需要与船上工作的船员一样了解船舶的设备和特性，具备航海技术素养，因此建议参考《1978年海员培训、发证和值班标准国际公约》内容，为远程操作人员在培训、值班与适任要求等方面作出新的法律规定。

2.《国际海上避碰规则公约》中远程操作人员的法律地位

在海上船舶密度不断增加，自然风险多变，各种海上碰撞事故不断发生的情况下，船东、船员、船旗国和国际社会都意识到要共担保证海上安全的责任。为了保证船舶海上航行安全，《国际海上避碰规则公约》在总结海上航行实践经验教训的基础上，对船员和船舶在海上航行船舶操作方面作出了相关规定。下面将从两个方面讨论《国际海上避碰规则公约》对船员的要求能否完全适用于智能船舶远程操作人员。

1）瞭望义务的规定

近年来船舶航行更加依赖航海仪器，船员疏于瞭望（look-out）或未能保持正规瞭望是很多海上事故发生的主要原因。航运界对瞭望促进航行安全和防止碰撞的重要性已经达成了共识，《国际海上避碰规则公约》在第二章"驾驶和航行规则"部分规定，在任何能见度情况下，每一船在任何时候都应使用视觉、听觉以及适合当时环境和情况的一切可用手段保持正规的瞭望，以便对局面和碰撞危险作出充分的估计。目前普通船舶配备雷达、电子导航和回声探测仪器等装置，船上船员可以了解船舶周围海面情况，分析和预测危险形势，最终作出避碰决策。但对智能船舶而言，即使船上没有船员，如果通过智能船舶的技术设备进行瞭望能达到人类视听所能感知的水平，那么该规则要求的瞭望义务在船上没有船员的条件下也能实现。智能船舶上装配了全方位摄像头等先进视觉传感器、更为敏感的传感器和雷达设备，船舶在海上航行时可以实时收集周围环境等精确信息并传到岸上操作中心。例如：尽早探测出较远处的物体位置，以便远程操作人员在确定航行路线时把这一因素考虑在内；及时发现近处物体的具体位置，以便远程操作人员采取紧急措施避开，消除碰撞威胁等。但是《国际海上避碰规则公约》中要求的"视力和听觉"是专属于人类的感知功能，各类电子科技设备虽然可以通过技术手段收集信息作出反应，但也只是发挥着辅助作用。对智能船舶而言，远程操作人员对数据和信息的评估和决策才是实现瞭望义务的关键，即只有远程操作人员对这些数据进行评估后，向船舶航行系统发出正确指令，瞭望才能真正发挥避碰的作用。由此产生了另一个问题，即《国际海上避碰规则公约》规定的瞭望义务是否只能由船员在船上履行。

首先，《国际海上避碰规则公约》对瞭望人员的数量及位置都没有具体的限定，虽然制定公约时瞭望人员的位置只有在船上这一种可能性。从实践来看，当前各类船舶都是依据船舶自身的航行实际安排瞭望人员。其次，技术进步一直是瞭望方式不断演进的前提，新近的航海技术包括自动雷达标绘仪（ARPA）、船舶交通服务（VTS）、自动报向仪、自动避碰系统（automatic collision avoidance system，ACASC），"保持正规的瞭望"并不排斥新型电子设备和远距离评估，但是它对船上电子设备记录信息的准确性、即时性、耐用性提出了更高的要求。英国相关的司法实践也释放出积极信号，即岸上人员可以代替履行该公约的瞭望义务[143]。可以认为，如果远程操作人员具备所要求的专业性足以满足实时远程控制船舶的航行，而且通过先进的视听传感器能实时获取充分的信息反馈，则可以对该规则中的瞭望义务作出扩张解释，那么这类瞭望行为并不违反该公约的相关规定。

2）良好船艺的规定

《国际海上避碰规则公约》为了保障船舶安全，要求船上人员在航行、停泊和作业等活动中，积极采取措施防范碰撞、搁浅等航行事故的发生。该公约第二条"责任"第 1 款中明确规定："本规则条款并不免除任何船舶或其所有人、船长或船员由于遵守本规则条款的任何疏忽，或者按海员通常做法或当时特殊情况所要求的任何戒备上的疏忽而产生的各种后果的责任。"第 2 款规定："在解释和遵行本规则条款时，应充分考虑一切航行和碰撞的危险以及包括船舶条件限制在内的任何特殊情况，这些危险与特殊情况可能需要背离规则条款以避免紧迫危险。"根据该条款，为了航行安全，可以在少数情形下违背该公约规定的航行规则的要求。

《国际海上避碰规则公约》第二条第 2 款实质是要求船员在面对具体情形时依据良好船艺作出是否遵循该公约规则的判断。而良好船艺要求负责船舶航行的船员在深刻理解《国际海上避碰规则公约》各项内容后，结合海上航行实践，探索和积累航海经验，从而具备相应的航海技能。根据航运历史及航海实践，船员必须充分评估当时船舶遭遇的困难和危险，并且发挥良好船艺，在特殊情况下采取替代《国际海上避碰规则公约》要求的具体航行措施。那么对于船上不配备船员的智能船舶，在这些少数危险情形下，是否也应当具备运用良好船艺的条件呢？原则上通信技术突飞猛进、瞬息万变，通信设备能够使船岸之间的交流互动实现瞬时性，通过传感器等先进设备，远程操作人员能实时感知船舶在海上航行中遭遇的具体危险或困境，同时远程操作人员具备了海上航行必备的专业知识和素养，这些操作人员就可以利用相关技术在岸上进行实时的判断，确定船舶是否应遵行《国际海上避碰规则公约》要求的航行行为。然而，如何确定远程操作人员的判断和行为是否符合良好船艺，则依赖良好船艺的一般认定标准。

对于完全自主航行智能船舶，传统意义的"良好船艺"似乎不再重要。完全自主航行智能船舶主要依靠自动避碰系统防止碰撞的发生，而这种自动避碰系统是通过预先编程的方式设置在计算机系统中的。尽管编程人员在编程设置时必然输入大量航海专业知识数据，但良好船艺所依赖的实际经验的总结与发挥，完全自主航行智能船舶难以完全实现。然而学界提出一种观点，将目光放在更早的步骤，即完全自主航行智能船舶的研发人员应加强视听传感器等设备与船上计算机系统的信息交流频率、信息反应速度，以保证船舶在早期就能正常行驶。但实际上，完全寄托于技术的进步过于理想化，近期的技术发展并不能完全达到这种程度，并且船员发挥良好船艺不仅仅需要考虑避免碰撞及航行安全，还涉及其他因素，如碰撞损失的程度等。若碰撞结果不可避免，船员将会根据实际情形来决定碰撞的对象或方式，以减少碰撞造成的危害和损失。对于这些要求，完全自主航行智能船舶基本上无法实现。

3. 其他法律法规及国际公约规定

《海商法》和《中华人民共和国船员条例》都明确了"船员"或"海员"的定义。《海商法》第三十一条规定，船员指包括船长在内的船上一切任职人员。《中华人民共和国船员条例》第四条规定："船员是指依照本条例的规定经船员注册取得船员服务簿的人员，包括船长、高级船员、普通船员。"《海事劳工公约》第二条第一款第六项规定："'海员'一词系指在本公约所适用的船舶上以任何职务受雇或从业或工作的任何人员。"该公约第二条第三款规定："如就某类人员是否应被视为本公约所指的海员存在疑问，该问题应由各成员国的主管当局与此问题所涉及的船东组织和海员组织进行协商后作出决定。"根据《国际海上人命安全公约》第一章第二条第五项关于旅客的定义，船员可以理解为在船上以任何职位从事或参加该船业务的人员。

综上所述，其他规定所涉及的船员都不应包括远程操作人员。一方面，由于这些规定制定时无人驾驶船舶尚不存在，这些规定显然仅适用于船员驾驶的船舶，而不能直接适用于智能船舶。在智能船舶出现之前，配备在船船员以保证航行安全可以说是理所当然的。但是，在智能船舶技术应用之后，配备在船船员就不应当是保证船舶航行安全的唯一选择。在智能船舶在性能上能够满足船舶配员规定标准的条件下，仅仅因为上述法律法规或公约关于在船船员的规定不适用于智能船舶而拒绝将配员规定适用于智能船舶，实际上是不合理的。

4.2 智能船舶航行安全的法律规制

智能船舶在技术上的革新往往对现有法律制度带来冲击，在现行规则和法律监管领域下，智能船舶对国际海上航行规则带来了适用性方面的挑战。由于传统船舶的概念被打破、新兴技术因素的介入及人为因素的减少，这些都导致智能船舶法律责任在主体、管辖、风险等很多方面相较于传统船舶都发生了不同程度的变化。国际公约对智能船舶约束机制的完善，各国船舶登记制度对智能船舶的有效监管等，都是现阶段亟须讨论的问题。对于构建新的法律框架，应当以坚持鼓励技术发展为导向，适当规范可预测到的实际问题，充分关注未来可能发生的法律风险，着眼于海事领域国际公约对智能船舶的具体法律适用，在现有国际公约和法律监管框架下，在对海上安全风险的有效防范的同时，兼顾鼓励技术进步。

4.2.1 智能船舶登记的法律条件

在海上航行中，船舶具有船籍和悬挂船旗是进行安全航行的前提条件，在公海上航行不悬挂船旗的船舶是不受保护的。船籍是船舶与国家之间隶属关系的表现。从国内法层面出发，船舶取得船籍是国家对船舶予以管辖和保护的依据；从国际法层面出发，船籍引起船舶及其所属国与其他国家之间的权利义务关系，船籍是船舶的法律人格并且为世界其他国家所接受的独特特征，是船舶与国家之间建立联系的表现。智能船舶也同样如此，必须通过在一国船舶登记处进行登记，取得该国国籍并获取批准悬挂船旗国国旗才能进行航行活动，并受到该船旗国的管辖与保护。

如前文所述，智能船舶仍被涵盖在现有船舶的定义下，随着智能船舶技术的发展应用，智能船舶登记作为未来海上安全航行的前提是值得关注的。

1958年《公海公约》第5条规定，各国应规定给予船舶国籍、船舶在其境内登记及享有悬挂其国旗权利之条件。船舶有权悬挂一国国旗者具有该国国籍。国家与船舶之间须有真正联系；国家尤须对悬挂其国旗之船舶在行政、技术及社会事宜上切实行使管辖及管制。各国对于准享悬挂其国旗权利之船舶，应发给有关证书。另外，《联合国海洋法公约》第九十一条规定，每个国家应确定对船舶给予国籍。船舶在其领土内登记及船舶悬挂该国旗帜的权利的条件。船舶具有其有权悬挂的旗帜所属国家的国籍，国家和船舶之间必须有真正联系。每个国家应向其给予悬挂该国旗帜权利的船舶颁发给予该权利的文件。

《中华人民共和国海上交通安全法》第十条规定："船舶依照有关船舶登记的法律、行政法规的规定向海事管理机构申请船舶国籍登记、取得国籍证书后，方可悬挂中华人民共和国国旗航行、停泊、作业。"

《中华人民共和国船舶登记条例》第三条规定："船舶经依法登记，取得中华人民共和国国籍，方可悬挂中华人民共和国国旗航行；未经登记的，不得悬挂中华人民共和国国旗航行。"第四条规定："船舶不得具有双重国籍。凡在外国登记的船舶，未中止或者注销原登记国国籍的，不得取得中华人民共和国国籍。"

《中华人民共和国船舶最低安全配员规则》第六条规定："确定船舶最低安全配员标准应综合考虑船舶的种类、吨位、技术状况、主推进动力装置功率、航区、航程、航行时间、通航环境和船员值班、休息制度等因素。"第七条规定："船舶在航行期间，应配备不低于按本规则附录一、附录二、附录三所确定的船员构成及数量。高速客船的船员最低安全配备应符合交通部颁布的《中华人民共和国高速客船安全管理规则》（交通部令1996年第13号）的要求。"第十二条规定："船舶所有人应当在申请船舶国籍登记时，按照本规则的规定，对其船舶的最低安全配员如何适用本规则附录相应标准予以陈述，并可以包括对减免配员的特殊说明。海事管理机构应当在依法对船舶国籍登记进行审核时，核定船舶的最低安全配员，并在核发船舶国籍证书时，向当事船舶配发《船舶最低安全配员证书》。"

以上国际公约和国内法规定，对智能船舶也应当适用。取得国籍、船舶登记及悬挂国旗权利的条件由各个国家自行决定，主要体现在以下三方面。

（1）船舶登记的条件由国家自主决定，每一个主权国家有权自行决定给予谁悬挂其船旗的权利，并且有权自行决定授予此项权利的具体规定。根据国际法每一个国家都有自行决定授予一艘商船本国国籍的权利。

（2）船舶登记的内容由国家自主决定。各国法定的船舶登记事项不尽相同，各国法律法规中通常规定船舶所有人拥有的船舶应当登记。而船舶所有人拥有的船舶是什么样的船舶则是根据各国的《海商法》《船舶法》及一些法院的判例确定。许多国家要求自然人必须是本国人，或是本国居民或定居在本国。如果船舶所有人是法人团体，则通常要求该法律实体位于登记国境内。

（3）船舶登记信息公示的事项由国家自主决定。这也是行政监管属性要求船舶信息披露。

1. 真正联系原则的适用

智能船舶的出现给真正联系原则带来了一定的冲击，从传统来看，船旗国对传统船舶的管理主要集中在海上劳动方面，通过对船长和船员的管理达到真正管辖的目的。由于智能船舶很大一部分会实现无人化，是否需要免除对船员的管理，抑或是转为对其他与船员有相同地位的操作人员的管理，真正联系原则应该如何构建等，是值得深入探讨的。

目前学界也在探讨在智能船舶时代是否还有再讨论船旗国与船舶真正联系的必要。一种观点认为：在智能船舶时代下，真正联系原则已经失去了其特殊意义；船舶国籍作为19世纪地理上划分国家边界的产物，船舶作为船旗国国家领土的一部分的观点已经过时，该原则完全就是一个错觉，而且航运实践本身就存在大量方便旗船，过去所提出的真正联系原则本身就存在疑问[144]。此外《联合国海洋法公约》是针对有船长、船员的传统船舶制定的，制定公约的各方并没有或并不足以预见到未来会出现智能船舶的可能性，或者说公约本身是否能直接适用于智能船舶尚不明确，在存在很多不确定性的情况下再去讨论真正联系原则其实是走错了方向。

学界也有观点认为：在智能船舶时代下，船旗国与船舶的真正联系仍然具有重要意义；智能船舶在缺少人的情况下，仅依靠自身系统设备进行识别、分析、决策，无疑增加了船舶的不稳定性和未知因素，如果未来各个国家都不再对真正联系原则予以实践，势必会导致航运实践中出现越来越多的方便旗船舶，这将给航运业秩序带来威胁，因此在船旗国和智能船舶之间建立真正联系原则仍有其必要性；未来可以通过免除智能船舶取得国籍登记的要求，把真正联系建立在对智能船舶和对岸基控制中心的管理上，以达到真正联系的目的。

需要注意的是，强调真正联系原则是因为开放登记的出现，非本国国籍的船舶所有人可以在本国登记船舶，这使船舶的直接船旗国与船舶本身的联系变得脆弱，船舶与船旗国船员之间的联系也减弱了。提出真正联系原则的初衷是为了确保船旗国能够更加有效地履行其义务，而非对船旗国船舶登记设立门槛标准。这也为进一步研究和探讨智能船舶与船旗国的真正联系原则提供了明确的方向。

2. 国内法的适用障碍

如上所述，与船舶登记有关的国内法律法规主要是《中华人民共和国海上交通安全法》《中华人民共和国船舶登记条例》等。关于船员，《中华人民共和国船舶登记条例》第七条规定，中国籍船舶上应持适任证书的船员，必须持有相应的中华人民共和国船员适任证书。另外，《中华人民共和国船舶最低安全配员规则》也确定了船舶最低安全配员的标准。

根据IMO对智能船舶的自主等级划分，M级和R级智能船舶目前还存在可适用的空间，但RU级和A级智能船舶由于船上不配备任何人员，则无法满足船舶申请中国国籍对船员任职资格和配员的要求。

在目前情况下,研发试验阶段的 M 级和 R 级船舶仍可继续沿用《中华人民共和国船舶最低安全配员规则》等现行法规关于船舶最低配员的要求,但对这两类船舶航行安全的最低配员应当通过法规予以明确。在将来 RU 级和 A 级智能船舶技术成熟的条件下,船上未配备船员不应当成为其取得国籍的限制因素。因此,通过法规另行规定智能船舶国籍登记条件,同时将传统船舶取得国籍的原有法律规定有条件适用于配备船员的智能船舶,这种双轨制方式可能更适合目前智能船舶的发展情况。

4.2.2 智能船舶安全配员的法律标准

1. 《国际海上人命安全公约》的适用及其障碍

船舶应当按照标准定额配备足以保证船舶安全的合格船员。《国际海上人命安全公约》第五章第十三条"配员"部分规定,从海上人命安全观点出发,各缔约国政府承担义务,对本国船舶应经常保持,或在必要时采取措施,来保证所有船舶配备足够数量和胜任的船员。

根据该规定,关于安全配员水平的决定由船旗国管理,一旦满足船旗国的要求,便向船上签发最低安全配员文件。其中的一个关键问题是如何向不配备船员的智能船舶(RU 级和 A 级)签发最低安全配员文件。另一个相关问题是,远程操作人员或船舶的船上控制系统是否可以承担传统船员的职责。目前,这两个问题都没有得到解决,有待随着技术和立法的发展进一步研究。

2. 《1978 年海员培训、发证和值班标准国际公约》的适用及其障碍

《1978 年海员培训、发证和值班标准国际公约》主要包含船员职业技术素质和值班行为,其适用于在有权悬挂缔约国国旗的海船上工作的海员,但在军舰、政府、非商业公务船舶上工作的海员除外。由于船员的值班义务与船上驾驶台的设计紧密关联,《1978 年海员培训、发证和值班标准国际公约》对 RU 级和 A 级智能船舶的远程操作人员并不适用,而且严格来说,对在船上工作但不承担船舶操作工作的船员也不适用。关于智能船舶操作人员培训、考试和值班等法律要求和标准问题,仍有待在进一步研究的基础上形成国际统一的法律规范。

3. 国内法的适用障碍

综观各国际公约对海员、船员等概念的定义,会发现大多数公约对船员概念的定义都把在船作为了受其约束的必要条件。我国制定相关法律时并也未考虑智能船舶,因此这些规定仅限适用于有人驾驶的传统船舶,而不能直接适用于智能船舶。

关于配员问题,《中华人民共和国海上交通安全法》第六条规定:"船舶应当按照标准定额配备足以保证船舶安全的合格船员。"很明显,智能船舶也无法满足《中华人民共和国海上交通安全法》关于配员的要求。但是为了足以保证船舶安全航行、停泊、作业,防止船舶污染环境等应急管理和应急反应措施,智能船舶有必要依据国际海事组织《安

全配员原则》的立法精神，由主管部门来具体确定满足国内法及国际公约关于船舶配员的要求，并签发相应证书。

只要智能船舶技术上能满足国际公约和国内法规定的最低安全配员所能达到的安全标准，现行规定也似乎并未禁止智能船舶所有人配备岸基操作人员以遵守船舶最低安全配员的规定。在此情况下，这些岸基操作人员都具有与船员相当的地位，他们也同样需要满足法律关于船员任职资格和培训的要求。从这一意义上，《中华人民共和国船员条例》中关于船长、高级船员、普通船员的制度都有比照适用的空间。

4.2.3 一般航行安全规则的适用及其障碍

1. 《国际海上人命安全公约》的适用及其障碍

《国际海上人命安全公约》是各缔约国政府共同制定的统一原则和有关规则，旨在加强海上人命安全保障。各缔约国政府承担义务颁布一切必要的法律、法令、命令和规则并采取一切必要的其他措施，使公约充分和完全生效，以便从人命安全的观点出发，保证船舶适合其预定的用途。《国际海上人命安全公约》一共十二章，其中很多章节是针对特种船舶的，并且有 2/3 的篇幅都是关于船舶构造方面的规定，以船舶硬件构造来保护船舶安全；消防、救生、航海安全等规定是船员关注的重点，也是船舶安全检查的重点。

《国际海上人命安全公约》在第一章总则 A 部分第三条中明确列举了除另有明文规定外不适用公约的具体类型的船舶，其中并不包括智能船舶，因此该公约对智能船舶同样应当适用。但是，第一章总则 A 部分第四条"免除"第 2 款规定，对于具有新颖特性的任何船舶，如果应用公约第二章第 1 部分"构造—结构、分舱与稳性、机电设备"、第 2 部分"构造—防火、探火与灭火"、第三章"救生设备和装置"和第四章"无线电通信设备"的任何规定可能严重妨碍对发展这种特性的研究和在从事国际航行的船舶上对这些特性的采用时，主管机关可予免除这些要求。然而，任何此种船舶应符合该主管机关认为适于其预定的用途，并能保证船舶的全面安全。允许任何这种免除的主管机关应把此次免除的详细资料和理由提交 IMO。因此，在公约规定对智能船舶不能完全适用的情况下，各国主管机关可能视具体情况依据上述"免除"或"等效"规定予以豁免。

由于《国际海上人命安全公约》对智能船舶未作出任何特别规定，对于公约包含的结构、稳定性、机械和电气装置、消防和救生设备领域的船舶要求，智能船舶同样需要达到国内主管机关和船级社对传统船舶的要求。但是，智能船舶将难以满足信息程序与船员、警报与监管机构通信方面的相关要求。

根据 IMO 关于智能船舶监管范围界定制定的工作计划，重点将对《国际海上人命安全公约》第三章、第四章、第九章有关航行安全的内容进行讨论。此外，其余章节也会有一些具体规定，基于智能船舶系统的独特性，仍需要进一步调整，使这些规定更好地适用于智能船舶。

1）关于船舶救生设备和装置的配备的规定

船上配备救生设备和装置是为了保障船员海上遇险求生，智能船舶在无人化的特征下配备救生设备和装置是否还有必要，需要进一步研究。可以认为，救生设备、装置在智能船舶时期仍有其存在的合理性。目前可以预见的智能船舶进行的救助包括直接救助和间接救助两种情况。智能船舶实施直接救助即船舶释放救生设备及装置给待救援人员以必要的生存条件；而间接救助则通过远程操作人员向周围有人船舶发出协助救助信号来实现。智能船舶与传统船舶并行将会未来很长一段时间的航海主流，但当航海真正进入智能化、无人化时代时，船只直接救助将成为可预料到最普遍的情况。因此，届时需要对《国际海上人命安全公约》第三章进行大范围的修改或者增加新的附加要求，在减少非必要设备的情况下，要求智能船舶配备适当的救生装置以满足履行救助义务的要求。

2）关于由船东或任何承担船舶责任的人建立安全管理体系的规定

《国际海上人命安全公约》第九章纳入了国际安全管理（international safety management，ISM）规则，要求船东和其他负责船舶操作的人员，如经营人或光船租赁者实施安全管理体系。它规定了船长的职责，船上作业的计划、维护、应急准备和所需的文件，要求船舶和公司人员必须遵守船舶安全营运和防止污染的原则和程序。

在配员水平降低到零的情况下，即使加强了岸基运营人员与船舶之间的联系，也给合规带来了挑战。因此对于智能船舶，关于通信、报告及安全配员等方面的规定将被废弃。此外，在无人驾驶船舶的情况下，人为失误的风险很大程度降低，并且远程操作人员与船舶之间的联系将会更加紧密，这一点也符合ISM规则设立的初衷。另外，该公约第十一章第二部分第11条和第12条允许缔约国就智能船舶和其他国家达成与公约要求等效的替代协议。

2.《1978年海员培训、发证和值班标准国际公约》的适用及其障碍

《1978年海员培训、发证和值班标准国际公约》制定的目的是统一的海员培训、发证和值班的国际标准，以保证海上人命与财产的安全和保护海洋环境，有效控制人为因素对海难事故的影响。该公约第八章"值班"第2条"关于值班安排和应遵循的原则"第1款规定，主管机关应使公司、船长、轮机长和全体值班人员注意到公约规定的要求、原则和指导，以确保在所有海船上始终保持安全、连续并适合当时环境和条件的值班。该条第2款进一步规定，负责航行值班的高级船员在值班时间内应始终亲自（physically）在驾驶台或与之直接相连的场所，如海图室或驾驶台控制室，对航班航行的安全负责。

传统船舶的船长、轮机长和值班人员均应该而且可以达到上述要求，但是在智能船舶减少船舶甚至不配备任何船员的情况下，船上人员的值班工作将由远程操作人员及船上控制系统代替，这一变化将不能满足《1978年海员培训、发证和值班标准国际公约》所规定的值班标准，因此该公约的规定对现行智能船舶的应用构成了障碍。

尽管《1978年海员培训、发证和值班标准国际公约》也作了"等效"规定，即该公约的规定不应妨碍主管机关保留或采取其他教育和培训的安排，包括涉及专门适应技术上的发展和特种船舶及贸易的水上业务和船上组织的教育和培训的安排，在船货航行和技术操作方面，海上服务、知识与效率的水平，应保证并具有至少相当于本公约要求的海上安全程度和防污的效果。但该规定仅为船员教育和培训方面的"等效"安排，并非对公约值班要求的豁免。为了解决智能船舶操作人员培训、发证和值班标准的适用障碍问题，该公约仍然需要作出新的规定。

4.2.4 《国际海上避碰规则公约》对智能船舶的适用

《国际海上避碰规则公约》作为一种技术规范，主要在于指导驾驶人员如何采取避让行动来避免发生避碰事故。该公约主要作用在于约束船舶的行为及作为判断碰撞责任的主要依据，以确保航行安全，预防和减少船舶碰撞。《国际海上避碰规则公约》第一条就明确规定："本规则各条适用于在公海和连接于公海而可供海船航行的一切水域中的一切船舶。"《国际海上避碰规则公约》中"船舶"是指"用作或者能够用作水上运输工具的各类水上船筏，包括非排水船筏、地效船和水上飞机"。这里的定义主要强调的是水上运输工具，与船舶是否搭载船员无关，因此智能船舶可纳入其调整范围。《国际海上避碰规则公约》共分为5章38条，各章分别为总则、驾驶和航行规则、号灯和号型、声响和灯光信号、豁免。其中无论是避碰的良好船艺，还是航行中的合理瞭望或是航行优先权等规则，都给智能船舶带来巨大挑战。

1. 智能船舶的航行（优先）权

该公约第十八条"船舶之间的责任"规定了一些种类船舶的航行优先权、其他船舶的让路义务。其中第1款表明，机动船在航行时应给失去控制的船舶和操纵能力受到限制的船舶让路[145]。《国际海上避碰规则公约》第三条第6款和第7款分别定义了"失去控制的船舶"和"操纵能力受到限制的船舶"，即"由于某种异常的情况，不能按本规则条款的要求进行操纵，因而不能给他船让路的船舶"及"由于工作性质，使其按照本规则条款要求进行操纵的能力受到限制，因而不能给他船让路的船舶。"

智能船舶是否属于操纵受到限制的船舶，主要取决于智能船舶的工作性质，此概念下的智能船舶不存在适用困难的问题。在智能船舶是否为失去控制的船舶的问题上，CMI就该问题对各个国家进行了问卷调查，得到的结论基本都是智能船舶并非是失去控制的船舶。失去控制的船舶概念的提出和条款的制定是出于确保船舶互见时的航行安全，如果智能船舶在正常的操作状态下足以保障航行安全，那么就不应该被认定为失控的船舶。

但在特殊情况下，智能船舶仍有可能会陷入失控状态。当远程遥控船舶的岸基中心失去了对船舶的监管和及时控制能力时，可以认定该船属于失控船舶；同时船舶自动化程度的提高也会使岸基中心在航行中更多起到的是辅助监管的作用，此时，更好的判断方法是从船舶自动化性能本身出发，虽失去岸上控制但仍能保持自主航行能力并且可以按照避碰规则进行活动时，不应当认定智能船舶为失控船舶。

在传统航海实践中，识别一艘船是否为失控船主要通过灯光、鸣笛、设备信号等途径，也是正当瞭望的具体体现。如何在少人、无人状态下进行信号的观察识别，需要技术进步予以明确，这对智能船舶的技术提出了更高的要求。

2. 智能船舶的具体航行规则

1) 正当瞭望的适用性

《国际海上避碰规则公约》第五条规定："每一船在任何时候都应使用视觉、听觉以及适合当时环境和情况的一切可用手段保持正规的瞭望，以便对局面和碰撞危险作出充分的估计。"

传统船舶运行正规瞭望是由在船船员履行，且需要安排足够数量、职称的瞭望人员。除此之外，还应当至少包括完善的瞭望设备和正确的瞭望方法。当船员的感官及借助设备的判断进行的正当瞭望适用于智能船舶时，履行该规则的问题便显现出来，即智能船舶该由谁来履行正当瞭望。智能船舶减少配备人员甚至无人化的情况将引发直接瞭望的实现难题。

根据CMI的调查问卷，各国对技术能否代替直接瞭望持有不同意见。美国认为在一定情况下可以运用合理技术，但技术并不能够完全取代人工瞭望；意大利认为直接瞭望必须由在船人员的感官为途径，因此技术无法替代人；英国、芬兰等国认为技术手段可以代替人工瞭望，但需要法律进行相应的规制。可以看出，各国对正当瞭望的解释不尽相同，原因在于各国解释的方法和目的不同。

那么智能船舶到底由谁来进行瞭望呢？这个问题取决于智能船舶技术发展的速度和趋势。毫无疑问，现行正规瞭望的主体是在船船员，现行规则是基于保护传统航海活动安全，通过在船人员对周边环境的感知与判断从而规避风险。但技术的进步必将带来对航运业的冲击，智能船舶不可避免地会减少在船船员数量。目前来看从正当瞭望的目的出发进行解释，不将瞭望局限于船员的义务，将行为主体延伸到岸基操作人员，甚至只关注是否能够达到瞭望目的，将会更有利于未来的航行安全。

远程操作智能船舶并未完全排除人为因素，船员的工作很大一部分从船上转移到远程操作中心，人类对船舶仍有相当的控制能力。借助仪器设备进行画面、声音的传递，远程操作中心的操作人员可以及时了解周围海域的情况。在此基础上，可以对瞭望的主体、方法等进行扩大解释，将技术设备作为人类听觉、视觉等感官的延伸，在达到解释目的的同时也体现了瞭望的目的和本质。

对于完全自主航行的智能船舶，需要人员根据当时收集的信息作出评估、预测碰撞风险。而以算法和程序为依托的自动避碰系统，即使认为它具备一定的空间感知意识，这类算法系统也不能代表普通船员的直觉、常识和经验，它无法满足《国际海上避碰规则公约》要求的人类实时决策能力。将智能船舶自主系统作为人类的感官的延伸，将系统自主决策的能力等同于船长、船员的决策，这无疑是类推解释得出的结论。因此完全自主航行的智能船舶无法适用正当瞭望航行规则的要求。

2）安全航速的适用性

《国际海上避碰规则公约》第六条规定了船舶"在任何时候应以安全航速行驶，以便能采取适当而有效的避碰行动，并能在适合当时环境和情况的距离以内把船停住"。它没有将安全航速限制于一定数量范围内，而是说明确定安全航速应考虑的因素。由于配有雷达的船舶即使在能见度受限的情形下，相较于一般船舶也能以更快的速度航行。因此第六条在规定了所有船舶的航行速度都需要考虑的因素外，还特地指出配备雷达的船舶的航行速度应考虑的其他因素。

远程操作人员代替船长和船员履行航行职责时，也需要依据实际情况确定安全航速。无人船必然依赖雷达和其他传感器，在提高雷达技术水平的同时，确定无人船的安全航速，还应考虑下列因素。第一，船上设备将数据信息传送到岸上控制中心，操作人员将信息处理分析后再将指令传回海上航行的船舶，这个过程必然产生一定时间差，虽然这一时间差会逐渐缩小，但这一时间差还是可以成为造成碰撞危险发生的潜在因素，所以安全航速应将无线电通信设备技术的水平考虑在内。第二，岸上中心的操作人员对相同的情况和一般船上的船员作出的反应不可能完全相同，在确定安全航速时可能会忽略一些现象。第三，由于无人船需要考虑"通航密度，包括渔船或者其他船的密集程度""雷达探测到的船舶数目、位置和动态"，当前的自动识别和探测设备已经能成功发觉海上的多个静态对象和单个动态对象，但试验证明，当它面临多个动态对象时，仍不能做到准确描述其位置。因此在确定航行速度时需要更加谨慎对待。

完全自主的智能船舶因安全航速具体要求船舶具有综合实时决策能力，故第六条的规定对完全自主的智能船舶难以适用。

3. 良好船艺与背离规则的适用

1）良好船艺的适用

良好船艺是指航海驾驶人员在严格遵循避碰规则和各国有关规定的情况下，运用通常的技术和谨慎的态度，尽到合理注意义务来操纵船舶避免妨碍其他船舶的正常航行，它也是《国际海上避碰规则公约》用于判断碰撞过失时对航海人员驾驶船舶的要求。

《国际海上避碰规则公约》第八条对"良好船艺"具体要求进行了细化，总结为避免碰撞所采取的任何行动必须符合"早、大、清、宽"的要求。"早"要求运用的"良好船艺"避碰行动应是当时环境允许情况下采取的积极的、及早的行动；"大"要求为避免碰撞所采取的避碰行动必须大得足以使他船轻易察觉；"清"要求船舶应当驶过让清确保避碰行动有效，直至碰撞危险消除方视为完成避碰；"宽"要求为避免碰撞所采取的避碰行动应当避免"紧迫局面"的出现。

"早"是现有避碰规则对传统船舶驾驶人员的主观心理要求，它要求驾驶人员在发现风险的情况下应当积极主动且及早进行避碰行动，这就要求人在避碰活动中要发挥积极的主观能动性。智能船舶对此是否存在适用障碍引起了广泛关注。M级和R级智能船舶上都配备有船员，半自动化船舶的船员可以随时接管航行；RU级智能船舶在技术得到实现和保障的前提下，可以通过岸基操作人员以远程方式决定避碰措施；A级智能船舶是由预先设定的算法来作出决策和风险判断的，此时人的主观能动性能否被有效替代将完全取决于技术发展水平。"大"要求避碰的行动足够大，以让清其他船舶。技术的发展使避碰行动可以被更加精细地控制，更准确的量化下不存在适用障碍。"清"和"宽"要求避免碰撞的行动要保证在安全距离上驶过让"清"从而保证避碰行动的有效性，这些要求都要借助丰富的航海经验和合理的操作措施。

良好船艺对智能船舶的适用障碍主要表现在由人的感官和丰富经验的缺失导致的主观能动作用的降低甚至消失。对于有船员可以随时接管和有岸基操作人员操控的智能船舶，良好船艺几乎不存在适用障碍，关键在于法律如何认定良好船艺主体上的转移及感知决策系统的合理性。对于完全自主的智能船舶能否适用良好船艺，答案并非是确定的。人为的干预只发生在设计实验阶段，在真正航行阶段人为因素被完全排除，这对技术发展提出了更高的要求。

2）背离规则的适用

按照《国际海上避碰规则公约》第二条第 2 款，应充分考虑一切航行和碰撞的危险以及包括当事船舶条件限制在内的任何特殊情况，这些危险和特殊情况可能需要背离规则条款以避免紧迫危险。背离行动不违反"良好船艺"。"良好船艺"并非《国际海上避碰规则公约》的基础或兜底条款，而是首要原则，根据"良好船艺"在危险和特殊情况下作出背离行动比遵守规则更为重要。海上面临的风险和环境都是复杂多样的，有时候一味严格遵守避碰规则未必是最优解，合理地背离规则在某些情况下会使避碰效果最佳化。传统船舶在这种情况下要求航海人员在驾驶和操纵船舶的过程中，利用在船条件包括自身"感官"进行观测，利用航行经验进行航行操纵和避碰决策，并在危险和特殊情况下作出背离行动。

由于背离行为对人类航行技术与航海经验有很高的要求，再精细的算法程序也不可能预知所有风险并综合当下情况作出最合理的选择，对于背离规则的要求，完全自主航行智能船舶基本上无法实现。

4.2.5 人命救助义务对智能船舶的适用

1.《联合国海洋法公约》的适用性

《联合国海洋法公约》第九十八条规定："每个国家应责成悬挂该国旗帜航行的船舶的船长，在不严重危及其船舶、船员、乘客的情况下：救助在海上遇到的任何有生命危险的人；如果得悉有遇难者需要救助的情形，在可以合理地期待其采取救助行动时，尽速前往拯救；在碰撞后，对另一船舶、其船员和乘客给予鼓励，并在可能情况下，将自己船舶的名称、船籍港和将停泊的最近港口通知另一船舶。"

从《联合国海洋法公约》规定的文义本身来看，船长是进行海上人命救助的第一责任人，是实际履行救助义务的主体。但似乎智能船舶无人化技术排除了救助义务的承担，在人命救助方面智能船舶无法与其他海上主体相提并论。智能船舶出现的目的就是提高海上航行安全，包括海上人命安全，在未来很长一段时间内，海上航行都会存在传统船舶和智能船舶并行的情况，不能因为智能船舶本身不十分需要人命救助而忽略对传统船舶海上人命安全的考虑，这样也会使智能船舶难以被社会认知所接受。海上人命救助并不超出智能船舶能力范围，或者严重危及智能船舶、船员和乘客。因此，智能船舶应当具有该公约规定的海上人命救助义务，船旗国对此负有责成督促义务。

智能船舶所承担的救助义务与传统船舶不同，考虑其无人化的特征，智能船舶无法像传统船舶一样为遇难人员提供包括接受遇难人员登船、提供淡水食物等救助措施。但是智能船舶至少能为海上遇险人员提供通信帮助，如向搜救部门报告遇险船舶、人员位置和情况，在旁守候保持通信等。该公约规定提供救助要在不严重危及船舶、船员和乘客，且在可以合理地期待其采取行动时，尽速前往救援。对于智能船舶，特别是 RU 级和 A 级船舶，除非重新修改或制定新的国际公约，否则救助行为将难以在这类船舶身上得到体现。

综上,《联合国海洋法公约》第九十八条规定的海上人命救助义务基本可以适用于智能船舶船旗国,但是需要作出一定修改。对于完全自主船舶,船旗国似乎无法承担该船舶的船长履行海上人命救助的义务。如果存在监测人员且监测人员能被认定为船长,则这一规定可以在符合目的的解释后适用。否则公约第九十八条应当赋予没有船长的完全自主船舶海难救助方面的豁免,即船旗国不应该承担这类船舶船长履行海上人命救助的义务。

2.《国际海上搜寻救助公约》的适用性

《国际海上搜寻救助公约》缔约方旨在通过制定适应救助海上遇险人员需要的国际海上搜救规划来促进海上救助活动,并增进国际搜寻救助组织之间及海上搜寻救助活动参与者之间的合作,强调发扬人道主义精神。该公约规定缔约国在本国的法律、规章制度许可的情况下,应批准其他缔约国的救助单位为了搜寻发生海难的地点和营救遇险人员而立即进入或越过其领海或领土。

按照《国际海上搜寻救助公约》的规定,智能船舶不能作为搜救单位,但是可以作为搜救设施从事公约所规定的搜救任务。

在智能船舶作为搜救设施参与公约要求缔约国开展的搜寻救助服务或行动的情况下,关于公约对不同级别的智能船舶的适用性,具体分析如下。

除公约附件第一章"术语和定义"对任何级别的智能船舶都可以适用外,对于M级船舶,公约附件第四章和第五章的规定不产生适用问题,无须修改可以直接适用;对于R级、RU级、A级船舶,公约第四章和第五章规定整体上也不影响这些级别智能船舶从事搜救服务,但个别规定可能需要针对智能船舶作出进一步明确。例如,第四章第4.7.1条规定,从事搜救的搜救单位和其他设施的搜救活动必须在现场作出协调,以确保最有效的结果。关于智能船舶与其他有人搜救单位或设施协调的具体要求,有必要在将来公约修改时作进一步明确。再如,智能船舶如何履行第五章船舶报告系统所规定的义务,也有必要作出进一步规定。

对于M级和R级船舶,公约附件第二章和第三章对此类智能船舶的适用不会产生障碍。但对于RU级和A级船舶,由于此类船舶上不配备船员,可能在组织和协调及国家间合作方面产生一定的不确定性和适用困难。

由于智能船舶具有公约中船舶的法律地位,为了保障缔约国有可能利用或指挥智能船舶进行公约规定的搜救行动,《国际海上人命安全公约》等相关国际公约应当要求智能船舶的设计和装备方面具备适当的海上人命搜寻救助能力,例如配备必要搜救设备、救生艇筏及某些生活必需品和药品等。另外针对智能船舶对公约作出修改之前,对于可能使用此类智能船舶从事搜救服务的情况,缔约国可以针对此类服务的协调和合作提前达成协议或作出安排,以确保最有效的搜救结果。在将来对《国际海上搜寻救助公约》进行修改时,各缔约国之间已经形成的协议或安排可以为公约修改提供有益的经验和借鉴。

4.3 智能船舶新型民事责任与保险问题

4.3.1 侵权责任主体

智能船舶按用途可分为军用智能船舶、政府公务智能船舶和商用智能船舶。军用和政府公务智能船舶侵权产生的责任属于国家赔偿法范畴,不在本节讨论。因此本节讨论的智能船舶限于商用智能船舶。IMO 根据自主程度将智能船舶划分为 4 级,M 级和 R 级的智能船舶有船员在船,当发生紧急情况时,船员可以第一时间介入,因此在这种情况下责任主体较为明确,即船员可以被认定为侵权行为的行为人,而船东作为雇主需要对船员的侵权行为承担责任。但是 RU 级和 A 级的智能船舶无在船船员,其责任主体是船舶所有人还是系统生产商需要进一步分析。

1. 侵权责任主体的认定原则

1)自己责任

自己责任也称直接责任,是指行为人为自己的行为负责,对自己的过错造成他人的人身、财产损害承担赔偿责任。在自己责任中,侵权责任不能由行为人之外的人承担,侵权行为人和责任人是同一人。在航运业发展之初,船舶所有人通常直接控制或操纵船舶,在船舶营运过程中发生事故,致使他人人身财产损失或造成环境污染,由船舶所有人承担责任。随着航运业继续发展,大多数船舶所有人并不在船上直接操纵船舶,而是雇佣专门的船长、船员从事船舶的驾驶营运。在这种情况下,侵权行为是由船长、船员造成的,并不能援引自己责任原则来确定船舶所有人的责任。但是不是所有的船舶所有人都会雇佣专门人员来操纵船舶,仍然有一部分船舶由船舶所有人自行控制和操纵,主要是小型船舶和渔船。

RU 级智能船舶虽无在船船员,但是其行动由远程操作人员控制。如果船舶所有人自身委托操作人员操纵系统,控制智能船舶,如果发生事故,船舶所有人是当然的责任主体。A 级智能船舶靠其自身的算法和程序自主运动,没有人的行为介入,如果发生侵权行为,不能用自己责任原则确定责任主体,需要其他原则来确定。

2)替代责任

替代责任又称转承责任,是责任人对行为人的侵权行为承担后果,责任人为行为人的侵权后果承担赔偿责任,或者责任人对自己所管领的对象所造成的损害承担责任。在替代责任原则下,责任人对行为人或致害物承担责任的前提是存在特定的关系,比如雇佣、监护、代理等。责任人对行为人或物件具有支配和管领义务,同时行为人的行为是为了责任人的利益、物件应处于责任人的支配下。由于航运业的专门化和复杂化,船舶责任体系非常复杂,船东和船员之间有雇佣和外派关系,船舶往往又因出租而存在租船关系,以至于船舶发生侵权行为后很难确定真正的责任主体。因此厘清船东和承租人之间、船东和船员之间的关系,用替代责任明确其应当承担的责任尤为重要。在传统的船舶关系中,船东与船员之间存在雇佣关系,船员驾驶和管理船舶是职务行为,在此期间发生侵权行为，由船东承担侵权责任，这是典型的替代责任。

在智能船舶法律关系中，操纵智能船舶的远程操作人员具有相当于船员的法律地位，如果是由船东雇佣，船东对远程操作人员负有管领义务，当远程操作人员操纵失误导致损害发生，船东基于替代责任应当对远程操作人员的行为承担责任。完全自主航行的智能船舶虽无船员在船，但是可以将该类智能船舶视为船舶所有人或者系统生产商管领下的物件。船舶所有人或系统生产商利用智能船舶营运获利，当然应当对其营运过程中违背了支配管领义务产生的后果承担责任。在此情况下，船东和系统生产商都可能承担责任，应该根据对智能船舶的控制程度、承担损失的能力和利益平衡等方面对船东和系统生产商的责任进行划分。因自动驾驶软件的缺陷导致的船舶碰撞，与传统船舶的仪器、部件或者船厂建造缺陷导致的碰撞在性质上并无二致，也就是说船上任何部件的质量缺陷造成的损失虽然可以适用产品缺陷造成损害的法律关系，但其法律效果只是将产品生产者或销售者增加为共同侵权人，并不应免除智能船舶所有人或者经营人的船舶碰撞法律责任。

2. 具体侵权责任承担主体

1）船舶所有人

《海商法》只规定船舶发生碰撞由过失船舶承担赔偿责任，并未规定船舶碰撞责任的具体责任主体。根据最高人民法院《关于审理船舶碰撞纠纷案件若干问题的规定》，船舶碰撞产生的侵权责任由船舶所有人或者经依法登记的光船承租人承担。依其立法本意，传统船舶中，船舶所有人和光船承租人通过雇佣船长、船员的方式实现对船舶的操纵控制，船员的行为产生的责任由船长承担，法律原理是船舶所有人和光船承租人对船舶享有支配力，船舶所有人或光船承租人承担替代责任。

与传统船舶一样，智能船舶发生侵权行为，船舶所有人同样也可能成为侵权责任承担者。船舶所有人同样可以通过雇佣岸基操作人员来控制和操纵船舶，岸基操作人员在操纵和管理船舶过程中发生碰撞、污染环境等侵权行为，不论是作为船员还是普通劳务雇员都可援引替代责任原则由船舶所有人承担责任。完全自主航行的智能船舶由于不需要人为操作，完全靠系统自主运行，船舶所有人不能直接对船舶进行操作控制，但是仍然需要对船舶运行监督，防止事故发生并在发生事故后及时作出反应。如果没有做到对智能船舶运行的有效监督，船舶所有人仍然可能因没有尽到对智能船舶的管理义务而承担责任。

2）系统生产商

智能船舶是在人工智能的基础上发展起来的，依靠自身的系统或程序自动运行的产品。如果智能船舶系统存在缺陷，则在现行的法律规则中可以依据产品责任追究系统生产商的责任。依据《中华人民共和国民法典》第一千二百零二条规定，生产商对缺陷产品承担无过错责任，即"因产品缺陷造成他人损害的，生产商应当承担侵权责任。"《中华人民共和国产品质量法》第四十六条界定了"缺陷"的概念，判断产品是否为缺陷产品的应根据国家标准或者行业标准，没有国家标准和行业标准的应当采用一般标准。一般标准是人们有权期望的安全性，即一个善良人在正常情况下对一件产品所应具备的安全性的期望。

目前智能船舶尚未广泛应用于航运业中，更无相关的国家标准或行业标准，因此对智能船舶的缺陷应采用一般标准。同时，缺陷是一种不合理的危险，合理的危险不是缺陷。尽管智能船舶的出现会减少海上事故的发生，但是不可能完全消除海上事故，因此，如果生产商在系统研发建造过程中保持谨慎，充分测试和实验，并审慎检查，及时修复系统故障，因不可预见的系统故障导致损害结果，生产商不应对此承担责任。反之，如果生产商在生产研发阶段不尽职尽责、懈怠而未发现系统故障并因此造成损失，生产商应当对此承担责任。

4.3.2 归责原则

目前技术研发人员对智能船舶发展持乐观态度，他们认为科技能提高航行安全，智能船舶至少可以减少 70%人为原因造成的海难事故。但是只要设计或者建造中存在人为因素，人为错误就不能被消除，甚至智能船舶发生事故带来的损害可能比传统船舶更大。智能船舶不会消除事故，但会改变事故的性质。因此研究智能船舶事故的归责原则也十分重要。归责原则是指责任人承担责任的依据。《中华人民共和国民法典》主要规定了三种归责原则，即过错责任原则、过错推定原则和无过错责任原则。

1. 过错责任原则

自动化应用于船舶并不是新出现的，目前船舶已经广泛使用一些复杂的自动化系统。但是目前的国际公约和国内法要求船员必须在船上，在航行过程中做决定或者监测系统运行，在需要时控制船舶并保证船舶正常航行。如果船舶发生事故，船员则违反了船员的驾驶和管理船舶的义务，该侵权行为可归因于船员的疏忽，最终由船舶所有人承担责任。但是，这些法律规则适用于智能船舶会产生许多问题。

1）从远程操作人员行为来判断船东是否有过错

智能船舶无在船船员时，依靠船舶的各种探测仪和雷达收集信息，将信息传输到远程操作中心，由远程操作人员控制运行船舶，在这种情况下，有观点认为其是为船舶服务。远程操作人员疏忽导致发生海上事故，违背了对船舶的谨慎驾驶义务，远程操作人员作为船舶所有人的受雇人或代理人，船舶所有人应当对此承担责任。这种观点把智能船舶法律关系过于简化，忽视了其中的潜在问题。

远程操作人员能有效控制船舶的前提是智能船舶与远程操作中心的数据连接正常有效，并且船舶与远程操作人员间的控制系统有效，这两个条件同时满足，远程操作人员才能有效驾驶船舶，保证船舶正常安全航行。假设船舶数据传输失效，远程操作人员不能判断船舶周围环境和所处状况，或者远程操作人员与船舶间失去联系，船舶不受远程操作人员控制，船舶发生事故，在这种情况下很难将事故发生的原因归结于远程操作人员操作失误，更难将过错责任归咎于船舶所有人。即使远程通信连接正常，远程操作人员也需要足够质量的数据来做出正确的决策。由于船上没有船员，智能船舶将不得不利用各种类型的传感器，如雷达、摄像机和激光雷达来收集数据。因此，远程操作人员只能相信船舶从周围环境收集的数据。但是远程操作人员无法核实船舶收集信息的正确性且需要立即发出指令控制船舶时,如果因信息错误发生事故,事故原因不应归结于船员的行为。一起发生在挪威的案件能够说明这一问题,这个案件中一艘潜水艇撞上并损坏了一艘拖网渔船的拖网。碰撞的原因是潜水艇的水听器设备未能探测到渔船拖网。挪威最高法院的多数法官认为,潜水艇操作人员和所有人没有过错,因为现有经验表明,该设备能够识别其他船只的拖网,从而使潜水艇船员相信该设备能够探测到任何拖网。同样,用自动化和其他技术设备往往是远程操作人员获取数据的唯一途径。

因此,能归因于远程操作人员过失的情况可能只有在远程信息传输系统和控制系统良好、传输信息正确无误,而远程操作人员操作失误致使船舶发生碰撞等情况,海上事故是由作为船舶所有人的受雇人或者代理人的远程操作人员失误造成的,基于过错责任和替代责任其法律后果应由船舶所有人承担。

2)船舶所有人自身行为存在过错

归因于船员的行为来认定船舶所有人存在过错行不通,但可以从船舶所有人自身行为的角度去认定船舶所有人的过失。一方面,因船舶技术缺陷而导致发生事故,可以认为船舶所有人未尽到保证船舶安全的义务而存在过失。另一方面,如果使用传统船舶或者在智能船舶上配备一名船员即可避免发生事故,而使用不配备船员的智能船舶则认为船舶所有人存在过失。这两种观点都存在问题。

船舶所有人发现系统或软件存在缺陷的能力有限,因此不能用船舶所有人未尽安全保障义务来认定船舶所有人有过失。首先,船舶所有人检查智能系统功能机制的可能性往往非常有限。除软件编程通常超出自己的专业知识之外,船舶所有人也不一定能够访问软件的源代码。因此,船舶所有人通过检查其功能机制来确保系统安全使用的可能性实际上是不存在的。其次,船舶所有人不能通过要求证明系统已经过适当测试来充分确保系统的安全。软件是人类创造的,而且由于人类并不完美,编写一个完全没有缺陷的复杂系统几乎是不可能的。更重要的是,软件测试也有很大的局限性,软件测试只能证明存在缺陷,而不能说明软件安全无缺陷。因此,船舶所有人很难保证船舶系统是安全并可以使用的,即使是软件开发人员也不可能证明他们的软件没有缺陷。最后,即使是一个设计良好且没有缺陷的系统,也可能会做出事后看来是"错误"的决策。当系统必须在开放环境(如海洋)中运行时,开放的环境是不断变化的,存在很多不确定性。换句话说,一个系统可能会采取一个总体上看起来"正确"的行动,但在个案中,事后看来可能是错误的。

使用智能船舶的前提是主管机关批准,有学者认为主管机关认定智能船舶和传统船舶一样安全才会允许智能船舶运行[146]。但是,这一要求并不一定意味着智能船舶永远不会造成传统船舶不会造成的事故。相反,与传统船舶一样,智能船舶的安全标准应理解为使用智能船舶不应降低总体海上安全。总之,传统船舶和智能船舶都不可避免地会发生不同类型的事故。智能船舶可能会面临新的风险,但同时也会减少传统船舶的海上人命安全风险。

如果智能船舶真正运用于商业运输,将对《海商法》产生深远的影响。目前法律和国际公约规定即使使用自动系统,仍要求船舶配备船员,因此过错责任原则适用不会存在问题。然而，采用过错责任原则来确定智能船舶所有人的责任会存在许多问题，如上所述，在船舶数据传输失效致使远程操作人员不能判断船舶周围环境及其状况，或者远程操作人员与船舶间失去联系的情况下，就很难依据远程操作人员的行为和船舶所有人自身的行为来判断船舶所有人是否具有过失。因此智能船舶采用过错责任原则会产生适用困难，有学者建议应当用无过错责任原则来确定智能船舶所有人的责任。但也有观点认为，过错责任原则对智能船舶应当继续适用，但应当制定与传统船舶不同的过错认定标准。

2. 无过错责任原则

1）无过错责任原则适用

现行有关船舶的责任体系中不仅有碰撞产生的过错责任体系，也有相当一部分的无过错责任体系，以及产品责任的无过错责任体系。船舶所有人无过错责任体系和产品责任体系源于不同的法律制度，有可能在同一案件中产生竞合。船舶所有人无过错责任体系主要体现在船舶油类和有毒有害物质污染及船舶残骸清除等方面。

有观点认为，智能船舶碰撞责任中采用过错责任原则会产生法律适用的不确定性和不稳定性[147]，船舶所有人可能逃避责任，有损受害人的利益，因此即使对船舶碰撞侵权也建议改用严格责任原则。具体理由为：首先，智能船舶建造会有多方主体介入，比如系统生产商、设备供应商、船舶建造方等。一旦发生事故，对事故发生的原因和过错认定会花费大量的时间、金钱和人力成本。在确定具体的过失主体之后，受害人再向法院提起诉讼主张赔偿可能会超过诉讼时效，并且多方主体介入会增加诉讼成本。在采用严格责任的情况下，受害人可以直接、快速地锁定船舶所有人为责任主体，及时有效地行使自己的权利维护自己的合法利益。同时，船舶所有人并不是最终的责任承担者，船舶所有人承担责任后可以向真正的过错者如系统生产商追偿或分摊，对于此时的责任划分，受害第三人并不参与其中。其次，智能船舶自主运营时采用严格责任原则有助于获得公众的支持，提高社会公众对智能船舶的接受度。智能船舶建造商和系统制造商都会尽全力保证智能船舶安全，不会对其他船舶或船上人员、其他海洋财产或环境资源造成严重威胁。但是，如前所述，人类不能保证系统是完美的，智能船舶仍然会带来一定风险。如果遭到强烈反对，相关政府部门也不会允许智能船舶运营。无过错责任原则无疑将符合船舶所有人向公众提供的保证，即在智能船舶上使用的技术是安全的，确保在技术失效的极端情况下，可能受到不利影响的相关方仍可以获得有效的赔偿。最后，无过错责任原则能更好地实现《中华人民共和国侵权责任法》的权利保护功能，特别是在智能船舶可能对人类和海洋造成危害的情况下，能鼓励制造商提高智能船舶的安全性能。

2）无过错责任的免责和责任限制

船舶所有人承担无过错责任并不意味着承担所有责任，与无过错责任制度相匹配的制度还包括责任人的免责和责任限制。船舶所有人无过错责任制度下免责事项可归为三大类：一是由战争行为、敌方行为、内战或武装暴动，或由特殊的、不可避免的和不可抗拒性质的自然现象所引起的损害。二是完全是由第三者有意造成损害的行为或不为所引起的损害。三是完全是由负责灯塔或其他助航设备的政府或其他主管当局在执行其职责时的疏忽或其他过失行为所造成的损害。

第一类和第三类免责对智能船舶适用应当不会有障碍，但是第二类免责对智能船舶的适用应当进一步分析。例如黑客攻击船舶安全系统，通过掌握船舶的控制权造成他人的财产损失或人身损害。在现行法律关系中，由于事故是由第三人的故意行为造成的，船舶所有人可以对此免责；然而对智能船舶而言，如果船舶所有人对此不负责任可能会损害第三人的利益，特别是在第三人没有对抗网络风险的有效手段的情况下。因此，对于智能船舶因网络攻击导致的损害，由船舶所有人承担责任更为合理。首先，与传统船舶相比，由于第三人的故意行为致使发生损失的风险更高，且一旦船舶所有人丧失对船舶的控制很难重新控制船舶，智能船舶对其他从事航行的人造成了风险，由智能船舶所有人承担风险才是公平的。其次，在法律规定船舶所有人承担无过错责任的情况下，法律一般会同时规定其办理相应强制保险，船舶发生事故后，由保险人对损失负责，船舶所有人承担责任的成本较低。因此，智能船舶的所有人对网络攻击造成的损失承担无过错责任是适当的。

现行法律还赋予传统船舶所有人侵权赔偿责任的责任限制权利，但船舶所有人故意导致损失的，责任限制丧失。丧失责任限制的条件在智能船舶情况下很难满足，法院很难将编程或软件错误认定为船舶所有人的故意行为，即使船舶管理人员未能将软件更新上传到系统，也不能认定船舶所有人主观上对事故发生是故意的，由此将导致智能船舶所有人的责任限制权利基本上是不可丧失的。此外，在现行法律制度中船舶所有人承担责任后向系统生产商追偿，系统生产商不享有责任限制的权利，因为责任限制的主体仅为船舶所有人，系统生产商不是船舶所有人的受雇人或代理人，不能行使船舶所有人的权利。但是，船舶所有人向系统生产商主张索赔时应以自己的实际损失为限，即系统生产商承担的责任是限制后的责任，由此可能导致本来不能限制责任的系统生产商间接享有了船舶所有人的责任限制权利。因此，有观点建议，对于智能船舶侵权赔偿责任，其船舶所有人应不能享有传统的责任限制权利。

4.3.3 智能船舶的保险

相对于传统船舶，智能船舶在保险方面的特殊之处主要在于风险上的拓展与转变。IMO 对 MASS 的定义为："一定程度上可以无须人员介入而独立运行的船舶"[148]，而这种"独立运行"无疑是通过技术的应用实现的。因此，可以将智能船舶风险的特殊性归纳为技术和人两方面因素。从技术因素来看，智能船舶通过新技术的应用，提高了船舶的自主决策能力的同时，将引入更多诸如网络安全、信息技术可靠性等技术上的风险；从人的因素来看，技术的应用减少了在船船员数量，将人的因素从船上转移到岸上，也就是远程操作人员及软件设计和更新所在之处。智能船舶风险的特殊性给海上保险法律及保险条款的适用带来了挑战。本小节所指智能船舶的保险是广义的船舶保险，即包括船舶财产保险和船舶责任保险两个部分。

1. 智能船舶保险的一般适用性问题

对现行《海商法》和有关船舶保险条款进行梳理，且对智能船舶进行承保，将使得传统船舶保险中的承保风险条款、除外责任条款、告知义务范围产生一定适用问题。

1）承保风险条款

承保风险是保险合同中的核心条款。所谓风险是事故发生的可能性或不确定性，承保风险就是指保险合同约定的保险事故发生的可能性。《海商法》第二百一十六条规定："海上保险合同，是指保险人按照约定，对被保险人遭受的保险事故造成保险标的损失和产生的责任负责赔偿，而由被保险人支付保险费的合同。前款所称保险事故，是指保险人与被保险人约定的任何海上事故，包括与海上航行有关的发生于内河或者陆上的事故。"智能船舶所带来的新型风险，能否被认为属于海上风险，进而得到承保？需要判断其是否满足海上风险的构成要素：其一，损失必须具有偶然性，不可预测性；其二，损失的原因必须与"海"有关，或者是"海洋引起的"。

与传统船舶相比，智能船舶的最大特点是船上的设备运转是自动的并依靠系统而非人工操作完成，并且（或者）船上的人工操作被远程操作系统取代。因此，智能船舶的新型风险就是与这种自动系统有关的风险。系统在没有人为因素介入的情况下发生的故障，又包括：系统本身的故障，例如系统未能按照正常设计运行；由外部原因导致的故障，例如网络迟延、火灾、爆炸造成系统损坏。系统在有人为因素介入的情况下发生的故障，包括：由远程操作人员失误造成的故障；遭受网络攻击造成的故障。由于系统本身的原因造成的故障明显不具有与"海"相关的特殊性，很难被归为"海上风险"，但可能构成设备的潜在缺陷，在其造成损失时，由殷琪玛瑞（Inchmaree）条款承保。由外部原因导致的故障，应当考察造成故障的具体原因，以确定其是否属于"海上风险"。岸上操作人员因操作不当造成的故障，无法归为"海上风险"，但或许可以纳入殷琪玛瑞条款承保范围。黑客攻击劫持船舶作为一种新型海盗行为有可能被纳入"海盗风险"的承保范围[149]。

2）除外责任条款

《海商法》第二百四十四条规定："除合同另有规定外，因下列原因之一造成保险船舶损失的，保险人不负赔偿责任：（一）船舶开航时不适航，但是在船舶定期保险中被保险人不知道的除外；（二）船舶自然磨损或者锈蚀。运费保险比照适用本条的规定。"《中国人民保险公司船舶保险条款》除外责任中明确"不适航，包括人员配备不当、装备或装载不妥""被保险人恪尽职责应予发现的正常磨损、锈蚀、腐烂保养不周，或材料缺陷包括不良状态部件的更换和修理"。智能船舶在不配备在船船员的情况下，是否属于"人员配备不当"这一情况？船舶所搭载自动化系统存在故障，或者岸上操作人员不具备必要的航海知识和操作技能可能都会构成船舶"不适航"。船舶的软件系统，包括信息和程序的更新在某种程度上可能属于智能船舶的保养范畴。

3）告知义务条款

被保险人负有如实告知义务。这种告知义务从目前我国《海商法》的规定来看范围是十分广泛的。凡属于《海商法》第二百二十二条所规定的"重要情况"，被保险人都有告知的必要。即便是"保险人知道或在通常业务中应当知道的情况"，保险人询问后，被保险人也有义务告知。同样从技术和人两个因素考虑，智能船舶所搭载的技术和自动化程度，以及远程操作人员和其他配员的情况，都有可能构成被保险人应当告知的"重要情况"。

2. 现行船舶财产保险的适用性问题

《海商法》第二百一十九条规定："船舶的保险价值，是保险责任开始时船舶的价值，包括船壳、机器、设备的价值，以及船上燃料、物料、索具、给养、淡水的价值和保险费的总和"；"其他保险标的的保险价值，是保险责任开始时保险标的的实际价值和保险费的总和"。智能船舶比起传统船舶，还装备有船舶自动化系统。自动化系统是由硬件和软件共同构成的，硬件包括计算机和其他电子设备，软件包括经过计算机处理的所有信息、程序和数据[150]。其中硬件系统属于船舶的机器、设备，构成船舶价值的组成部分似乎毋庸置疑。但软件系统，特别是有关信息、数据能否作为船舶价值的一部分是有疑问的。

殷琪玛瑞条款承保由于船长、船员的疏忽行为，以及船长、船员的不法行为。同样的，《中国人民保险公司船舶保险条款》承保范围中，明确承保"船长、船员有意损害被保险人利益的行为"和"船长、船员和引航员、修船人员及租船人的疏忽行为"。对于智能船舶，对这一问题的研究起点应在于智能船舶远程操作人员的法律地位认定。无论是从"船长""船员"本身的定义上，还是从其权利、义务和责任内容方面的研究，均表明很难赋予远程操作人员以"船长""船员"法律地位。有观点提出，从殷琪玛瑞条款设立的目的在于减少船东因船长、船员的行为造成损失这一点来看，既然远程操作人员承接了传统船长、船员的主要职责，似乎应当将远程操作人员的疏忽认定为船长、船员的疏忽行为，进而纳入现有的承保风险范围。但是应当注意的是，远程操作人员所处的环境与传统的船长、船员大不相同，传统船舶的在船船员拥有强烈的动机避免使船舶陷入风险，因为，船舶安全与在船船员的安危息息相关，大多数的船长和船员都希望保障自身生命安全。而智能船舶将降低这种动机，海上航程可能遭遇的风险不会威胁人身，这会使远程操作人员比起在船船长、船员更倾向于采取冒险的行动。要求保险人按照原有保险条款承保船长、船员的疏忽，可能有失公平。因此，最好的方案可能是在这一类风险中，单独列出"智能船舶远程操作人员"这一主体。

3. 现行船舶责任保险的适用性问题

船舶责任保险是承保船舶营运过程中，被保险人（通常是船舶所有人）对第三方产生的责任的保险。船舶责任保险最早由船东互保协会承保，现在也有一些商业保险公司经营这种保险。船舶责任保险的承保范围比较广，包括船员及有关人员的人身伤亡和疾病、船员遣返费用、绕航、安置偷渡者和避难者、救助人命、碰撞责任、污染、拖带责任、残骸清除责任等。

在与船员有关的责任保险中，远程操作人员和其他岸上工作人员能否被纳入"船员"这一概念，进而得到保险人承保？如前文所述，智能船舶远程操作人员和其他岸上工作人员所处的环境与传统在船船员截然不同，他们不再面临海上风险。因此，承保其人身伤亡和疾病的海上保险，也就失去了存在的基础，所以，远程操作人员和其他岸上工作人员不应被纳入传统的与船员有关的责任保险的承保范围。

在污染责任和碰撞责任保险中，智能船舶采取何种责任模式直接影响了保险方案的制定。所谓责任模式就包括责任主体和归责原则。就污染责任保险而言，通常由船舶登记所有人承担严格责任。在这种责任模式下，智能船舶污染责任保险的主体是相对确定的，问题只在于智能船舶引发的一些新型风险能否由保险人承保，例如智能船舶背景下海盗行为、敌对行为、行政当局行为的认定等。就碰撞责任保险而言，传统船舶碰撞责任遵循过错责任原则，而在智能船舶碰撞责任中，需要区分碰撞产生的原因。如果是由远程操作人员的疏忽和操作不当导致的碰撞，且远程操作人员属于船舶所有人的雇员的情况下，船舶所有人作为雇主承担替代责任，这种情况基本不会对传统船舶碰撞责任保险设计产生影响；但若智能船舶由第三方运营机构运营，且远程操作人员隶属于第三方运营机构的情况下，远程操作人员与第三方运营机构存在劳动关系，就其操作船舶造成的碰撞侵权，应当由第三方运营机构承担责任。如果是由系统自身缺陷而产生的碰撞，可以要求自主航行系统开发者、生产商承担产品责任。这种情况下，船舶所有人无过错不需要承担责任，因此对其承保的保险人不需要承担责任。

第 5 章

智能船舶人才培养与监管

　　随着智能船舶的发展，传统的航海类人才需求会减少，而对掌握船舶操控技术、运维技术和人工智能技术的智能船舶操作人员的需求将不断增加。但是，航海类职业不会消失，而是将面临颠覆性变化。船岸交互将在很大程度上改变未来航海类人才的岗位职责和工作方式，也必将对未来航海教育和航海类人才培养产生重大影响。因此，针对智能船舶的发展需求，培养符合智能航运新业态的航海人才，是航运业可持续健康发展的有力保障。本章将基于智能船舶的发展趋势和特点，分析智能船舶对航海类人才的知识和技能要求，以及面向智能船舶的航海类人才培养路径。

5.1 智能船舶人才类别与职责

5.1.1 智能船舶背景下传统航海类人才的角色变化

传统的航海类人才是指依据国际海事组织《1978年海员培训、发证和值班标准国际公约》（简称 STCW 公约），接受航海教育，掌握船舶及其设备和系统的操作、维护和修理，以及船舶作业管理和人员管理等专门领域知识、技能和素质的人才。现行国家交通运输和教育主管部门正式文件中一般使用"航海类专门人才"一词。我国开展航海类人才培养的本科专业包括航海技术、轮机工程和船舶电子电气工程，培养的人才分别称为船舶驾驶员、轮机员和电子电气员。传统的航海类人才的职业技能主要定位于船舶及其设备和系统的操作与管理，其职业发展路径可概括为：在航海院校接受教育或通过船员培训及其他专业培训；经船上实习后获得相应职务的船员适任证书，成为正式船员；通过积累工作资历及再培训，实现由操作级（或支持级）船员上升至管理级船员。

随着船舶向自动化、智能化、无人化方向发展，船舶将更多地实现岸基遥控操作或船舶自主运行，对船员传统技能的需求将会逐步降低，而对船员综合素质的要求会越来越高，掌握智能船舶操控技术的人才将更受青睐。传统航海类人才的职能将有部分会消失或弱化，船上从事相应职能的船员数量会相应减少，部分职能会转移到岸基人员；与此同时，一些新的职位也将产生，例如远程自动化工程师、船舶数据工程师、网络安全工程师、岸基技术支持人员和其他后勤保障人员等。航海类人才的职业将更加专业，分工更加明确。根据罗尔斯·罗伊斯公司预测，未来在岸基控制中心能够实现一人监控多条船舶，且只有在特殊情况下（如狭水道航行、应急会遇等情形）才需要人为干预。

在智能航运新业态下，传统船员除逐渐向岸基控制中心转移之外，也可能步入其他与船舶、航运相关的新生职业。航海类专门人才将不再局限于智能船舶全生命周期中最下游的运行阶段，而是依托丰富的运行实践和管理经验，向上游的设计、实施阶段延伸，从单纯的操作型"技术"人才向面向产品全生命周期的"工程"人才转变。部分航海类新工科人才将从事智能船舶及其设备和系统的设计、生产、制造和维护等工作。例如，船舶航行超过安全运行期限后须进行保养维护，智能船舶与其船载系统及设备配套需要进行维护保养，这些都会产生相关的工作岗位，成为航运服务业的一个新门类。

5.1.2 智能船舶人才的类别和职责

智能船舶将在航行、管理、维护保养、货物运输等方面实现不同程度的智能化运行，其操作人员的配备必须能够实现安全航行和作业所需的所有功能。智能船舶操作、管理所需要的工程技术人才主要分为船上操作与管理人员和岸基操作与管理人员。

1. 船上操作与管理人员

在 IMO 划分的 L1 和 L2 自主等级的智能船舶阶段，船舶操作中的航行、轮机工程、电子电气和控制工程、维护和修理等职能预计依然会不同程度地依赖船上人员的操作或干预。船舶无线电通信将较少需要船上人员操作；货物装卸和积载职能将主要转移到岸基操作。船舶操作中的各项职能及各项作业对人员的依赖显著减少，船舶作业管理和人员管理职能要求也将显著弱化。因此，该阶段智能船舶的船上操作与管理人员分类和职责将与传统船舶的船员基本一致，主要包括船长和驾驶员、轮机员、电子电气员、水手和机工等。

2. 岸基操作与管理人员

在 IMO 划分的 L2~L4 自主等级的智能船舶阶段，岸端将兴建起保证船舶安全运营的完整机构。对岸基操作与管理人员的分类，Maritime UK、DNV、ABS 等机构都提出了不同的方案。虽然这些方案中具体的岗位名称和人员数量有所差异，但是这些方案均将智能船舶岸基人员分为 3 个层级。参照 STCW 公约和规则中对海员责任级别的划分，智能船舶岸基人员分为 3 个级别，分别是管理级、操作级和支持级（岸基），如图 5.1 所示。

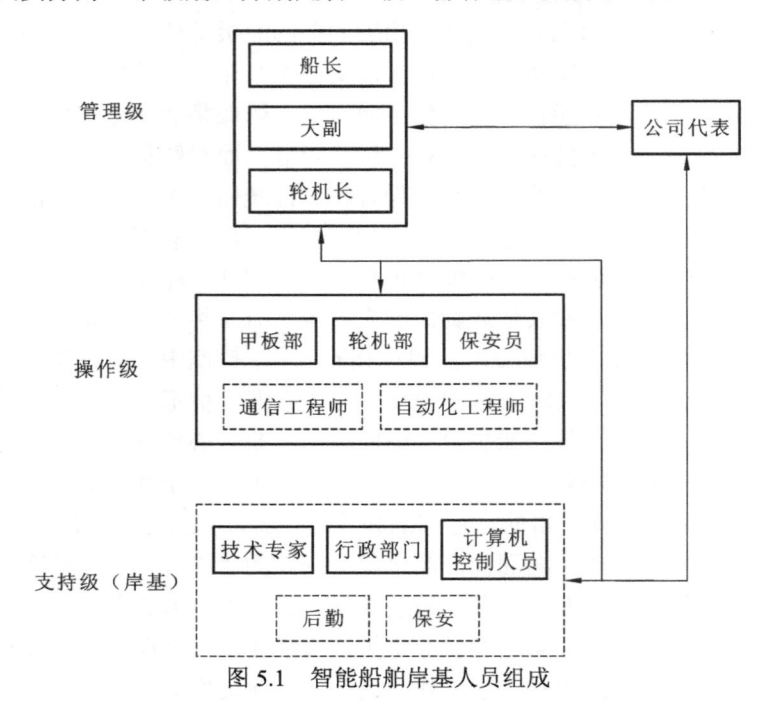

图 5.1 智能船舶岸基人员组成

1）管理级

管理级执行传统的船长、大副和轮机长的职能，并整合公司代表的职能，以便利用大数据开展航运公司的有关业务。岸基管理人员主要包括公司代表、船长、大副和轮机长。

（1）公司代表。在过去，某一艘船给公司带来的收益很大程度上是与船长息息相关的，因此公司一般会特别重视船长和船舶的活动。由于在岸基中心控制下的所有船舶的有关性能和状况的最及时的信息都可以在当地获得，航运公司将会派驻代表在岸基控制中心工作。公司代表将能够获得与企业相关的最广泛的数据和信息，既包括船只的名称、位置、出发港和目的港、时间信息、船期、船速、现状和维护状况，还包括船舶性能数据，如燃料消耗、能源储备、外部因素（如天气和洋流）的影响和趋势等信息。公司代表也可以获取有关智能船舶工作人员的组成、任务、工作量和事件的详细情况及其解决办法的资料。公司代表可以访问和分析与其工作和职责相关的数据，但不能操纵船舶。

（2）船长和大副。在智能船舶运行期间，船长仍然是指挥和管理船舶的最高负责人，对船舶的安全生产、航行指挥、行政管理、技术业务负有权力和责任。然而，考虑智能船舶功能和设备的特殊性，船长的职责范围可能需要扩大，以涵盖新增加的智能船舶岸基操作人员和支持人员的工作。船长领导其他海员严格履行岗位职责，确保船舶的安全运行。船长也应有权获取向公司代表提供的与其所管辖的每艘船有关的简要信息。此外，船长和大副应能直接获得岸基操作人员可获得的信息，以确保对其行为进行充分的监督，并在必要时接管。

（3）轮机长。轮机长是轮机部负责主机及有关机械各方面工作的最高级别职位，负责轮机部人员分工，并监督大管轮及其属下人员的工作和职责。在岸基控制中心，轮机长将直接获得智能船舶主机和机器系统的传感器和遥测数据，为其进行规划和维护提供决策支持。这些信息包括主机状况、遇到的异常情况、正在进行的维修和维修历史、维护和检查计划、执行的行动、系统预测和诊断数据，以及其他帮助其履行职责和监督下属的数据。

2）操作级

操作级主要承担传统的海员职能，包括甲板部和轮机部等传统的船舶部门，也设有一些新的部门，以适应智能船舶的独特要求。对于智能船舶的岸基操作人员，其职责与传统船舶上负责航行值班或机舱值班的高级海员的职责一致，但执行任务的方法可能会发生重大变化，这是因为智能船舶安装了遍布全船的传感器等新设备。岸基操作人员主要包括二副和三副、大管轮和二管轮、保安员、通信工程师、自动化工程师等。

（1）二副和三副。在岸基控制中心，二副的主要职责是航线规划，同时他也是最熟悉驾驶台导航和值班系统的人。这些系统包括视觉图像和电子传感器，如雷达、自动雷达标绘仪（ARPA）、电子海图显示与信息系统（ECDIS）、船舶自动识别系统（AIS）、测深仪、导航声呐和其他设备。这些设备用于增强对船只及其邻近区域的态势感知。三副负责船上的应急系统，并为二副提供与导航和值班系统相关的后备支持。这两个职位都要求能够履行航行值班的职责。

（2）大管轮和二管轮。大管轮负责监督其所负责的所有船舶的机舱操作和主机及相关设备的日常维护，将使用摄像机、远程传感器、机器人和其他设备远程检查机舱和螺旋桨配置。实际执行的检查、维护和维修活动将由二管轮完成，他也将进行机舱值班。履行机舱值班职责需要掌握设备和系统的复杂知识，检测、识别和校正可能干扰船舶操作的系统异常。在IMO划分的L3和L4自主等级的智能船舶中，可以通过将传感器集成到机舱设备，或者在机舱内放置和使用机器人，来执行主机和其他设备的检查和维护工作。

（3）保安员。在船上没有船员的情况下，船舶保安任务必须远程执行。对于智能船舶，其保安方面的威胁包括企图登船、武装抢劫、破坏、劫持、各种潜在的网络犯罪，以及海盗、偷渡者、恐怖分子。更复杂的是，除了对舰艇本身的物理和网络攻击，智能船舶还易受一系列黑客攻击。黑客攻击将通过船只本身不安全的物联网设备发起，包括摄像头、计算机、设备控制器、显示器等。这些设备可以提供获取传感器数据的路径，并直接访问计算机，允许引入恶意软件以供未来激活。因此，岸基控制中心应该设置船舶保安员和岸基控制中心保安员两个独立的职位，以便对威胁作出快速反应。船舶保安员将负责维护一定数量的船舶的保安，并识别和处理智能船舶在港口和航行中的保安威胁和潜在威胁。岸基控制中心保安员将负责维护远程控制中心本身的物理安全和网络安全，包括岸基控制中心工作人员所有的内外部通信。岸基控制中心保安员必须与船舶保安员密切合作，了解可能面临的远程操作的潜在威胁，包括数据泄露、恶意软件和木马软件的植入，以及试图控制导航、机舱及其他计算机系统的风险。

（4）通信工程师。智能船舶和岸基控制中心之间的数据通道是传递所有指令、控制和远程自主操作的生命线。数据通道的一端是船舶，每小时生成和接收千兆字节的命令指令、遥测数据和图像；另一端是岸基控制中心，它使用海量数据和图像生成的数据产品向甲板部和轮机部提供态势感知。通信工程师是一个新的职位，负责了解数据和图像通道的所有细节，实现设备的功能并消除可能影响操作的限制，还需要了解这些系统的中断和未经授权渗透的漏洞，以及通信信道冗余和备份能力。通信工程师直接向大副或船长报告，并根据要求与岸基控制中心保安员和船舶保安员协调，以保持对船舶网络安全威胁的警戒。在IMO划分的L4自主等级的智能船舶中，通信工程师需要通过对智能船舶的数字孪生模拟来实现对人工智能系统的监督。

（5）自动化工程师。机器学习和人工智能深度学习构成了甲板部和轮机部自动化技术的核心。自动化工程师负责监督自动化系统运行并向船长报告，解释这些系统在实际操作和模拟过程中的状况，阐明作出相应决策和执行的原因。自动化工程师还负责监督使用云计算实时进行的数字孪生模拟，或在岸基控制中心使用与船端人工智能系统相同的传感器和其他数据，以确保两个系统获得相似或功能等效的结果。当同一事件产生不同的结果时，自动化工程师和技术人员将查明问题的原因，并采取解决问题所需的行动，对自动化软件进行进一步开发、测试和安装。

3）支持级

传统上，支持级海员在操作级或管理级海员的监督下开展船上作业、设备维修保养等工作。在智能船舶时代，船上的多项作业、设备和系统的维修保养等传统支持级海员的工作任务将主要由岸基技术团队完成，而其他工作任务将通过自动化完成。与此同时，围绕智能船舶的通信和人工智能分析，可能会出现新的工作岗位，以确保该船以可预测、可靠和可重复的方式执行任务。

（1）技术专家。智能船舶系统自动化、传感器的复杂性需要一系列技术专家提供本地或虚拟访问支持，以确保及时解决技术问题，并就设备和软件的适当使用、维护和升级进行协商。技术专家还应该了解已知的问题和不足，并能够在寻求永久解决办法的同时，提出克服这些不足的应急办法。技术专家是制造商代表、造船厂和其他了解设备设计和性能、船舶建造和船上设备安装细节的人员，包括气象海况预报和分析人员、数据网络工程师、应急决策和支持人员、船岸通信人员、轮机工程技术人员、电子电气和控制工程技术人员、维护和修理技师等。

（2）其他支持人员。其他支持人员应向公司代表和管理级人员提供行政支持，以协助、监督和协调行政程序，并跟进岸基控制中心内部发起的行政任务，包括输入数据、准备和分发报告及管理公司记录等。

5.2 智能船舶人才的知识和能力要求

随着智能船舶发展的不断深入，智能船舶行业对船员的技能和知识结构要求也将提高。根据 IMO 对智能船舶自主等级的划分可知，船舶智能化是一个循序渐进的过程，不同自动化等级的船舶对船员综合素质的要求也不同，如表 5.1 所示。

表 5.1 智能船舶不同发展阶段所需的岗位及能力要求

自主等级	岗位名称	岗位职责	主要能力要求
1	传统的船员	传统船员的岗位职责	STCW 公约和规则规定的海员适任能力
2	随船工作岗位	船舶的常规维护和应急抢修工作	具备船舶航行管理、维护保养、货物积载和管理等多种能力，既要懂得机器的常规维护、应急维修，又要懂得船舶航行的知识，达到 STCW 公约和规则要求的适任能力
3/4	岸基工作岗位	负责船舶的远程操纵	具备专业的航海知识，熟练掌握传感器、物联网等知识，可以根据获取的信息和数据，利用计算机、自动控制和大数据分析等技术对船舶进行远程操纵
		负责船舶的快速维修	精通船舶主机、辅机、电子设备、通信导航设备、网络与信息安全等方面的知识，具备对船舶进行快速检修的能力

智能船舶发展的第一阶段，船舶具有自动化流程和自动化决策支持，船员仍然是必备的。船舶具有在船上人员监控下自主航行的能力且能随时由船上人员接管航行。因此，驾驶人员的基本知识、能力与现行的 STCW 公约要求一致。

STCW 规则的 A 部分包含经修正的 STCW 公约的附则中专门提及的强制性规定。这些规定详细列出要求各缔约国为充分和完全地实施该公约所需保持的最低标准，还列明了依据 STCW 公约规定的申请签发适任证书和使适任证书再有效的申请人所需具备的适任标准。为了阐明 STCW 规则第七章可供选择的发证规定与第二章、第三章和第四章发证规定之间的联系，STCW 规则将在适任标准中规定的能力归纳为 7 项职能：①航行；②货物装卸和积载；③船舶作业管理和船上人员管理；④船舶轮机；⑤电气、电子和控制工程；⑥维护和修理；⑦无线电通信。

同时，为确保先进的自动化设备物尽其用，该阶段的船员需要加强英语应用、网络通信、智能控制系统操作和自动化无人机舱管理方面的知识学习，具备正确使用智能设备操作和管理船舶的能力。

智能船舶发展的第二阶段，为船上有海员的远程控制船舶，岸基通过智能感知、远程通信等系统实现对船舶航行环境的监控，并操纵船舶航行。虽然船舶开始减少在船船员，但在船工作以确保系统故障时船舶安全的船员依然不可或缺。传统船员的职责将分为船端辅助和岸端操控，其相应的知识和能力要求也有所区别。

（1）船端辅助人员：船端辅助人员应在达到第一阶段对船员知识和能力要求的基础

上，充分了解人工智能、物联网、智能传感、控制理论等学科基础理论知识，具备船端智能设备操作及智能系统故障排查能力。

（2）岸端操控人员：岸端操控人员既要掌握基本的航海专业知识，还要对智能化技术有更深层次的掌握与运用能力，特别是智能船舶系统理解、数据通信、安全保障和环保、人的感知与人机交互、紧急情况处理等方面。

智能船舶发展的第三阶段，为没有海员的远程控制船舶，将实现船岸信息高度融合，船舶航行、靠泊、货物装卸、港口管理等经由智能系统实现一体化无缝衔接，船员全部转移到岸上，船端辅助及安保工作也将由机器人完成。该阶段船员除掌握传统的航海知识、技能外，还需掌握计算机应用知识、控制理论、控制工程、人工智能等与远程控制操作相关的知识与技能，深刻理解物联网、人工智能、控制理论等学科理论，以正确辨识系统运行情况，及早排查故障，确保船舶安全航行。

智能船舶发展的第四阶段，智能船舶发展将实现终极目标，船舶配备的智能系统拥有可媲美人脑的自主学习能力，可实现完全自主的航行、靠泊及港口操作，不需要人员对其控制。在这一阶段，相应的工作人员可能有如下两种情况。

（1）新船海试的船上驾驶人员及某些特定港口船舶无法自主航行时需上船的驾驶人员。这类人员需要的知识技能与传统航海驾驶人员相同，需要达到 STCW 公约和规则对相应职务的适任要求。

（2）岸基支持人员：这类工作人员的类别可能较多，例如机舱紧急远程维修人员、货运配积载及货物管理人员、船舶事故应急处理人员等。这些岗位的确定和具体要求须根据智能船舶的实际发展及营运情况，综合考虑产业发展才能得出。

5.3 智能船舶人才的教育与培训

近年来，智能船舶产业已逐步开始由技术导向和政策导向转变为市场导向，以欧洲的"Yara Birkeland"号集装箱船和我国的"智飞"号集装箱船为代表的智能船舶项目已经开始在商业应用方面进行前沿性探索，未来有望开辟出独特的智能船舶市场运行机制。因此，需要对智能船舶人才的培养进行前瞻性研究，以确保在智能船舶大规模商业应用时能够提供充足的、适任的智能船舶人才。

5.3.1 智能船舶岸基人员的来源

中国船级社在《自主货物运输船舶指南（2018）》中明确指出，船舶遥控操作人员应具有驾驶员（船长）证书，对所控制的船舶性能和操作熟悉，并通过实际操作验证。挪威船级社在其发布的《远程控制中心操作人员适任标准》中也明确提出，远程控制中心操作人员需要具有海船船员适任证书。美国船级社认为，考虑海员拥有船舶操作的大部分必要技能和经验，在智能船舶推广的初始阶段，可以优先考虑将经验丰富的船长和甲板部值班高级船员作为第一批远程操作人员。在对"智飞"号集装箱船的远程控制中心进行调研时也获知，当前阶段"智飞"号的远程操作人员是由一名资深船长担任。

由以上机构对智能船舶操作人员的规定可知，业内普遍认为当前及未来较长的一段时间，智能船舶岸基操作和管理人员将由持有船长或高级船员适任证书的在职船员担任。在智能船舶广泛应用之后，智能船舶操作和管理人员的来源可能有三类渠道：第一类是海事院校的毕业生，这些毕业生在完成相关课程和培训后，同时获得学士学位和二/三副或二/三管轮适任证书；第二类是拥有工程专业学位但没有船员适任证书的高校毕业生，他们接受智能船舶相关专业的本科或研究生水平的教育并获得相应的学位；第三类是持有各类适任证书的现职海员，他们可能有学士学位，也可能没有学士学位，他们在完成与智能船舶操作和管理相关的专项培训后，可达到相应职能的适任要求。

5.3.2 智能船舶人才的培养方案

传统的航海教育主要面向船舶运行阶段培养工程技术人才，其人才培养的内涵和边界也一直随着船舶工业和航运业的发展而不断发生变化。随着船舶智能化的发展，智能船舶技术和运营模式将导致海事教育培训的变化。以往一艘船上的船员需要具有多方面的技术和职能将演变为具备一项技术专长的人员管理和服务于多艘船舶。智能船舶人才的培养将面向智能船舶的设计、实施和运行全生命周期，应该有全新的培养路径。鉴于转任智能船舶操作人员的船长或船员仅需要完成其新的职能所需要的培训即可达到适任要求，本小节将不对其培养方案和课程体系进行讨论。

智能船舶人才的培养应该不同于"驾通合一""机电合一"人才的培养，这类人才培养过程只是将航海类专业知识、技能进行简单的线性叠加。智能船舶人才培养应着眼于"宽口径、厚基础"的工程教育理念，摒弃学科专业划分过细的问题，采取按大类招生、多学科交叉融合的模式开展人才培养。

1. 本科生培养

智能船舶人才的培养目标应为培养满足相关公约和法规的，能随船安全驾驶与管理船舶、保障船舶安全营运的合格人才，或满足相关公约及法规，在岸远程控制船舶的航行及营运的合格人才。根据是否需要获得船员适任证书，本小节将探讨两种考虑智能船舶操作的本科生培养方案。

1）航海类专业本科生培养

对于航海技术专业本科学生，在其修习海事局规定的专业课的同时，让他们自由选择1~2个专业方向的模块课程，主要是数学、计算机、电子和通信方面的课程；采用任务驱动的培养方式，将数学思维和计算思维渗透到航海应用，加强航海实践能力的培养，激发其投身科研的兴趣并提高动手能力，使人才具有宽厚的专业基础知识、广阔的专业适应性和较强的自主创新能力。另外，还应增加模拟器训练时间，训练内容则增加海洋工程系统、消防、船舶稳性、自主避碰等内容，更多地关注电力和电子设备的应用。

该培养模式的初期可采用主辅修制和选修课制度，遴选与智能船舶关键技术和外延有关的基础课程模块，如物联网、大数据、数据挖掘、云计算、机器学习、船舶运动控制、数字导航、数字通信、航运公约法规研究等作为其限选课程，并开通选课及学习通道，利用学校公共课程资源，无须单独授课。当条件成熟时可以启动双学位、第二学位、联通培养（如本硕连读）等机制，使学生对知识的广度和深度均有所掌握。

2）非航海类工科专业本科生培养

非航海类工科毕业生可以从事船舶保安员、自动化工程师、通信工程师等智能船舶岸基操作工作。这些学生不需要获得船员适任证书，但是需要在完成其专业课程学习的同时，修习一定数量或学分的航海类专业课程和智能船舶关键技术及与其外延有关的课程。这些课程包括船舶导航、船舶操纵、船舶避碰、货物操作、港口和码头作业、海商法、船舶作业、船舶结构与设备，以及物联网、大数据、数据挖掘、机器学习数字通信、航运公约法规等。

未来，随着 STCW 公约和规则的全面修订，可能将制定智能船舶操作人员新的适任标准，即面向智能船舶特定操作的人员颁发专门的适任证书，并针对该特定操作制定相关培训体系。

2. 研究生培养

未来智能船舶操作和管理人员不一定必须持有海员适任证书。因此，已经获得工学学士学位或同等学力的学生，可以在完成智能船舶相关硕士研究生学习内容后，从事智能船舶操作和管理工作。这类学生在硕士培养阶段至少需要完成航海概论、自主船舶和自动化、人工智能、机器学习与人机交互、远程控制、网络安全等相关课程的学习。在完成学习并修够一定学分后，可申请智能船舶相关专业工程硕士学位。当然，在课程学习之外，还要求学生完成一篇硕士学位论文。

智能船舶人才的研究生培养可以尝试交通信息工程及控制、信息与通信工程、计算机应用技术、控制理论与控制工程等学科的交叉培养方案，有条件的可以与国外著名高校相关学科进行深入合作和交流，联合培养研究生。通过跨学科招研究生，航海学科与非航海学科的正、副导师联合培养，过程管理中互派导师参加研究生开题、中期及毕业答辩，共同申报项目并合作研究等措施，实现跨学科复合型航海类研究生的培养，条件成熟时启动双硕士授予机制，使培养的人才不仅具有复合型知识，而且具有利用学科交叉优势进行创新的能力。

3. 智能船舶人才的课程体系

传统的航海类专业课程体系主要是依据 STCW 公约对操作级船员的适任要求进行设置，而基于 STCW 公约的航海类人才培养目标仅定位于培养合格的船员，远没有达到"宽口径、厚基础"的培养要求。智能船舶人才的课程体系应围绕专业培养目标，按照"宽口径、厚基础"的原则确定核心课程，以"解决复杂工程问题"为导向整合课程，将相关学科知识进行系统性重组，使学生既具有本专业基本的知识和技能，还要具备自主学习和拓展学习的能力。智能船舶人才课程体系可由以下三部分组成。

1）数学和基础科学课程

数学学科所提供课程应该能支撑航海类新工科专业所要求的工程学科，还应强调数学思想、概念、原理、方法、数值分析和应用及它们与工程系统建模的关系，相关内容也可以结合工程应用进行讲授；基础科学包括物理学、化学、生物学、地理学等学科，它们既是工程科学的重要基础，也是解决智能船舶领域复杂工程问题必不可少的组成部分。

2）工程学科课程

（1）工程科学。工程科学是对数学和基础科学知识的创造性应用，对航海类专业而言，它是由交通运输工程、船舶与海洋工程、电气工程、电子科学与技术、信息与通信工程、控制科学与工程、计算机科学与技术、软件工程、仪器科学与技术、材料科学与工程、机械工程、动力工程及工程热物理、管理科学与工程、环境科学与工程等单一学科或交叉学科所提供的系列课程。

（2）工程设计与综合。每一个工程方案都涉及工程设计与综合的应用，因此在工程科学课程中就会有这部分知识的讲授。此外，工程设计与综合比较具有创造性、开放性和迭代性，同时考虑了健康、安全、环境、政治、经济、社会、可持续性等现实约束条件，因此将它作为一个单独的课程模块，比较有利于设计技巧、方法的探讨和学习。这部分课程可包括课程设计、毕业实习、毕业设计、工程分析、专题项目等。

（3）工程实践。工程实践是工程理论、经验、技能、工程工具及相关知识在实验室或工业现场的运用，包括设备及系统的操作和管理，技术的应用和开发，产品、材料或工艺流程的实验，技术文献和信息资源的使用等。

3）通识教育课程

通识教育课程包括人文、经济、管理、法律、伦理、有效沟通、领导力和团队工作技能等方面的内容，旨在培养智能船舶人才可迁移的职业技能，包括工程伦理、职业规范、风险管理、有效沟通、团队协作、终身学习等方面。

4. 智能船舶人才培养的探索与实践

1）美国

位于加利福尼亚州巴列霍的加州州立大学海事学院对智能船舶岸基操作人员的教育和培训方案及课程进行了评估。在该项评估中，假设条件包括存在一个岸基控制中心来监督智能船舶操作，岸基控制中心可以实现从泊位到泊位的船舶操作和多艘船舶操作，以及岸基操作。

他们分析和评估了两种考虑智能船舶操作的学生培养方案。在第一种方案中，学生必须获得船员适任证书。对于这样的学生培养，需要在其现有课程体系中添加一些新课程，包括自动化系统、机电一体化、电力系统及网络安全基础等理论课程。另外，还应增加模拟器训练时间，训练内容则增加海洋工程系统、消防、船舶稳性、自主避碰等内容，更多地关注电力和电子设备的应用。在第二种方案中，学生不需要获得船员适任证书，但是需要完成一定数量或学分的航海类专业课程。这些课程包括天文导航、地文导航、船舶操纵、船舶避碰、货物操作、个人安全与艇筏操作、港口和码头作业、船上医疗、海商法、船舶作业、设备与安全、海上作业指挥等。

分析和评估结果表明，两种方案中每个学期都需要大约 15 门新的课程，其中第一种方案需要修改一些现有的课程，而第二种方案需要增加多达 30 门新课程。

2）芬兰

位于芬兰图尔库的诺维亚大学（Novia University）设立了一项新的专门针对自主海上作业的硕士学位项目。该硕士学位项目适用于持有大学学士学位或其他适当的高等教育学位，并在相关领域有三年工作经验的人。该硕士学位项目需要完成 60 个欧洲学分转移系统学分，包括 6 门相关课程和 1 篇论文。可以选修的课程包括研究和海洋作业导论、自主船舶和自动化、人工智能、机器学习与人机交互、远程操作、网络安全等。完成相关课程学习和论文后，学生可获得自主海上作业专业工程硕士学位。

3）韩国

韩国在 2021～2022 年开展了 6 期智能船舶遥控操作模拟训练，主要为智能船舶远程操作方面的意识培训。通过使用智能船舶远程控制模拟器，向 48 名获得或未获得船员适任证书的学员提供现场培训，其中 34 人为持有操作级以上适任证书的船厂试航船员，另外 14 人为一些院校的教师和研究人员。

该培训中设定智能船舶的自主等级为第 2 级，培训的内容是基于 STCW 公约和智能船舶法律范围界定而设置的，包括远程控制的基本概念、相关技术和智能船舶系统等，培训科目和内容详见表 5.2。

表 5.2 培训科目与内容

科目	内容	理论学时	实操学时
MASS Code 简介	介绍智能船舶法律范围界定的基本情况；智能船舶最新的发展动态和技术突破	2	
智能船舶操作系统	导航设备概述	2	
远程操作	基于动力定位系统的远程操作模拟器；远程操作模拟器高级培训		3
智能船舶推进系统	推进系统概览；燃油推进系统；混合动力推进系统；电力推进系统	3	
智能船舶的电力分配和管理系统	电力分配系统概览；交流电分配系统；直流电分配系统	2	
电力分配系统模拟	交流电驱动模拟；高压配电板的实操		3
情景模拟	第 2 自主级别智能船舶的模拟；抵、离釜山港		4

4）挪威

挪威东南大学（The University of South-Eastern Norway）是世界上第一所拥有自主船舶陆地操作员（land operators）能力框架、培训计划和试点课程的大学。挪威东南大学的 Maritime Log 研究小组正在为岸基控制中心远程控制和监控船舶的操作人员开发相关的教育和培训项目。2021 年，该大学利用其西福尔郡校区的模拟器举办了全球首个自主船舶岸基操作人员的试点课程，参加该课程的人员需要接受过船长和驾驶员（captain and navigator）的教育，并在过去 5 年中至少有 2 年的航海资历。

5）英国

2022 年 4 月 25 日，Fugro 公司收到世界上第一个操作海上自主系统专业证书。Fugro 公司中东办事处的人员已经完成了 SeaBot XR 公司在其位于英国南安普敦的国家海洋机器人卓越运营中心（National Centre for Operational Excellence in Marine Robotics）的培训学院 CEbotiX 提供的世界上第一个海上自主水面系统专业认证培训。该认证标志着英国在制订公认的培训计划方面迈出了里程碑式的一步，该计划可确保合格的海事人员获得安全有效地操作智能船舶所需的技能。

自 2019 年以来，Fugro 公司和 SeaBot XR 公司一直在合作，以发展互联海员所需的技能。这一初始培训课程专为 Fugro 公司人员设计，增加了合格海员的现有技能，以确保从海上安全过渡到岸上。培训课程的重点放在任务分析（mission analysis）、态势感知（situational awareness）、网络安全（cyber security）和资源管理（resource management）等关键主题上。培训以体验式学习为基础，在对指挥和控制过程采取分阶段的培训之前，先向学员提供深入的理论知识。培训人员能够将新获得的技能直接应用到工作环境中，从而能够应对与新兴技术相关的挑战。

6）印度

印度政府港口、航运和水道部孟买航运总局于 2022 年 4 月 12 日发布了《关于 2022—2023 学年轮机工程专业多学科课程推荐指南》，列出的科目清单（8 个）将确保参加这些课程的学生对最新的自主船舶技术所需的关键要素有基本的了解，这 8 个科目分别是计算机基础和网络（computer fundamentals and networking）、计算机编程语言（computer programming language）、使用 Python 和 R 语言进行统计和数据分析（statistics and data analysis using Python and R）、人工智能（artificial intelligence）、机器学习（machine learning）、物联网、计算机安全（信息安全）（computer security ＆information security）和计算机架构（computer architecture）。

7）中国

中国航海类院校已经开始研究如何对学生的培养计划和课程体系进行调整，以尽可能地适应未来智能船舶发展的需要。在航海类本科院校中，目前的普遍做法是增加基础学科的课时和职能类课程。目前，在航海类专业中基础课程的学时在所有课程课时的占比已经达到了 15%以上，这些基础课程主要包括概率论和数理统计、线性代数等工程数学。同时，在航海类专业中增开一些智能类基础课程及导论性课程。例如，大连海事大学航海学院增加了"现代航海技术概述"课程，大连海事大学轮机工程学院限选课组增设了代表智能航运方向的课程，包括"人工智能基础"和"轮机建模与仿真"；上海海事大学增加了"智能船舶技术基础与应用"课程；宁波大学增设了"海上智能交通工程"课程；武汉理工大学则增设了"智能航海算法设计""人工智能与船舶避碰"等课程。除此之外，还有一些院校开设了智能航海方向或者组建特殊班型，比如集美大学已经组建了智能航海班。

5.4　智能船舶岸基人员的证书与签证

智能船舶岸基操作与管理人员的主要职责是远程控制船舶，这也是当前船长和甲板部高级船员的主要职责。为鼓励和支持智能船舶试验、营运和发展，本节提出两条解决当前智能船舶岸基操作人员发证问题的方案，并提出证书再有效应满足的 4 项专业适任能力。

1. 智能船舶岸基人员的发证路径

在参考现有的船长和甲板部高级船员的发证模式基础上，提出两种智能船舶岸基操作人员的发证路径方案。

（1）方案一。鉴于智能船舶操作人员的主要职责与船长和甲板部高级船员的适任能力高度相关，并且考虑当前及未来相当长的一段时间内智能船舶操作人员都将由船长或甲板部高级船员担任，智能船舶操作人员的第一种发证路径是在现有船长和甲板部高级船员适任发证标准基础上，即满足 STCW 公约船长和高级船员发证标准的基础上，增加远程控制职能的培训，通过考试和评估后，对船长和甲板部高级船员适任证书的职能栏和主管机关签注栏增加相应的内容：①职能栏增加一项——远程控制工程（暂定名）；②主管机关签注栏增加一项——适用于智能船舶远程操作。

（2）方案二。随着智能船舶技术的发展和营运经验的积累，对现有 STCW 规则适用标准进行分析和梳理，识别出船员在船时所需要掌握的知识和操作并予以免除，建立专门适用智能船舶操作人员的培养、晋升和发证标准。在该模式中，智能船舶操作人员的职能模块与原来一样，都包含航行、货物装卸和积载、船舶作业管理和船上人员管理及远程控制工程，但是，需要对其船上服务资历要求进行修改，通过类似引航员助理引航方式，要求不低于 12 个月助理智能船舶操作人员的资历。满足上述条件即可给其签发智能船舶操作人员证书，但需要在证书签注上标识"仅限制于智能船舶远程操作"。

2. 智能船舶岸基人员的证书再有效

参考 STCW 规则当前对证书再有效的相关规定，智能船舶岸基操作人员适任证书的再有效应通过满足持续的专业适任能力来达到。

（1）履行了所持证书上相应职能认可的海上服务资历至少在前 5 年中累计 12 个月，或在再有效之前 6 个月中累计 3 个月。

（2）履行智能船舶远程控制中心/站（岸基控制中心）操作人员不少于 12 个月的服务资历。

（3）通过了认可的测试。

（4）圆满地完成了认可的一种或几种培训课程。

5.5 智能船舶的配员与监管

5.5.1 当前的船舶配员要求

1. 船舶配员的有关规定

当前,《联合国海洋法公约》等国际相关公约和《中华人民共和国海上交通安全法》等国内相关法律法规均对船舶最低安全配员作出了相关要求,详见表 5.3。

表 5.3 国外公约和国内法律法规对船舶配员的规定

类别	公约和法律法规	相关规定
国际公约	《联合国海洋法公约》[151]	第九十四条(4)(b):每艘船舶都由具备适当资格,特别是具备航海术、航行、通信和海洋工程方面资格的船长和高级船员负责,而且船员的资格和人数与船舶种类、大小、机械和装备都是相称的
	《国际海上人命安全公约》[152]	第五章第十四条 船舶:从海上人命安全观点出发,各缔约国政府承担义务,对其本国船舶维持有关措施或在必要时采取措施,来保证所有船舶配备足够数量和胜任的船员
	《最低安全配员原则》(国际海事组织 A.890(21)决议)[153]	附录一 最低安全配员原则应用指南:主管机关可保留或采用与本指南所述规定不同的特别为适应技术发展及特殊船型和贸易的安排。但是,主管机关应始终确信具体的配员安排与本指南所规定安排具有至少同等的安全水平
	《2006 年海事劳工公约》[154]	规则 2.7:各成员国应要求悬挂其旗帜的所有船舶考虑到海员的疲劳以及航行的性质和条件,在船上配有充足人数的海员以确保船舶的安全、高效操作,并充分注意到在各种条件下的安保
国内法律法规	《中华人民共和国海上交通安全法》	第三十三条:船舶应当满足最低安全配员要求,配备持有合格有效书的船员
	《中华人民共和国船舶最低安全配员规则》	明确了中华人民共和国国籍的机动船的船员配备和管理标准
	《中华人民共和国内河交通安全管理条例》	第六条:船舶具备下列条件,方可航行:(一)经海事管理机构认可的船舶检验机构依法检验并持有合格的船舶检验证书;(二)经海事管理机构依法登记并持有船舶登记证书;(三)配备符合国务院交通主管部门规定的船员

由表 5.3 可知,《联合国海洋法公约》第九十四条(4)(b)和《国际海上人命安全公约》第五章第十四条都不能改变船舶最低配备水平取决于船旗国主观评估的事实,即船旗国确定一艘船舶的人员配备是否在资格和人数上适当,以及该船是否可以被认为有足够和有效的人员配备。因此,智能船舶最低配员的相关原则和标准,也将由各主管机关评估确定。

2. 船舶配员的相关原则

国际海事组织 A.1047（27）决议建议各主管机关在确定船舶最低安全配员时，应遵守下列原则。

（1）保证安全的航行、港口、机舱和无线电值班，并维持对船舶的总体监视。

（2）确保船舶安全系泊和离泊。

（3）在海况平静或接近平静状态下，管理船舶的安全功能。

（4）为防止对海洋环境造成损害而进行各项操作。

（5）保持所有可进入空间的安全布置和清洁，以尽量减少火灾风险。

（6）提供船上医疗护理。

（7）确保运输途中货物的安全运输。

（8）检查和适当地维护船体结构的完整性。

（9）按照批准的船舶安保计划进行作业。

（10）操作所有水密关闭装置，确保其处于有效状态，并组织一支能胜任损管工作的小组。

（11）操作船上所有消防设备、应急设备和救生设备，按相关要求对该设备进行维修，能够召集和疏散船上所有人员。

（12）操作主推进装置和包括防污染设备在内的辅助机械，并将其保持在安全的状态。

5.5.2 智能船舶的配员标准

智能船舶将会沿着从"仅需少部分船员在船"到"岸上远程操控"再到"完全自动化驾驶"的路径发展，最终实现无人驾驶。因此，主管机关在制定针对智能船舶的配员标准时，应充分注意智能船舶配员发展将由有船员在船逐步实现无船员在船的实际情况，确保其制定的智能船舶配员标准能够保证船舶的安全和保安、船舶在海上的航行和操作安全、船舶在港内的作业安全，防止造成人员伤亡，避免破坏海上环境和造成财产损失，并通过避免疲劳确保海员的福利和健康。

1. 有船员在船的智能船舶配员标准

确定船舶的最低安全配员标准应基于 STCW 公约规定的各相应级别职责功能的履行，针对智能船舶营运实际情况，以"在船船员+远程控制中心/站（岸基控制中心）操作人员"以共同履行各职责功能不低于普通船舶的配员标准为原则，识别智能船舶性能和功能对人员履行职能与普通船舶配员的不同，采用目标型方法，供有效实施的标准程序和有效的实施方式来确定。智能船舶的主要性能和功能如下。

（1）能够保持对安全航行、港口、工程和无线电的值班并保持对船舶的总体监视。

（2）安全地停泊和起锚。

（3）在海上处于静止或接近静止模式时管理船舶的安全功能。

（4）为防止破坏海上环境进行各项操作（视具体情况而定）。

（5）保持所有可到达处所的安全布置和整洁，以最大限度降低火灾风险。

（6）向船上人员提供医疗服务。
（7）确保船舶在运输时的载货安全。
（8）检查并维护船舶的结构完整性（视具体情况而定）。
（9）按经认可的船舶保安计划营运。

确定船舶最低安全配员时，还应考虑满足高峰工作量情况及条件所需的合格人员和其他人员的人数，并适当考虑船上各项任务所需的时间和分配给海员的休息时间；在船人员和岸基控制中心操作人员协调船舶安全营运和船舶保安及海上环境保护所必需的各项活动的能力。

此外，考虑上述的因素和功能，确定最少安全配员还应考虑船舶无具体航次任务时对船舶安全、保安和环境保护职能的管理，配备人员数量满足常规值班的要求。

2. 无船员在船的智能船舶配员标准

当智能船舶营运和发展到一定阶段，智能船舶最终将实现无人的安全、可靠和环境无害化的营运，智能船舶将主要依靠岸基控制中心操作人员进行监控，对船舶的操纵监控更多地将转由岸基人员来实施。从职能上看，岸基人员通过远程方式，同样履行了船舶操纵避碰、船舶监控、防止船舶污染水域、船舶保安等职责，与传统的船长和其他船员的职责并无太大差异，仅是岸基人员工作地点不在船上，跳出了传统物理空间的限制。因此，有必要将操纵智能船舶的岸基人员纳入"船员"管理范畴，由主管机关对其实施统一的监督管理。

此时，船舶配员的概念和标准发生了较大的变化，可以称为"智能船舶操作人员配备标准"，即确定无船员在船的岸基控制中心操作人员配备标准。由于智能船舶性能和标准不同、岸基控制中心配备的设施设备也不同，在无船员在船的情况下，智能船舶操作人员配备应满足以下原则。

（1）符合智能船舶操作人员的防止疲劳的值班标准要求，满足配备操作人员数量能够保持安全、连续并适合当时环境和条件的值班。具体来说包括：①计划并进行安全航行；②保持安全航行值班；③在所有工况下监控、操纵和操作船舶；④安全地停泊和起锚；⑤计划、监控和确保拟载运货物的安全装载、堆装、系固和卸载相关的任务、职责和责任；⑥船舶轮机工程方面的监控和操作；⑦无线电通信方面的任务、职责和责任。

（2）与智能船舶性能和功能相匹配，满足智能船舶操作、监控和营运需要，满足船舶营运和 IMO 相关法规要求。

3. "智飞"号的船舶配员情况

作为我国首艘自主航行集装箱商船，"智飞"号于 2022 年 4 月 22 日在青岛港正式上线运营。该船集成安装了全套智能航行系统，具有人工驾驶、遥控驾驶、自主驾驶等多种驾驶模式。当前该船处于试运行状态，仍然按照同等尺度货船的配员要求配备船员，并在其岸基控制中心配备了操作人员，以便开展船舶远程操作相关试验。

"智飞"号的岸基控制中心配备了 3 名操作人员，分别是船长、轮机长和通信/技术人员。在试运行阶段：船长仅偶尔开展船舶远程操纵试验，其主要职责是试验期间负责船舶的航行和安全；轮机长负责远程操作试验期间主机及其他机器的运行；通信/技术人员负责保障远程操作试验期间船岸的通信,以及通信故障的诊断和排除。除以上人员外,其岸基控制中心还配有一些其他支持人员,比如 IT 技术人员、保安人员等。另外,"智飞"号的船东智慧航海(青岛)科技有限公司的办公场所也与"智飞"号的岸基控制中心在同一座办公楼,可以对岸基控制中心的运行随时监控和干预。

5.5.3 智能船舶操作人员的值班要求

由于智能船舶岸基操作人员的值班模式有别于传统的船上值班模式,主管机关应参考以往在船值班的成熟和有效做法,根据 STCW 公约第 VIII 章值班所确立的原则,确定智能船舶岸基操作人员的值班要求。

1. 智能船舶操作人员值班原则

(1)为防止疲劳,主管机关应制定和实施值班人员及被指定安全、防污染和保安职责人员的休息时间制度;要求值班制度的安排能使所有值班人员的效率不致因疲劳而受到影响,并且班次的组织能使航次开始的第一个班次及其后各班次人员均已充分休息,或者用其他办法使其适于值班。

(2)为防止滥用药物和酗酒,主管机关应确保依据 STCW 公约第 A-VIII/1 节的规定制定适当的措施,并考虑 STCW 公约第 B-VIII/1 节中的指导。

(3)岸基控制中心值班安排和应遵循的原则。主管机关应建立适用于公司的岸基控制中心值班原则和指导,以使公司岸基控制中心能够确保在所有智能船舶始终保持安全、连续并适合当时环境和条件的值班。

(4)主管机关应要求每船船长考虑船舶当时环境和条件,确保其值班安排足以保持船舶航行安全,并且在船长全面指导下做到:①负责航行值班的智能船舶操作人员在值班时间内始终在岸基控制中心或与之直接相连的场所(控制室),对船舶航行安全负责;②承担无线电操作员职责的智能船舶操作人员在值班时间内,在适当的频率上负责保持连续值守;③负责轮机值班的智能船舶操作人员,根据工作需要,应能在召唤时立即到达岸基控制中心;④当船舶锚泊或系泊时,为安全起见,随时保持适当和有效的值班。如果船上载有危险货物,值班安排充分考虑危险货物的性质、数量、包装、积载和当时船上、水上或岸上的任何特殊情况;为安全起见,保持适当和有效的值班。

2. 智能船舶操作人员的值班标准和要求

按照智能船舶操作人员的值班原则,建立适用于智能船舶操作人员的值班规则,主要包括如下内容。

(1)航次计划。智能船舶船长应当根据航次任务,组织智能船舶操作人员研究有关资料,制订航次计划,及时通知做好开航准备工作,保证船舶和船员处于适航、适任状态。

(2)值班的一般要求。①航运公司和船长应当为岸基控制中心配备足够的适任船员,以保持安全值班;②智能船舶船长应当安排合格的船员值班,明确值班船员职责。值班的安排应当符合保证船舶、货物安全及保护海洋环境的要求,并保证值班船员得到充分休息,防止疲劳值班;③在船长统一指挥下,值班的智能船舶操作人员对船舶安全负责。轮机长应当经船长同意，合理安排轮机值班，保证机舱运行安全；④船长应当根据保安等级的要求，安排并保持适当和有效的保安值班；⑤智能船舶操作人员值班应当遵守岸基控制中心管理制度和要求，能有效地履行职责；⑥不得安排智能船舶操作人员在值班期间承担影响值班的工作；⑦智能船舶操作人员应当将值班期间发生的重要事件按照要求做好记录。

（3）应当考虑安全航行需要，保证岸基控制中心 24 h 值守，天气及能见度情况、白天及夜间的驾驶要求差异，远程控制设备的使用和工作状态等，合理安排操作人员值班。

（4）保持连续正规的瞭望，考虑不同因素、环境下的瞭望的要求。

（5）岸基控制中心值班的交接班。

（6）智能船舶操作人员的值班职责。

（7）特殊环境下的智能船舶操作人员值班。

参 考 文 献

[1] Shimizu E. Recent trends and issues for practical application of MASS. Class NK Technical Journal, 2021, 3(1): 1-10.

[2] 房新楠, 秦尧, 李建彬, 等. 智能船舶分级分类方法. 船舶设计通讯, 2020(2): 1-6.

[3] Humayun R A, Mohammad N H. Towards utilizing autonomous ships: A viable advance in industry 4.0. Journal of International Maritime Safety, Environmental Affairs, and Shipping, 2021, 6(1): 39-49.

[4] Lloyd's Register Group Limited. Cyber-enabled ships ShipRight procedure: Autonomous ships, 2016: 7.

[5] DNV AS. Class guideline autonomous and remotely operated ships. DNVGL-CG-0264, 2018: 9.

[6] Bureau Veritas. Guidelines autonomous shipping. NI 641 DT R01 E, 2019: 10.

[7] NK. Guidelines for automated/autonomous operation of ships design development, installation and operation of automated operation systems/remote operation systems. Tokyo: Nippon Kaiji Kyokai, 2020: 1.

[8] ABS. Guide for autonomous and remote control functions. American Bureau of Shipping, Texas, USA, 2021: 7.

[9] ABS. Guide for autonomous and remote control functions. American Bureau of Shipping, Texas, USA, 2022: 8.

[10] ONE SEA. Autonomous ships terms of reference for rule development. 2022: 3.

[11] ISO. Ships and marine technology-shipboard data servers to share field data at sea, ISO 19847: 2018. https: //www.iso.org/obp/ui/#iso: std: iso: 19847: ed-1: v1: en, 2022-12-01.

[12] ISO. Ships and marine technology: Standard data for shipboard machinery and equipment, ISO 19848: 2018. https: //www.iso.org/obp/ui/#iso: std: iso: 19848: ed-1: v1: en, 2022-12-01.

[13] The Nippon Foundation. The Nippon Foundation MEGURI2040 Fully Autonomous Ship Program. https: //www.nippon-foundation.or.jp/en/what/projects/meguri2040, 2022-12-01.

[14] Navigation, Autonomy, New Technologie. Korean government launches $132m autonomous ship project. https: //thedigitalship.com/news/item/6647-korean-government-launches-132m-autonomous-ship-project, 2022-12-23.

[15] MUNIN. Research in maritime autonomous systems project results and technology potentials. http: //www. unmanned-ship.org/munin/wp-content/uploads/2016/02/MUNIN-final-brochure.pdf, 2022-12-23.

[16] Krause S, Wurzler L, Mørkrid O E, et al. Development of an advanced, efficient and green intermodal system with autonomous inland and short sea shipping-AEGIS. Journal of Physics: Conference Series, 2022, 2311: 12031.

[17] 李文华, 张君彦, 林珊颖, 等. 水面自主船舶技术发展路径. 船舶工程, 2019, 41(7): 64-73.

[18] Naida H P. Yara Birkeland, world's 1st fully-electric boxship, prepares for commercial ops. https: //www.offshore-energy.biz/yara-birkeland-worlds-1st-fully-electric-boxship-prepares-for-commercial-ops/, 2023-01-22.

[19] NK. Guidelines for concept design of automated operation/autonomous operation of ships(Provisional Version). Tokyo: Nippon Kaiji Kyokai, 2018: 5.

[20] LR. Deploying Information and Communications Technology in Shipping-Lloyd's Register's Approach to Assurance. Lloyd's Register, 2016: 2.

[21] LR. Cyber-enabled ships: ShipRight procedure assignment for cyber descriptive notes for autonomous & remote access ships. Lioyd's Register, 2017: 12.

[22] Maritime UK. An industry code of practice. London, England, 2017: 11.

[23] Maritime UK. Maritime autonomous surface ships UK code of practice. London, England, 2018: 11.

[24] Maritime UK. Maritime autonomous surface ships(MASS) UK industry conduct principles and code of practice. London, England, 2019: 11.

[25] KR. Guidance for autonomous ships. Busan: Korean Register, 2022: 7.

[26] ABS. Guidance notes on smart function implementation. American Bureau of Shipping, Texas, USA, 2018: 11.

[27] ABS. Guide for smart functions for marine vessels and offshore units. Texas: American Bureau of Shipping, 2021: 10.

[28] 中国船级社. 智能船舶规范. 北京: 中国船级社, 2016: 3.

[29] 中国船级社. 智能船舶规范修改通报2022. 北京: 中国船级社, 2023: 4.

[30] 中国船级社. 自主货物运输船舶指南. GD20-2018, 2018: 10.

[31] 中国船级社. 智能集成平台检验指南. GD03-2018, 2018: 5.

[32] 中国船级社. 船舶智能机舱检验指南. GD19-2017, 2017: 11.

[33] 中国船级社. 船舶智能机舱检验指南. GD15-2023, 2023: 4.

[34] 中国船级社. 船舶(油船)智能货物管理检验指南. GD17-2018, 2018: 10.

[35] 中国船级社. 船舶智能能效管理检验指南. GD14-2018, 2018: 9.

[36] 中国船级社. 船舶智能能效管理检验指南. GD16-2023, 2023: 4.

[37] 中国船级社. 无人水面艇检验指南. 北京: 中国船级社, 2018: 1.

[38] 中国船级社. 船舶网络系统要求及安全评估指南. GD25-2019, 2020: 3.

[39] 中国海事局. 船舶自主航行试验技术与检验暂行规则(2023). 北京: 中国海事局, 2023: 4.

[40] 柳邦声. 船舶通信技术发展综述. 世界海运, 2020, 43(10): 17-19, 32.

[41] 张笛, 赵银祥, 崔一帆, 等. 智能船舶的研究现状可视化分析与发展趋势. 交通信息与安全, 2021, 39(1): 7-16, 34.

[42] Xue H, Batalden B M, Røds J F. Development of a SAGAT Query and Simulator Experiment to Measure Situation Awareness in Maritime Navigation//International Conference on Applied Human Factors and Ergonomics. Cham: Springer, 2020: 468-474.

[43] Wei W, Shu G, Chu X, et al. SNS-MEBN based method for situational awareness of ship navigation// 2018 3rd International Conference on Information Systems Engineering (ICISE). IEEE Computer Society, 2018.

[44] Nisizaki C. Onboard measurements of navigator's situation awareness in congested sea area// 2019 IEEE International Conference on Systems, Man and Cybernetics (SMC). IEEE, 2019.

[45] 杜加宝, 田乃清, 苏文明. 电子航海战略下GMDSS系统发展趋势展望. 航海技术, 2013(4): 37-39.

[46] 常会振. 船载AIS信息精度分析及误差预警系统的研究. 大连: 大连海事大学, 2011.

[47] 邱学刚, 徐建设, 蒋兆明. 国内航行船舶船载AIS设备使用现状. 中国船检, 2018(5): 42-46.

[48] 高守军. 船舶自动识别系统(AIS)研究与发展. 天津航海, 2006(2): 47-50.

[49] 宫山. 北斗卫星导航系统和全球卫星通信系统. 中国船检, 2022(10): 54-58.

[50] 刘法龙. GMDSS 卫星通信发展及形势分析. 卫星应用, 2020(5): 44-49.

[51] 郑磊, 孙晓磊, 何伟. 海上遇险通信 GMDSS 的军民融合应用探讨. 船舶物资与市场, 2019(9): 70-73.

[52] 刘佳仑, 杨帆, 马枫, 等. 智能船舶航行功能测试验证的方法体系. 中国舰船研究, 2021, 16(1): 45-50.

[53] 姚治萱. VDES 通信技术应用及其发展趋势. 世界海运, 2019, 42(2): 34-38.

[54] 柳邦声. 船舶 VSAT 与网络安全研究. 航海, 2021(5): 61-64.

[55] 左海, 郭洋, 吴洪亮, 等. 浅析"星链"卫星系统的发展及其影响. 通信与信息技术, 2022(S2): 57-59.

[56] 初建树, 曹凯, 刘玉涛. 智能船舶发展现状及问题研究. 中国水运, 2021(2): 126-128.

[57] 赵琳, 程建华, 赵玉新. 船舶导航定位系统. 哈尔滨: 哈尔滨工程大学出版社, 2011.

[58] 陆强, 郑巧云. GPS 在现代交通运输中的应用. 现代经济信息, 2019(4): 394.

[59] 尚文军. 船载雷达对海目标实时算法实现. 西安: 西安电子科技大学, 2020.

[60] 龚娟. 差分 GPS 技术在船舶定位和导航系统的应用. 舰船科学技术, 2017, 39(16): 115-117.

[61] 黄耀. GPS 在航海中的综合利用. 船舶物资与市场, 2020(12): 103-104.

[62] 郑迎春. GPS 卫星导航仪在船舶定位中的应用分析. 科技创新导报, 2017, 14(29): 129-130.

[63] 于素君, 易昌华, 李春芬, 等. 北斗卫星导航系统定位原理及其应用综述. 物探装备, 2020, 30(1): 59-63.

[64] 肖琴琴, 姜迪, 宁黎虎, 等. 北斗系统定位性能分析. 湖南城市学院学报(自然科学版), 2020, 29(5): 14-17.

[65] Du L, Goerlandt F, Banda O, et al. Improving stand-on ship's situational awareness by estimating the intention of the give-way ship. Ocean Engineering, 2020, 201: 107110.

[66] Qin L, Li Y. Wind speed retrieval method for shipborne GNSS-R. IEEE Geoscience and Remote Sensing Letters, 2020 (99): 1-5.

[67] 马吉林, 谢朔. 船舶智能航行及关键技术最新发展. 中国船检, 2020(11): 52-58.

[68] Singh S K, Heymann F. Machine learning-assisted anomaly detection in maritime navigation using AIS data// 2020 IEEE/ION Position, Location and Navigation Symposium (PLANS), 2020.

[69] 郑永超, 赵铭军, 张文平, 等. 激光雷达技术及其发展动向. 红外与激光工程, 2006(S3): 240-246.

[70] 田璐, 张敖木翰, 张翼, 等. 船舶 AIS 大数据资源管理及分析应用架构设计. 交通运输研究, 2019, 5(5): 31-40.

[71] 张焱, 马金鑫. AIS 通用船舶自动识别系统简介. 数字技术与应用, 2018, 36(9): 72-73.

[72] 尹义松. 基于全景视觉的海上弱小目标检测方法研究. 哈尔滨: 哈尔滨工程大学, 2014.

[73] 燕妹. 基于全景视觉的海上远景目标检测算法研究. 哈尔滨: 哈尔滨工程大学, 2017.

[74] 杨柯, 张长江, 周军华, 等. 基于全景视觉的态势感知系统研究. 电子技术与软件工程, 2019(5): 49-52.

[75] 刘青云. 内河船舶航行安全态势分析与可视化研究. 武汉: 武汉理工大学, 2016.

[76] 何林甫. ECDIS 在现代航海教育教学中的探索. 船舶物资与市场, 2021, 29(5): 121-122.

[77] 孔令才. 无人水面艇多信息融合环境感知的研究. 大连: 大连海事大学, 2020.

[78] 魏巍, 段彬. 基于微波雷达的位移/距离测量技术. 信息系统工程, 2018(5): 22.

[79] 赵继明, 胡卫东, 孙浩, 等. 一种圆极化船载导航雷达天线. 电子世界, 2020(16): 144-145.

[80] 常侃侃. 船载视频中海上目标的双目视觉定位方法研究. 大连: 大连海事大学, 2016.

[81] 胡蝶. 红外热像仪的测量技术及其应用研究. 广州: 广东工业大学, 2019.

[82] 王冬月. 红外舰船目标的检测跟踪与射流定位研究. 南京: 南京航空航天大学, 2017.

[83] 杨雪锋. 基于船载红外视频分析的海盗船艇智能辨识方法研究. 大连: 大连海事大学, 2016.

[84] 李永杰, 张瑞, 魏慕恒, 等. 船舶自主航行关键技术研究现状与展望. 中国舰船研究, 2021, 16(1): 32-44.

[85] 赵志高, 杨建民, 王磊, 等. 动力定位系统发展状况及研究方法. 海洋工程, 2002(1): 91-97.

[86] 余培文, 陈辉, 刘芙蓉. 船舶动力定位系统控制技术的发展与展望. 中国水运, 2009(2): 44-45.

[87] 周利, 王磊, 陈恒. 动力定位控制系统研究. 船海工程, 2008(2): 86-91.

[88] Hassani V, Sorensen A J, Pascoal A M, et al. Robust Dynamic Positioning of offshore vessels using mixed-μ synthesis modeling, design, and practice. Ocean Engineering, 2017, 129(1): 389-400.

[89] Li J, Du J, Hu X. Robust adaptive prescribed performance control for dynamic positioning of ships under unknown disturbances and input constraints. Ocean Engineering, 2020, 206 (15): 107254.1-107254.10.

[90] 王元慧, 张潇月, 王成龙. 船舶系泊动力定位控制技术综述. 哈尔滨工程大学学报, 2023, 44(2): 172-180.

[91] 杨祯, 缪凯祥, 章建峰. 国内第一家! 国产化 DP 系统获得中国船级社型式认可. http://www.csic.com.cn/n5/n21/c20713/content.html, 2021-08-09.

[92] 章沪淦, 张显库. 船舶航向保持控制研究综述. 广东海洋大学学报, 2022, 42(6): 38-46.

[93] 徐国平, 张显库. 船舶自动舵研究综述. 中国造船, 2013, 54(2): 191-200.

[94] 陈睿童, 龚俊毅. 船舶自动舵控制技术的发展分析. 科学技术创新, 2019(22): 51-52.

[95] Li S, Meng Q, Qu X. An overview of maritime waterway quantitative risk assessment models. Risk Analysis, 2012, 32(3): 496.

[96] Pedersen P T. Review and application of ship collision and grounding analysis procedures. Marine Structures, 2010, 23(3): 241-262.

[97] Wang G, Pedersen P T. A literature review of risk assessment of ship-FPSO collisions. Proceedings of 26th International Conference on Offshore Mechanics and Arctic Engineering, 2007, 2: 609-617.

[98] Wang G, Spencer J, Chen Y J. Assessment of a ship's performance in accidents. Marine Structures, 2002, 15(4-5): 313-333.

[99] Fujii Y, Yamanouchi H, Mizuki N. Some factors affecting the frequency of accidents in marine traffic II: The probability of collision and stranding. Journal of Navigation, 1974, 27(2): 239-243.

[100] Fujii Y. Some factors affecting the frequency of accidents in marine traffic III: The effect of darkness on the probability of collision and stranding. Journal of Navigation, 1974, 27(2): 243-247.

[101] Fujii Y. Some factors affecting the frequency of accidents in marine traffic IV: Visual range and the degree of risk. Journal of Navigation, 1974, 27(2): 248-252.

[102] Lewison G R G. The estimation of collision risk for marine traffic in UK waters. Journal of Navigation, 1980, 33(3): 317-328.

[103] Macduff T. Probability of vessel collisions. Houston: Ocean Industry, 1974, 9(9): 144-148.

[104] Otto S, Pedersen P T, Samuelides M, et al. Elements of risk analysis for collision and grounding of a RoRo passenger ferry. Marine Structures, 2002, 15(4-5): 461-474.

[105] Pedersen P T. Collision and grounding mechanics//Proceedings of WEMT 95, 1995: 125-157.

[106] Pedersen P T, Friis H P, Nielsen L P. Collision risk and damage after collision//Proceedings of RINA International Conference on the Safety of Passenger RoRo vessels, 1996.

[107] Fowler T G, Sørgråd E. Modeling ship transportation risk. Risk Analysis, 2000, 20(2): 225-244.

[108] Kaneko F. Methods for probabilistic safety assessments of ships. Journal of Marine Science and Technology, 2002, 7: 1-16.

[109] Tadatsugi Okazaki. A study of situation awareness of evading navigation using marine radar. 2009 IEEE 13th International Symposium on Consumer Electronics, Kyoto, Japan, 2009.

[110] Pietrzykowski Z, Uriasz J. The ship domain: A criterion of navigational safety assessment in an open sea area. Journal of Navigation, 2009, 62: 93-108.

[111] Pietrzykowski Z. Ship's fuzzy domain: A criterion for navigational safety in narrow fairways. Journal of Navigation, 2008, 61: 499-514.

[112] Wang N. A novel analytical framework for dynamic quaternion ship domains. Journal of Navigation, 2013, 66(2): 265-281.

[113] Kijima K, Furukawa Y. Design of automatic collision avoidance system using fuzzy inference//Proceedings of IFAC Conference on Control Applications in Marine Systems, Glasgow, 2001.

[114] Coenen F P, Sneaton G P, Bole G G. Knowledge-based collision avoidance. The Journal of Navigation, 1980, 42(1): 107-116.

[115] 今津隼马, 杉崎昭生, 鹤田三郎, 等. 船舶航行专家系统的基础研究. 中国航海, 1989(2): 99-102.

[116] 王敬全. 船舶避碰专家系统. 广州: 中国人民解放军海军广州舰艇学院, 1994.

[117] 李丽娜, 邵哲平. 船舶拟人智能避碰决策理论介绍. 中国海事, 2011, 7: 24-27.

[118] 李丽娜, 陈国权, 邵哲平, 等. 船舶拟人智能避碰决策方法及其评价标准的构建. 大连海事大学学报, 2011, 37(4): 1-5.

[119] 李丽娜, 陈国权, 李国定, 等. 船舶拟人智能避碰决策方法研究综述. 航海, 2014, 2: 42-49.

[120] 杨神化, 施朝健, 李丽娜, 等. 基于MAS和航海模拟器技术构建船舶自动避碰仿真平台. 系统仿真学报, 2006, 18(2): 686-690.

[121] 杨神化, 施朝健, 刘宇宏, 等. 多agent理论和技术在自动避碰决策系统中的应用. 上海海事大学学报, 2007, 28(l): 121-125.

[122] 杨神化, 施朝健, 关克平, 等. 基于Multi-Agent系统和SHS智能港口交通流模拟系统的开发与应用. 系统仿真学报, 2007, 19(2): 289-292.

[123] Campbell S, Naeem W, Irwin G W. A review on improving the autonomy of unmanned surface vehicles through intelligent collision avoidance manoeuvres. Annual Reviews in Control, 2012, 36: 267-283.

[124] 贺亚鹏, 严新平, 范爱龙, 等. 船舶智能能效管理技术发展现状及展望. 哈尔滨工程大学学报, 2021, 42(3): 317-324.

[125] 陈纪军, 潘子英, 张胜利, 等. 等时线法在风帆船航线优化上的应用研究//第十四届全国水动力学学术会议暨第二十八届全国水动力学研讨会文集, 2017: 776-783.

[126] 魏照坤. 风浪影响下的集装箱船舶航速优化. 大连: 大连海事大学, 2018.

[127] Maki A, Akimoto Y, Nagata Y, et al. A new weather-routing system that accounts for ship stability based on a real-coded genetic algorithm. Journal of marine science and technology, 2011, 16(3): 311-322.

[128] Weber T. Optimale Plan ung und Steuerung von Schiffsreisen. Berlin: Berlin University of Technology, 1995.

[129] Mirjalili S, Saremi S, Mirjalili S M, et al. Multi-objective grey wolf optimizer: A novel algorithm for multi-criterion optimization. Expert Systems with Applications, 2015, 47: 106-119.

[130] 中国船级社. 钢质海船入级规范(2023). 北京: 中国船级社, 2023: 7.

[131] Andrade F, Storvold R, Johansen T A. Autonomous UAV surveillance of a ship's path with MPC for maritime situational awareness// The 2017 International Conference on Unmanned Aircraft System. IEEE, 2017.

[132] 熊胜. 智能船舶的发展现状及趋势. 船舶物资与市场, 2020(10): 1-2.

[133] Jeong J S, Park G K, Kim J S. Prediction table to improve maritime situation awareness by VTS operator// 2013 International Conference on Fuzzy Theory and Its Applications (iFUZZY). IEEE, 2013.

[134] Castaldo F, Palmieri F, Regazzoni C S. Bayesian analysis of behaviors and interactions for situation awareness in transportation systems. IEEE Transactions on Intelligent Transportation Systems, 2016, 17(2): 313-322.

[135] Chao W, Feng M, Wu Q, et al. A situation awareness approach for USV based on Artificial Potential Fields// 4th International Conference on Transportation Information and Safety (ICTIS), 2017.

[136] 雷进宇, 初秀民, 蒋仲廉, 等. 基于可视分析的船舶航行态势感知系统设计. 中国航海, 2018, 41(3): 47-52.

[137] 刘洪涛. 智能船舶感知系统中的视觉传感器布设及协同技术研究. 大连: 大连海事大学, 2020.

[138] Sharma A, Nazir S, Ernstsen J. Situation awareness information requirements for maritime navigation: A goal directed task analysis. Safety Science, 2019, 120: 745-752.

[139] Perera L P, Murray B. Situation awareness of autonomous ship navigation in a mixed environment under advanced ship predictor// Proceedings of the 38th International Conference on Ocean, Offshore and Arctic Engineering (OMAE 2019), 2019.

[140] DNV AS. Competence of remote control centre operators. DNV-ST-0324, 2021: 8.

[141] DNV AS. Certification scheme for remote control centre operators. DNV-RP-0323, 2021: 8.

[142] Klein N G, Douglas K, Rob M D, et al. Maritime autonomous vehicles: New frontiers in the law of the sea. International and Comparative Law Quarterly, 2020, 69(3): 719-734.

[143] Robert V, Michael T, Andrew S. The legal status and operation of unmanned maritime vehicles. Ocean Development & International Law, 2019, 50(1): 23-48.

[144] Eric van Hooydonk. The law of unmanned merchant shipping: An exploration. Journal of International Maritime Law, 2014, 10: 410.

[145] 王国华, 孙誉清. 无人船碰撞相关的责任. 上海海事大学学报, 2019, 40(2): 123.

[146] 张伟鹏, 张志民. 当前海事安全监管与航保服务要求对无人船法律适用性及应对研究. 中国海事, 2020(9): 31-34.

[147] 曲亚囡, 迟佳俊. 海洋经济发展之无人船的法律风险防控. 法制与社会, 2019(32): 58-59.

[148] Dinstein Y, Dahl A W. Oslo manual on select topics of the law of armed conflict: Rules and commentary. Berlin: Springer, 2020: 56-58.

[149] Brian W. Submersibles and Transnational Criminal Organizations. Ocean and Coastal Law Journal, 2011, 17(1): 35-63.

[150] 王欣, 初北平. 研发试验阶段的无人船舶所面临的法律障碍及应对. 中国海商法研究, 2017, 28(3): 65.

[151] United Nations. United Nations Convention on the Law of the Sea. https: //www.un.org/ zh/ documents/ treaty/UNCLOS-1982.1982-12-10.

[152] IMO. International Convention for Safety of Life at Sea. London, 1974.

[153] IMO. Minimum Safety Manning Rules for Ships(A.1047(27)). London, 1974.

[154] International Labour Organization . Maritime Labour Convention, 2006. Genève, 2006.